基督教服务事工导论
——帮助事工的神学基础

Diaconia: An Introduction
Theological Foundation
of Christian Service

基督教服务事工导论

——帮助事工的神学基础

作者：海茵兹·吕格尔（Heinz Rüegger）

克里斯多夫·芝格里斯特 (Christoph Sigrist)

译者：刘若民、安静

Globethics.net China Christian No. 9

全球伦理网中国基督徒系列 Globethics.net China Christian Series
丛书编辑： 克里斯托弗 司徒博（Christoph Stückelberger），博士，教授，
全球伦理网创始人兼主席，瑞士巴塞尔大学伦理学教授。
Globethics.net China Christian 9 全球伦理系列丛书，第 9 册

海 茵 兹 ・ 吕 格 尔 （ Heinz Rüegger ）, 克 里 斯 多 夫 ・ 芝 格 里 斯 特
(Christoph Sigrist) 著
刘若民（Ruomin Liu）、安静（Jingxia An）译
《基督教服务事工导论》

Geneva: Globethics.net, 2019
ISBN 978-2-88931-302-0 (online version)
ISBN 978-2-88931-303-7 (print version)
© 2019 Globethics.net
© of the German original version 2011 Theologischer Verlag Zürich

编辑管理：伊尼亚斯 哈茨 (Ignace Haaz)

Globethics.net International Secretariat
150 route de Ferney
1211 Geneva 2, Switzerland
Website: *www.globethics.net/publications*
Email: *publications@globethics.net*

All web links in this text have been verified as of July 2019.

目录

前言

基督教服务事工（Diakonie，译者注：本书使用"服务事工"，并没有使用"教会社会服务"或"社会服务事工"，因为"服务事工"既在教会中开展，也在社会中开展）在瑞士并没有如同其在德国一样得到应有的重视与发展，一方面，在瑞士既没有建制完整的服务事工机构；另一方面，也没有发展出该领域相关学科成熟的系统化理论体系；在瑞士所出版的最后一册服务事工的教科书，是马尔科·E·科勒（Marc E. Kohler）那有着重大影响的书，不过那也是已经是 20 多年前出版的；而最后一本关于基督教服务事工的历史概述的书是郭特福利德·韩曼（Gottfried Hammann）十几年前出版的。但是有关服务事工工作及其理论根据还是没有明了，故而我们觉得有必要继续完成这本书，呈现给读者。

呈现给大家的这本书是两位作者长时间合作的成果，两位都长期在服务事工相关领域中工作：克里斯多夫·兹格里斯特（Christoph Sigrist）曾担任瑞士服务事工联合会的主席（Präsident des Diakonieverbands Schweiz），在苏黎世新教改革宗区域教会（Evangelisch-reformierte Landeskirche des Kantons Zürich）的服务事工机构中从事专业工作，在担任苏黎世修院教堂牧师的同时也担任伯尔尼大学神学系服务事工学科的讲师。海因兹·吕格尔（Heinz Rüegger）长期担任堂会服务事工专业从业者（执事）培训学校的领导，现在担任新敏斯特－斯威泽看护学校服务事工基金会和新威斯敏特服务事工学科研究与员工培训学校的校长。

本书的出发点并非是列出从某些服务事工的自我定位角度上的不不足之处，或者是另一方面评判太过拔高了服务事工的神学基础，这是服务事工的讨论中一直会出现的。这其中所提令人不满的地方，目的在于力求通过批判与反省，进行整理与阐述，这是本书努力的方向所在。

我们在此所呈现的——正如本书书名所示——不是对服务事工与其工作领域全方位介绍，这也不是一本服务事工见习生可以当做工作指南使用的手册。而是在以下的章节之中探索服务事工的基本理论基础，尤其是通过各样的方式与方法进行批判，探索与讨论已有的帮助工作的神学基础。本书的定位是为独立的服务事工机构，并且推动教会的服务事工进行反省。

凡是我们带着感激之心从他人学到的、凡是我们从对别人的评判与区分开始的点与内容，都一一标注在脚注之中。谁要是对这样的立场与角度、对服务事工研究的理论讨论不太感兴趣的，就可以略过脚注，这是毫无问题的，只要关注正文的内容，也不会妨碍对我们思路的理解。

这本书的成书历程长达十几年，现在将它出版，我们所希望的是，在此或彼的阐述，实实在在的没有神学上脱离现实的浮夸，能够真正深入在人的根本存在上：对我们而言所有一切同时有帮助需要的和给予帮助的人都是对我们、在我们的生命中有着巨大的影响。我们非常明确的是，人应该时刻准备好接受别人的帮助，也应该愿意时刻准备好去帮助他人。

许许多多的人帮忙阅读本书的书稿，并且给了许多反馈、建议与意见，使得文本能够不断得到改进。我们真心感谢布维尼·布克哈特（Vreni Burkhard）和司提反·舒兰芝（Stephan Schranz），他们通读了其中的从教会服务事工的角度有关社会来源的内容。我们感谢多萝西·冯·查尔内尔（Sr. Dorothee von Tscharner），她是布劳瓦服务事工姐妹会的会长，她以多年在其凯泽斯维特的母亲之家（Mutterhausdiakonie Kaiserswerther）工作的经验通读了我们的书稿，提出许多重要的建议。我们也必须感谢维尔纳·伟德梅尔博士（Dr. Werner Widmer） 他从环境科学的角度以及担任一个大的服务事工机构的主任的经验通读了我们的书稿。最后还必须真诚感谢学术研究助理西门·霍斯特特尔（Simon Hofstetter）能够精细校阅书稿，而且完成本书的编辑工作。

写书，是一件非常奢侈的事情；不管是作者的工作还是出版费用来说都是奢侈的。就此要感谢新敏斯特–斯威泽看护学校基督教会与苏黎世州的新教改革宗区域教会 (die Stiftung Diakoniewerk Neumünster–Schweizerische Pflegerinnenschule und der Evangelisch-reformierten Landeskirche des Kantons Zürich）在出版费用上的支持，这才使得本书的出版成为可能。

我们还得为此特别感谢卢尔德·莱西牧师（**Pr. Dr. h. c. Ruedi Reich),** 苏黎世州新教改革宗区域教会的前任教会委员会主席，他的社会投入参与乃是我们一直最大的激励。

左立可贝格，苏黎世（Zollikerberg/Zürich）

2011 年 5 月末

海因兹·吕格尔（Heinz Rüegger）

克里斯多夫·兹格里斯特 (Christoph Sigrist）

第一部分：主题说明

1

出发点

1.1 当代服务事工的涵义

提及"基督教服务事工"（Diakonie，希腊文发音"迪阿科尼"，该词在中文中曾有多种不同的表达方式：教会社会服务，教会社关服务、教会社会关顾、教会社会关怀服务）或者提到某一机构、一个团体与"服务事工相关的"，不得不说现在即便在瑞士还是有许多人根本不知所云。换言之，现在有不少的人根本就不知道服务事工这个概念，也有的人也就是仅仅知道一个大概而已。不过，要是在德国，情况那就大不一样了。在德国对于服务事工以及以带着皇冠的十字架为标志的服务事工机构是人们耳熟能详、随处可见的，德国的基督新教服务事工机构不单是全国最大的慈善团体联合协会，而且在全国范围内有数量庞大的服务机构实体，与服务事工相关的、数量庞大的服务性机构也是全德国工作人员最多的一个单位。[1] 与之相配套的还有业已成体系的高校与研究机构、培训机构，以及服务事工研究中心。[2] 简言之：服务事工这一概念在德国与在瑞士的认知度是完全不在一个层面上。

在瑞士，人们谈及教会服务事工的概念的时候，一开始会联想到服侍他人的女修士，这也就是源自孤儿院的传统。服侍人的女修士一般从属于某一个修会，而且

---

[1] 德国基督新教教会服务事工社由德国基督新教联合会（Evangelische Kirche in Deutschland, EKD）的22个区域教会（Landeskirchen）以及9个独立教会（Freikirchen，相对于Landeskirche（区域教会、国教会）而言。区域教会，一般指通过借由政府代征教会税获得经济方面的收入。德国的自由教会独立于区域教会没有通过教会税的途径获得经济的支持，其牧师也没有通过教会税的途径获得薪水）下属的服务事工机构，共有81个不同的服务事工工作领域行业联盟构成。这些成员机构在共达27500个大大小小的教会服务事工机构开展各自的不同种类的工作，其工作职位共达一百万左右。其全职或非全职的工作人员共达435, 000。另外还有3, 600个教会服务事工开展教导自己救助或给予救助的团队。这些教会服务事工工作机构与遍布各地的区域教会、自由教会的各个地方堂会联合开展工作。"此外还有400, 000义工积极地参与教会服务事工工作。" (16.02.11: www.diakonie.de/selbstdarstellung-1316.htm)。史特穆（Th. Strohm）Th. Strohm (2003b), 120 在关于德国教会服务事工的情况中这样写到："在欧洲任何地方、或者世界任何地方都没有什么其它的教会服务事工工作能够与德国教会服务事工工作所开展的深广层面上有可比之处。"

[2] 例如在德国海德堡大学神学系的教会服务事工研究专业、在波恩大学的跨学科与教会服务事工研究中心或者乌普塔尔-贝特尔教会学院的教会服务事工研究与教会服务事工管理专业。此外在许许多多的高校中皆有教会服务事工的学科研究专业。

有着自己特定的穿着。这些女修士长久以来的工作，尤其是投身于照顾病患的工作，所以长久以来给人的总体印象就是这样的服务以健康康复与病患照顾为主。时至今日仍然有一些由服侍人的女修士所建立、并且主导的服务事工机构存在，不过她们中间的女修士大多不再直接参与具体的事务性工作。现在甚至有着这样的趋势，就是在一些服务事工的机构中，即便有服侍他人的女修士，也只不过只是在服务事工机构内担任资深的顾问而已。从这个角度上来看，服务行为，如果从服侍人的女修士事例得到一个印象，服务的行为乃是她们的信仰实践，而不是借此获得"上帝赏赐"的一种可能途径。

从另外一个角度来看，服务事工也可以看做是隶属于教会的行动或机构，有着基督教会为主体的行为和支持。而谁要是参与教会生活的话，也就是可能特别与服务事工从业人员、社会工作从业者[3]的身份相连。这一点指出的是服务事工作为教会的职能之一，并且加以施行。也许较少人意识到，服务事工（Diakonie）的概念使用主要的是基督新教教会，较为准确而言，是基督新教教会相关的团契所开展的服务事工相关个工作，而实

---

[3] 这是瑞士德语区域的归正宗教会中的专业教会服务事工从业人员的正式关系所在。

际上天主教教会也有同样的职能单位，天主教教会相关的名称所用的概念是"明爱会"（Caritas）。[4]

最后绝大多数与服务事工概念相关的，那就是给予帮助或者扶助的行动，具有慈善的特征，也就是给予他人以必要的帮扶与关顾。结构性、社会性的政治性的事情并不是在此考虑的范围。更多的是考虑到人与人之间给予必要的帮扶与关怀。

以上这些有关服务事工的意义，仅仅是大略的，也就是说，这并不是学术性的陈述，也不是表现了所有不同的基督教精神传统中的社会行为的完整历史概述的各个概念。

1.2 服务事工的历史性特征

《圣经》中有关爱人的教导，其词意是：上帝向人所施的慈爱（von Philanthropie Gottes, 多 3:4），其本质在于有信仰之人应该具有爱的行为表现，也就是应当在他人有任何需要帮助的时候，对他人给予真正毫无保留的支持，这是基督教信仰的核心。信仰这一最基本的内涵以怎么的形式呈现，这由许多不同的因素决定的：例

---

[4] 关于新教的服务事工与天主教的慈善关顾这两个概念的对比，请参考 H. Haslinger, (2009), 15-19.

如需要应对危难的方式；人们所面对的社会政治体制、教政管理体制的结构以及所处的社会经济体制的结构情况；也可能由不同的基督徒群体各自的神学与灵性状况所决定。不过基本上在有关"基督徒爱的体现"[5]而呈现给人帮助，有以下三大不同方式。

1. **其一就是基督徒个人按照所知道的具体的危**难情**况而**给予应对突发事件的、**非持**续性的帮助。这是具体爱邻舍的个体实践，**或者是与人同担患难。而**这也就是最初的基督徒团契给人帮**助，可能是在基督徒**团契之中的帮助；**也可能是**给予教会团契之外、扩大到团契之外的社会圈中的帮助。**

2. 随着时间的推移，**在古教会中便形成了特定的体**制，**有特定的人**员来担负这特定的责任，**扶持与帮助特定的人群。**这也就是**服务事工在教会中功能性职务的发展，也就是**"执事"

---

[5] 这是教会服务事工较早的定义，参 G. Uhlhorn（1896）。

（Diakonats）。执事主要承担关怀教会中的弱势人群。**教会的**执事在此后数百年将渐渐发展成为许多不同的形式，**随着**时间的推移，**甚至**其原有的服务事工的特征也流失掉，**而**渐渐成为单纯教会圣职预备阶段的一个职份，**当然服务事工的职能**也只是作为教会的一个职份。**服务成为在福音宣教与教会存在的基本职能的附加使命：在具体的危**难与苦难状况之中实践爱人的具体行为。**

3. **最后**，**基督教慈善事**业的第三种持续有效形式的**社会援助基于基督徒**对邻舍的爱以源自修道院**所提供的服**务事工的形式而逐渐发展形成的。这就是后来被称为组织机构形式的服务事工：[6]它**配置了相**应的设施与处所：**收容所，收容外来人；病人照**顾和死亡伴随。　我们的医院系统

---

[6] 参考 R. Boeckler (1986), 852.

可以上溯到这些起源。后来，由属灵团契的兄弟会或姐妹会（如女贝济安会，Beguines），**由**执事或对内宣教的协会组织完成的相关任务。 这**种逐**渐形成的制度化帮助，**由基督教社区在制度化的教会内或与制度化的教会一起支持**，时至今日仍然是是基督教给予他人帮助性行动的典型形式。[7]

所有这三种基本模式——个人给予邻舍爱的行动实践、作为教会职分的执事、已经形成组织机构模式的机构化服务事工——存留至今，一些彼此相依共存，一些相连合并，呈现了服务事工的概念与面貌。

1.3 服务事工的定位问题：双重性

服务事工的第一种形式，就是个体源于对周遭他人的爱而自发的行动，原则上时至今日基本上没有太大本质上的变化。这儿相关的是，从具体的困境之中

---

[7] 大部分瑞士比较古老的服务事工机构都能够上溯至这一根源。

而促使相应的行动。帮助在危难之中的人，给有需要的人提供支持，探访孤独的人。这些对于他人的爱在任何时代任何文化中都是理所当然的。其中的行为动机的因素便有着重要的角色，在我们的文化之中，这就是《圣经》所教导的对邻舍之爱的诫命。从来就不是为了其它的目的。对于需要给予帮助性的行动，基本上是没有可以辩论的，关键的问题在于怎样合宜地进行帮助。帮助人，按照情况需要给予力所能及的帮助。自古至今，这就没有什么变化。[8]

比较复杂的是服务事工的另外两种基本类型，作为教会职分的执事服务与机构性关怀服务。关于服务事工作为教会的一种职能行为在教会历史上一直存在这样的问题：这一职分如何呈现？为何存在？谁应该是行动的主体？教会的执事已经被作为教会圣职职分中的一部分而定格下来，尽管是比较含糊的，比如在普世运动的争论中并没有围绕服务事工职分展开争论，而是围绕牧职祭司权的问题、以及教会领导职分

---

[8] 事实上，现在机构化、非教会的机构服务水平已经大大提高，和复杂化了，许多来自国家的帮助由于专业水平已经大大提高了，所以相对而言那些个体性的帮助行为在一般的服务能力、有持续动力的能力上，它们就更加提高了，这是对的，后面我们还要进一步探讨这一点。但是，个体自发性的帮助，并且是通过自发性的为其特征，在今天仍然是重要的，这一点是不会改变的。

的问题。在德语区域的改教传统之中，从茨温利（Zwingli）和布灵根（Bullinger）便开始强调牧职教导的教牧人员结构体系，其间相对应的是，执事作为在接受圣职按立之前的一种职分，这一点时至今日仍然是富有争议的，这不仅仅是神学上的争论，而且是关于对职业的理解和影响力有关。[9] 在此有关服务事工的定位问题，除了一方面乃是源自服务事工作为教会自己的一个职份，而另一方面涉及到服务事工与教会内部与其它的职分与教会功能之间的关系与自我定位的问题。[10]

而有关服务事工的定位成为问题的原因在于所谓的机构化服务团体中的服务事工有关，也就是在自由的、与教会并非是完全直接相连的服务事工机构的定位问题。实际上就是关于这些机构之中数目庞大的工作人员相关的一些实际问题，而且其间所开展的工作所展现出来的功能似乎与教会功能并非完全直接相关

---

[9] 在瑞士联邦的罗曼地区域（Romandie），按照其加尔文宗的传统，至今在看待这一点上与别的传统有很大的不同，加尔文在其圣职的理解上认为有四种教会圣职职分，在牧师（Pasteurs）之下有教师（docteurs）、长老（anciens）和执事（diacres）。（参考G. Hammann [2003], 262–293）。

[10] 教会服务事工与其给人提供帮助的角度应该乃是与其它的教会职能并行共存的，这的确不能忽视。

的，以及非教会信徒作为这些服务事工机构的员工，所以就有了这样的问题：这些教会的机构化服务事工团体是不是丢失了自己的因信仰而服务的特征，或者说，它们丧失了作为宗教团体的附属机构的身份。另一方面，这个问题与现代世俗的福利型国家的发展是联系在一起的，当代国家社会福利机构接管了以前原属于教会所承担、发起建立并且提供的众多服务事工。如此一来，一些此前隶属于教会的服务性机构便逐渐完全成为国家所公有的，成为公共服务机构。这是否改变了这些机构所提供的服务的性质？如果是这样，是否应该得到欢迎？还是令人遗憾的事情？现在许多服务事工机构都多多少少涉及到身份定位的问题，如此，这与也就与其由宗教团体发起的社会机构为特征有所出入。服务事工机构的身份定位问题，即服务事工与世俗的社会工作，教育学，关顾或援助的行动，这一类讨论的书籍非常多。[11]

随着社会的世俗化，改革宗大众化的教会，大多数大型的服务事工机构，在相当程度上已经被理解为内在的自我世俗化，[12] 并且随着教会大多数成员对教

---

[11] 参考以下第 5 章第 3 节。

[12] 参考 W. Huber（1998），10, 12, 44-74.

会定位认同不断变化，一个类似的问题也与教会的服务事工责能的认识与变化有关：为了获得服务事工机构的职位，并且能够正确履行使命，服务事工中的专业工作人员需要多大程度上对教会有所认同，以及应该具备多少基本的神学知识？ 从这里开始，在教会开展服务事工的意义已经服务事工机构的身份定位问题也就凸显出来了。

随着今天关于服务事工的身份问题的产生，一些人的认识存在双重的"误区"。第一个"误区"主要是服务事工未能获得被认可属于教会职能的问题：在过去的几十年中，受过良好训练的社会工作的人员被教会社会服务机构雇用为社区帮助者；或者直接作为教会的服务事工工作者，作为一个特定教会机构的工作人员，他们拥有专业服务的职能与技能。有时在关于对授予圣职的讨论中，特别是只是受过社会工作者训练的专业人员常常被排斥在授予圣职之外。这其间便存在着有关教会在神学上的分歧与教会本质认识上的分歧，既是立场上的分野，也是在职务代表意义上的不同表述。这也就缺失了教会论中关系性的框架，在教会的服务事工工作人员身份的不明朗，这原本应该是教会的见证与身份中应对对其明确表述的。

而另外正好相反的一个"误区"就在于服务事工在一定的程度上被误认为是与其它的服务事工工作并没有任何的区别，只是宗教为其基础条件的机构而已。故而教会的服务事工被误认为是"社会工作的加磅"，所以其相应的事务开展也就可以独立于教会，如此而已。在这一"不同的"部分就作为相对的"较好"的优势：这一点虽然往往并没有被意识到，甚至存有争议，尽管仍然有不少痕迹存在。这不同之处被推荐给其员工。这显示了对社会工作加诸了一些神学意义方面的提升，并不是非常有帮助的，而这反倒又使得一些员工来说会对此产生困扰，同样是需要深入阐述。

在第一种认识"误区"中是对教会的员工的服务事工身份上的神学理解不同；而第二种"误区"在于误认为服务事工就是帮助性社会工作行动加诸神学提升而已。

1.4 本书的立意

本书的立意在于通过神学阐述的途径来阐明事实。我们认为这对于教会的服务事工机构本身以及服务事工机构中的工作人员的也是目前急需的。

作为本书的两位作者，我们本身就来自两个不同的领域：克里斯多夫·芝格里斯特（Christoph Sigrist）曾经在服务事工机构中工作过，此后又在大学里从事服务事工学科的研究。海茵兹·吕格尔（Heinz Rüegger）在许多不同的服务事工机构工作过。

第一个"误区"于我们而言应该放在教会的功能整体中来阐述其位置，而对于第二个"误区"应该是与对过去有关服务事工讨论中的去神话化与动机化，也就是与服务事工行动的特别之处的理论结合起来探讨。而这两种立场对我们来说，应该阐明教会中、服务事工机构中的帮助性行动应当得到中肯的认识，而不应该笼统言之，而是要深入地在两个不同的领域与角度对其身份有正确合理的认识。

此外，在以下的章节中对服务事工有一个总括性介绍。希望对此感兴趣的人能提供一个该领域中的相关概念与内容的概览。

我们希望能够带动更多的对话，也就是在教会的层面与服务事工机构层面之间开展对话。对我们而言，重要的是通过我们这本书在教会中、以及在服务事工机构中，通过所开展的各样具体的、日常的实际事工能够就其调整与争论的背景展开广泛的讨论，不管是赞成的，还是批评的角度，借此能够对"服务事工"有一个明确的定位。我们知道，本书中各个章节的内容只不过是概略性信息而已，也就是概述信息而已。即便如此，我们希望通过以下六章内容中的定位点，能够清楚地描述，如何定位服务事工，以及如何开展服务事工事工。

本书分为三大部分。第一部分是主题的概述，也就是第一章的切题与第二章方法论。第二部分是关于服务事工事工传统的历史背景与基础，首先是圣经相关信息的概述（第三章），以及此后服务事工的历史发展（第四章）。此后就是第三部分的基本系统分析部分：第五章，服务事工，这是对邻舍实际的爱作为整体的人所给予的彼此相顾的帮助。从神学的角度为我们以创造神学作为帮助行动的基础，其间阐述了上帝乃是爱的根源，上帝使得一切人有爱人的能力，就此，不管是基督徒还是非基督徒，在此并没有差异。从这一点上，我们批评了德语区域的服务事工和服务事工研究学科中有关自发的与组织的机构化行动，或者是服务事工的排他性定位。在第六章中，我们阐述了在当今处境下的服务行动的基本定位的社会伦理。最后第七章是一个反省，也就是反思现今服务事工在一个社会大市场中的定位问题，也就是服务事工的具体情况，以及如何在其它的社会服务机构中的自我实践与工作实现的问题。

在第五章到第七章中，每一章的结尾部分都有一个总结，或者是以一节的内容来概述基本的定位点，借此，目的在于唤起更多的同仁就实践之中的具体问题展开最为广泛的商榷，希望能够起到抛砖引玉的作用。

2

服务事工的本质：研究方法

了解关于服务事工的定位与本质的问题，首先有三个前提内容必须澄清：

- **服务事工（Diakonie）的概念，源自圣**经新约之**中的希腊**语动词 diakonein（**服务）**，**以及与着相**对应的同根名词 diakonia（**服侍）**

- 这就引出了第二点，应该通过耶稣基督和新约来获得服务事工的神学依据。对此冉侯·图尔（Reinhard Turre）**在其服**务事工教科书[13] **中对此**

---

[13] R. Turre (1991).

有丰富的论述：该书作为我有关服务事工的基础与前提的切入。该书的第一个句子便写到，当今服务事工工作"有其作为耶稣基督的代表为其依据，在基督教会历史的不同时代中有着重要的代表性为其前提"。而接下去的第 1 章第 1 节（R. Turre (1991). 1.1）的标题便是"新约中的服务事工"，借此来阐明了"其不同概念"（1.1.1）中最为首要的，尤其是 diakonein（服务）的概念。

– 而作为有关服务事工的定位有关的第三点，也是以上已经有所提及的，那就是从一开始就应该指明的是，服务事工的扶持具有特别的基督信仰因素。而所要询问的有关服务事工的本质上，重要的并非以这样的扶助的现象为其首要，而就在于服务事工行动中的"基督教的特色"[14]。

---

[14] 这是图尔的教科书中 R. Turre （1991）第三章第二节的主题，R. Turre （1991），68-72.

我们就按照这一有关服务事工本质的传统说法为出发点，谈论起问题所在，并且试图从其它的角度引出三个内容。

2.1 核心在于实际行动，而非概念

通常谈及服务事工的时候，总是从其词源学的角度探究其缘由，分析源自新约圣经中的名词 diakonia，或者是动词 diakonein，然后阐述其在此后古代教会中的历史与功能情况。显然：借此人们基本不能够获得有帮助的信息，因为现在人们所理解的服务事工或者服务事工行动，即各种不同形式的社会关怀、扶助的行为，基本上不会联系到新约圣经中的 diakonia 服务、diakonein 服侍这些概念相连的原则，更多的是联系到一些新约中一些有关爱邻舍，或者是为要遵循上帝的旨意彼此相顾的篇章。[15] 不可忽略的是，在新约中有不少的帮助行为，

---

[15] 亨敕尔（A. Hentschel）A. Hentschel, (2007)在新约中有关教会服务事工（Diakonia）的词源学上有非常丰富、透彻的研究。她认为"这（Diakonia）在新教教会中关于教会服务事工的总体印象的来源，其圣经的基础最主要的是来自新约所教导的爱邻舍，而不是新约希腊文的diakonia，也不是源自服务者（Dienen）或者照顾人的怜悯。" A. Hentschel, (2007)，1，"diakoneo在新约之中有着非常不同的背景，其中主要是用在基督徒团契内部团契带领者、管理或者教导的任务、使命" A. Hentschel, (2007)1，7，使徒保罗使用diakonia或者diakonein大多是表示使徒传福音的工作。

并不是与 diakonia 这一个概念直接联系在一起的（例如使徒保罗他所做的就是一个具体的例子[16]），这些很少，甚至几乎没有与我们今天所看到的不同，当我们在有关"服务事工的"或者"社会"行动的特征，以及相对应的机构，以及它们的发展与思想联系在一起的时候。[17]

圣经中有关 diakonia 或者 diakonein，及其在基督徒团契中的呈现与现今的服务事工是有差异的，这就非常明显了。最后，这也不仅仅是与概念有关而已，而是与事实有关，这事实也就是我们所说的投入社会的现象，即我们现在所说的服务事工。故而，我们在此就不在继续纠缠于新约圣经之中的 diakonia 的词源考据。通过服务事工概念的陈述，以求能够获得有助于理解现今的服务事工行动的信息，这在方法论上也是行不通的。最好的是，能够使得服务事工的概念与基督教发起社会扶持行动脱钩，因为，如果以新约中的 diakonia 作为基督教发起的社会扶持行动的基础，而不是以整体圣经为基础的话，（而许多人是这样做的，）那么就会使得人误认为

---

[16] 参罗 11:13；或者林后 4:1.

[17] 故而，关于 St. Flessa/B. Städtler-Mach (2001) 所阐述的，新约中的 diakonein 是教会团契之中肢体彼此相顾，这就很难理解了。圣经经文所阐述的是不同的。

基督教社会扶持行为与那些没有基督教为背景的社会扶持行为就不是一回事。[18] 服务事工概念往往带来更多的是误解，而不是理解。

故而在本书中我们常常使用的是人人彼此相顾的、（为/支持）社会的或者扶持的行动（solidarischem, (pro-) sozialem oder helfendem Handeln），或者其它类似的表述，而不是使用服务事工行动（Diakonie）而已。[19] 因为服务事工概念在德国深深扎根，而且服务事工概念在德国作为一个庞大的社会机构领域，也相应发展出了完整的学科研究，所以对我们而言，如果把服务事工的概念"Diakonie/diakonisch" 完全弃之不顾的话，实际上也是不明智的。当以下的内容谈及到服务事工或者服务事工行动的时候，我们也实际上就接受了德语语境中的相关概念的意义——相应的机构与相应的代表性意义——借此所表达的是：基于基督教的出发点、或者说是以

---

[18] 一直不断被提出的问题是："什么样的工作使得这些或那些工作是教会服务事工的工作？"这通过圣经的词汇概念来思考是没有意义的。社会工作是关于：行善（做好事），使得社会中的弱势人群获得应有的权益（赛1:17），"饥饿的，给他们吃；干渴的，给他们喝；善待远方的客旅；使得赤身露体的人得到衣服穿；病人得到照顾；受囚禁的得到探望。"（参太25：35-40）。并不是说这些社会工作必须有什么特别的变化才成为教会服务事工工作。

[19] 由于对我们而言，所关注的是相对应的有关人类共同的、扶持一致的行动，而不在于陈列出一个有差异的概念表述，也不是说我们通过引入一个新的表述方式，就并不理会"Diakonie/dianonisch"的语境。

基督教为背景的的共同扶持的、人人彼此相顾的团结一致的行动。至此，从这个角度而言所呈现的或者后面所要提及的应该不会有太多的出入。

我们为要获得有关服务事工合宜的神学理解，就必须顾及对邻舍的爱以及人与人之间，或者人与人之间彼此扶助与互相关顾的多种不同表现形式，这是世界上普遍存在的，也是《圣经》所教导的内容。

我们要询问的是，有没有一种关于帮助现象合宜的神学理解。换句话说：我们寻求团结一致的、人与人之间的神学表述，这在具体的扶助性行动中，也就是在社会上（社会的、正义的、物质性的、身体与灵性上的）给予危难之中的人的扶助中得以体现的行动，如何表现出来。

2.2 《圣经》中相关信息的回顾

为要对此主题的探索有一个全面的角度，那么《圣经》的基础信息就应该回顾整本正典圣经对此的教导信息，也就是通过新约和旧约的见证才能达到。脱离这一点，否则的话就难免落入在事实或者神学上的片面了。

20

　　长久以来在对新约-耶稣信仰为基础的服务事工行动的关注中，基督教对立于犹太教成为传统，由此而突出了错误的反犹主义色彩。从格哈德·吾儿洪（Gerhard Uhlhorn）的经典作品《基督徒的爱》（1896）一书中克劳斯（Krass）便得出这样的一个印象。其第一卷的开篇处，也是广被引用的话："在基督之前的世界里并没有爱。"[21] 实际上毫无争议的是，早在基督之前的犹太教中便已经有了彼此关顾和慈善事工，[22] 吾儿洪（Gerhard Uhlhorn）从某种意义上是从法利赛人对慈善事业的角度来评判的："法利赛人给予捐献，但却没有爱。"[23] 这样极端的判断在我们今天看来的确是太过武断了。即便如此，却不可弃之不顾，因为这种看法是根深蒂固、影响深远的。即便到 1990 年，法兰克·科瑞丝曼（Frank Crüsemann） 仍然持认这一看法，他写到"这样的观点

---

[20] 与着相关的事改革宗传统中，认为旧约与新约有其相对应的意义，这一点相对于路德宗传统来说较为强烈，改教原则唯靠圣经（sola scriptura）在改革宗中较为重视整本圣经（tota scriptura，新约与旧约一体）。

[21] G. Uhlhorn (1896), 7.

[22] 参考 K. Berger （1990）. 克劳斯（K. Krass）在其书中已经指出，希腊化的犹太教已经体认了"对邻舍的爱就是真正的，也是对上帝信仰相一致的"（105）。而在古埃及和希腊-罗马社会之中推行与投身公益慈善事业也是其文化的一部分。参考 E. Vrunner-Traut （1990）， K. Thraede（1990）以及 H. Hasilinger (2009), 25-42.

[23] G. Uhlhorn (1896), 35.

直到今天还是有其影响的，并且联系新约中特定的服务事工的神学基础，这仍然是正确的。"[24] 在后面的第五章的内容中我们还要再次谈到这样的一种"新约-基督论"的导向对当代的服务事工理论不断产生的影响。[25]

显然这样带有武断而又片面评判的痕迹也呈现在莱因哈特·图尔（Reinhard Turre）的服务事工教科书中的主导性句子中，虽然相对而言，他已经有一定的保留意见。他写到："关于（服务事工）的圣经基础也是有其旧约内容为背景的，尤其是先知性的警告信息之中，提醒信靠上帝的人应当为弱者和病患提供帮助"，不过他旋儿便强调，"有了信仰，才有具体描写和提出服务的新标准。"所以他认为关于服务事工的圣经依据只要限制在新约中，这理所当然的，也是比较有意义的。[26]

如我们所指出的，这样片面的圣经依据，实际上会使得服务事工的本质意义被丢弃。我们所要寻求的是人们为彼此、人与人之间彼此相爱的合宜的神学意义作为

---

[24] F. Crüsemann (1990), 68.

[25] 哈斯林格尔，H. Haslinger (2009), 25, 在20年之后又引用了克利斯曼的话说："直到今天仍然在教会服务事工历史的表达上一直沿用一个基督教与异教对立抗衡的表达模式来理解基督教服务事工的开端。实际上，这个表达模式在教会服务事工的历史发展中明显是与古代教会的真实情况不相符的。"

[26] R. Turre (1991), 1.

我们今天服务事工的基础，我们应该同样从旧约的角度来思考和分析，并且由此为出发，阐明旧约的视角乃是具有重要和长远的价值的，从某种程度上而言，这甚至超过了新约对此问题的阐述。（译者注：在此必须强调耶稣基督在"登山宝训"中的教导："莫想我来要废掉律法和先知；我来不是要废掉，乃是要成全。我实在告诉你们，就是天地都废去，律法的一点一画也不能废去，都要成全。"（太 5:17ff.））克劳斯·米勒（Klaus Müller）同样指出这一点："Diakonia 服务事工——毫无疑问，这是一个希腊词汇——在希伯来思想中获得其生命！"[27] 好在过去几年中这一点进一步得到学者的认可，在赫尔伯特·哈斯林格尔（Herbert Haslinger）的服务事工教科书中某种程度上也已经较为深入呈现了服务事工的旧约基础。[28]

2.3 给予大众的帮助

最后我们在询问通过实际的行动开展人与人彼此相助、帮助行动的神学意义，在人与人之间彼此相爱的角度上来看，这样特别的基督徒扶助性的行动，应当真正

---

[27] K. Müller (1998), 41 以及 (1999), 18.
[28] H. Haslinger (2009), 218–237.

的给予所有的人，不管是何背景，而且按照具体情况通过多种多样不同的方式，给予基督徒、犹太教徒、其它宗教信仰人群、无宗教信仰人士。可以这样说，我们这儿所提及的扶助性的行为或者扶助性的概念应该是为"普世人类和一切人群共同体的行为"。[29]

不管什么样背景的人，是不是由于来自基督信仰动机，通过基督教神学所赋予的色彩，或者是在教会相关的场景中给予帮助，或者并不是出于特定的基督教的背景，而是发自其它的动力，这些都是次要的问题。最为首要的是人与人之间彼此相爱的扶助行为，为所有人的特征中被真正接受和理解。如此恰当的服务事工的理念信息才能得到，神学理解要足够的深广，如此服务事工在我们今天这样一个多元主义的社会中才不至于在具体实践中会产生那些或者是由于害怕去实践某种形式的扶助性的行为，而阻碍了服务事工事工的开展。

如以上所提，与服务事工，或者说与帮助性行动相关的神学在此并不是以基督论为核心，也就是不是以强调基督救赎论为中心的信仰神学思想，而是创造神学，也就是能够成为人与人之间帮助性的能力得以强调的时

---

[29] 正如 G. K. Schäfer (2001), 21, 所描述的现代社会工作的理想的宗旨所在。

尚的永远为所有的人所给予的，并且通过所有的宗教和世界观呈现出来的。关于创造神学作为帮助性行动的首要基础，在为数不多的对此非常明确阐述的神学家中一位，那就是新约学者戈尔德·泰森（Gerd Theissen）。他指出："关于帮助性行动，首先必须从上帝创造世界的框架下来理解"，因为"帮助一切人，从神学的角度上来理解，这是属于创造神学。"[30] 可惜的是他所指出的，时至今日没有多少人真正接受。对本书中于关于我们对服务事工的理解，泰森的观点对我们有巨大的启发。[31] 当然我们也在新约之中得到帮助性行动更充分的

---

[30] G. Theissen (2008), 107 f.

[31] 在其论文的最后几页（ebd. 111-116），泰森还通过三个不同的角度阐明了创造神学就是为一切人帮助性行动的神学基础。为要致命，基督教信仰中有一个弱点，那就是以蒙拣选为其起点基础（112）。故而，在这一点上应该通过创造神学来使得基督论得以成立，不然的话会使得有关人与人之间对邻舍的爱的阐述阐述隔断，也就是在文化与宗教之间阐述割裂。其次泰森寻求一种俯就的扶助方式，因为这是在上帝的新创造中已经呈现出来的。如果真诚面对有关社会扶助评判的话，应当注意到，有滥用扶助性的行动作为对接受帮助者的辖制，如果要对此进行归整，唯有创造神学能够提供不可替代的作用。第三点指出的是基督的奥秘，上帝在基督里给予信的人以救恩，并且在其中上帝向我们显明了他自己的舍己，使得我们不再一样。往往给予人日常的帮助对于基督徒而言并非企图借此通过上帝的爱来获得对以后获得救恩的奥秘希望。这样就没有争议，在完全的信仰之中对上帝爱的经历而具有给予他们帮助性行为的动力和强化的因素。帮助性行为，在泰森文章的主题部分所阐述的，通过创造神学的领域，而不是通过基督论或者救恩论（或者单从拯救者）来阐明了，这乃是乃是为所有人的。

理论依据。[32] 但是，我们在面对现今这个世俗化与宗教多元化的社会处境这样的处境，我们认为唯有创造神学的依据，帮助行动为人与人之间彼此相顾的现象来理解，可以避免出于基督教动机而产生的强烈、过多无休止的纠缠。关于这一点在第五章中还有进一步进行具体叙述。

2.4 帮助的概念

服务事工（Diakonie）与什么有关？如果简要描述的话，我们可以借用赫尔伯特·哈斯灵格尔（Herbert Haslinger）为其所下的定义："服务事工就是基督徒给予危难之中的人们以各种各样恰当与合宜的帮助行动。"[33] 其最为基本的是有关多种多样形式的帮助。那么要问的是，帮助是不是在此是真的是最好的表述。克里斯汀妮·布尔巴赫（Christiane Burbach）和弗德里希·何克

---

[32] 参考T. Holtz (1990)。在这一文章他清楚表达，如同使徒保罗为耶路撒冷贫穷的基督徒团契所收集的捐献一样，是具有非常强的基督论依据："这并不是耶稣要我们有什么特定的榜样的行动，而是基督在其成为人、被钉十字架、复活中的救恩。" T. Holtz (1990), 130. 所以使徒保罗在《哥林多后书》第9章8节中关于捐献阐述了其基督论-救恩论的依据，同时如果结合《哥林多后书》第9章6节，也非常清楚的看到结合创造神学的蒙福的依据以及平等思想下的公义（参林后8:13-14）。

[33] H. Haslinger (2009), 19.

曼（Friedrich Heckmann）指出，帮助的概念"在社会与医疗行业的专业化讨论之中，显得越来越不合宜。[34] 同样乐尔夫·候布格（Ralf Hoburg）也指出，帮助的概念对于社会工作学科而言，基本上是不恰当的。[35] 不过不仅仅是因为概念本身再次产生歧义的问题，而是帮助的现象基本上在过去几十年中也各个不同的角度广受质疑。[36] 或许应当以"共担责任的行动"或者"为社会的行为"（为他者的行动）来表达比较合宜，要么以比较强的神学定位的角度，那就是"爱邻舍的实践"？但是，总体上都比较笼统，这些概念各有利弊。而最后会产生这样的结果，惯用一个概念之后，在概念的支配下，由于与语言相关，往往便会在该概念的支配下、限定下来表述现象。

我们就此决定，作为基础概念，保留使用通俗和专业语言中的"帮助"及其相关的概念（帮助性的定位、扶助），因为即便有诸多不同的理解与改变是有意义的，但是这概念已经在所有特定职业人群所采用的共同

---

[34] Ch. Burbach/F. Heckmann (2008), 88.

[35] 参考 R. Hoburg (2008a), 18.

[36] 泰森在其有关帮助的合理性危机的文章中，他从心理学、社会学和生物学的角度对帮助概念进行了批评。参考 G. Theissens ([2008], 88–94).

术语，也就是给予人帮助职业从业者所采用的。[37] 赫尔穆特·兰贝斯（Helmut Lambers）也在其新近出版的社会工作历史《如何从帮助成为社会工作？》（Wie aus Helfen Soziale Arbeit wurde）便通过近代和现代的社会中的相对应社会工作来阐述了其语境内涵。[38] 在不同立场的各自代表性人物中，即便有对机构化的帮助给予各个传统方式的严厉批评，也是为要获得"帮助的新风貌"[39]，而且这也是与社会政治的投身立场是联系在一起的。阿妮卡·克里斯汀娜·阿尔伯特（Anika Christina Albert）不久前在其大部头研究 《帮助神学的多个向度》[40] 中指出了，帮助的概念中隐含了多学科的不同切入点，并且由此出发，指出可以通过各个不同的学科来理解这个概念。[41] 以下我们在本书中从已有的帮助或扶助、共同承担的行动、为社会的行为或者其它的类似的概念轮流替换使用，目的在于从已有的语义学的区分中

---

[37] 参考 J.V. Wirth (2005), 65. 威特（Wirth）看到帮助的概念在社会工作中是一个基础，也就是社会工作中各种各样工作方式的语言表述的内核所在。

[38] 参考 H. Lambers (2010), 246–248.

[39] 参考 R. Gronemeyer (2011), 48.

[40] A. Ch. Albert (2010).

[41] 在 R·何步科（R. Boburg）2008 年所编辑出版的帮助性呼召的神学中也有类似的观点。而阿妮卡·克里斯汀娜·阿尔伯特（ebd. 18, 63）却指出了，帮助的现象并没有得到系统神学的反省。

脱离出来，其间已经明了的，就是服务事工那是"基督徒为在危难之中的人所给予的扶助性行动。"[42]

帮助可以用一个大众的表达方式来定义，那就是为要使得接受者得到好的干预性方式方法——其目的在于接受者获益。在社会中能够满足有需要的人，使得其特定的问题能够得以解决，这样陌生的帮助便不至于落空。赫伯特·哈斯灵格尔（Herbert Haslinger）描写这样的问题或者困境是"人们由于因遭受生存、生活条件的限制，个人或者一定程度中的参与者无法得到个人生活的基本需求，或者参与的需求被限制住了。"[43] 这就很明显，这些困难，不管是一个处境发生问题，或者是不能简单得到客观的负责任的对待，而且是一直与具体的个体的人是相关的。例如"没有孩子"在某个情况下是否是一个问题，这在中国、在瑞典或者在南非，可以有不同的理解，同样即便就是在同一个国家里对于不同的夫妻来说，也可是理解各异的。"很明显，是否一个特地的情况被看做是一个社会问题，或者不是，这是一个解释的问题，是一个途径与进路的问题。换句话说：处

---

[42] 在这源自 H.·潘培（H. Pompey）/P.-St. 罗斯（P.-St. Ross）（1998），11 中指出的意义，教会服务事工那是作为"扶助性行为的实践" [......]，那是教会在特定的行为处境之中的实践，而在其实践之中，基督徒信仰的意义便得以呈现出来。

[43] H. Haslinger (2009), 21.

境或者是生活处境本身不是问题，或者不是问题的前提，而是怎样定位的问题"而且"在一个社会中，或者最终是由社会政治的定义与评判过程来决定的。"[44]

帮助就此涵盖了以下所有的行为：通过个人自己的行为的可能来获得，在缺乏中能够得到满足；而对于他者的角度而言在其遇到问题的时候，期望问题能够得到解决。[45] 帮助能够不断得到延续[46]：

- **帮助乃是物品的**给予使得缺乏得到解除；

- **帮助乃是通**过服务行为，**例如治疗，使得病痛得到医治**；

- **帮助乃是**为行动提供导引；

- **帮助乃是**为别人找准方向或者做决定提供**必要的**咨询；

- **帮助乃是**为要鼓励人或者支持人的导航；

- **帮助乃是致力与投身于**寻求或营造正义的、重视

---

[44] H. Pompey/P.-St. Ross (1998), 37.

[45] H. Haslinger (2009), 21.

[46] 以下所陈述的帮助性行动的基本特性，就是基于 J. V. Wirth (2005), 68–70 的内容。

人尊严与价值的生活条件。

能够是：

- **帮助是自发性的**；

- **帮助是有计划、有组织、专业的行为（例如**专业

  的社会工作从业者）；

- **帮助是一个机构所提供的服务内容（例如养老**

  院）或者；

- **帮助是由特定的机构提供的，例如社区机构（例**

  如社会保险**）。**

就此帮助可以源自多种不同的目的与动机：

- **帮助可以是出于某种特定的道德**动力；

- **帮助可以是由于为了服务使人得到好处的这样一**

  种相对应的需求；

- **帮助可以是出于义务。**

帮助可以划分为三大不同的模式：

- 给予、赠与（**在古代，有赠与，当然其中就有受**

者）

- **施舍**（**在相**对比较发展的社会中，这种出于阶级**帮助的方式**，**并没有人会有**预先的期待，**或者作**为特定的人群指向），[47] **以及**

- 现代的、**有组织的**、专业的、专门的和有机构组织管理的帮助，**一部分也是出于义务的要求。**

在这非常广、总体的意义中我们说服务事工乃是共同承担社会责任的扶助性行动的多种多样的实践方式方法。

2.5 处境决定的视角

在此还应该指出最后一点，虽然并没有作为方法论上的决定性因素，但是，在此仍然要指明的是，在下面书中的论述中，某种程度也是明确的，我们也是无法完全避免的：我们所做的研究乃是在瑞士归正宗处境下的研究。

几乎所有现今有关服务事工专业的研究、尤其是德

---

[47] 参考 N. Luhmann (2003), 28.

语的服务事工文献，都是受到德国服务事工的自身社会背景的影响，而且带有非常强的、深广影响的、机构化成熟的服务事工机构、数以千计的服务事工机构以及数十万的服务事工机构的工作人员的影响痕迹。[48] 于此而言，瑞士根本就没有与之相对应的可比之处，因为德国许许多多本来源自服务事工的机构基本上都已经被国家所收编和接收。而且没有服务事工机构的全国性一致化的管理机构和体系。[49] 而且，服务事工机构综合起来与瑞士的国家社会福利联合会相比而言，显得根本就是微不足道的。

同样要是我们不排斥其它的服务事工实际工作的表现出来的模式，以及在其它的处境下在神学上对有关服务事工反省的话，我们在以下的篇章中越来越能够意识到，机构化的现实和社会实践对我们的视角有着巨大的决定性作用。与德国的服务事工做比较，我们的服务事工状况是完全不同的，我们所在的国家世俗化不断地加强，而且宗教多元化的趋势不断攀高，即便如此，我们却仍然在一个非常强的基督教大众教会传统的根深蒂固影响下存在。不可忽视的是，例如在东欧的服务事工的

---

[48] 请参考以上第一章第一个脚注的内容。

[49] 原有规模便很小的、也没有什么实质性意义的瑞士教会服务事工联合会在 2010 年已经解散掉了。

经验背景中，它们具有数十年的求生存、尤其是在一个军事辖制中、无神论主导的社会背景中艰难生存，它们势必需要非常明确的基督论（救恩论）为其理论基础，以求在非基督教处境中生存下来的服务事工。所以，我们的研究视角毫无疑问的是通过我们的处境来进行的，这并不能作为代表其它处境之下的标准，也不可能可以作为这学科的单一规范标准。

最后还必须向具有神学明锐感的读者们交待，我们的教会背景是瑞士改革宗（归正宗）背景，而不是信义宗（路德宗）背景。[50] 另外要指出的是，我们的研究仅局限在基督新教的服务事工传统中，我们当然也清楚认识到，通过罗马天主教大公教会"明爱会"（Caritas），慈善爱心服务实践的发展，以及天主教会的服务事工现在所呈现的状况，也是其他的各个宗派所不能够忽视的。我们也要公开表明这一点。由于我们的关注面相对比较单一，是与不同的立场进行平等的对话，理应持比较开放的立场，不管是从何处开始，或者是所持立场如何，我们都乐意与之开展对话与交流。

---

[50] 格布哈德 D. Gebhard (2002), 93 指出，"时至今日在归正宗与路德宗在有关教会服务事工中的神学基础仍然是有差异的。"

第二部分 圣经与神学根据

3

圣经基础

3.1 旧约的基础

帮助行动在旧约中有着各种各样的方式方法。以下我们将以三个特别的角度进行叙述：帮助曾经以在多种不同的生活情境之中人与人之间的个体的为社群所作出的行动，尤其是个体为大家族中的人与人之间所给予的行动。其相关的就是人与人之间互相扶助的行动后来作为法令的方式得到承传。关于帮助在旧约中的特别形式，最后就是呼吁对为那些身处危难之中的人给予帮助的公开诉求与号召。

3.1.1 帮助作为在族裔关系背景下的社会行动

帮助在旧约中首先以家庭或者族人之间的生活帮助方式出现。人与人之间的互助行为在这样的社会情境中出现，并没有特定的机构或者专业知识为基础。在族裔之间就是在国家立国之前，以及立国时代也有较长的时间，在相关人群之中，生活与生存的需要而存在。这样的已有的人与人之间的互助在所谓的传宗接代义务（申25:5-10），也就是一个男人有这样的义务，在其没有留下子嗣的兄弟过世之后，要与兄弟所留下的、没有子嗣的兄弟媳妇结合，为要使得自己的兄弟名下能够有后代子嗣存留；或者另外的例子，就是要孝敬父母的诫命（出 20:12），这是在古代通过具体的物质生活上的的供养与支持或者是社会的名望得以保障。

在旧约的经文中不断提到有各种不同的危难出现的时候，人应当给予危难中的人以相应的帮助在路得的故事便被人所传扬，从宗族的角度上看寡妇、没有孩子的寡妇，尤其是落在饥饿困境之中：路得能够得到自己的族人波阿斯的救助（得 2：3ff.），就此同样是寡妇的婆婆拿俄米也得到供给。同时，波阿斯也给予路德新的（兄弟的）婚姻，并且使得路得生养了一个儿子（得

3:1-17）。如此，使得路得此后一辈子在名分上、社会地位上和物质供给上都得到保障。

关于扶助性的行为不言而喻的的是好客的待客之道一直是非常重要的。好客的待客之道，尤其是给予陌生客旅的盛情，这是古代东方的文化，最初是列祖之一的亚伯拉罕和自己的妻子接待了三位陌生的客旅就是一个非常重要的例子（创 18:1ff.）在此帮助，就是能够把陌生人当做客人接到，并给予盛情和尊重，给予保护、给予遮风避雨的处所，并提供饮食所需。自己具有成为异地客旅的经验并且得到接到的经验充斥着整个以色列列祖的历史故事（亚伯拉罕：创 17:8； 23:4；以撒：创 26:3； 雅各：创 28:4），同样也出现在出埃及的传统之中（出 6:4）。

危机之中的典型的情况，也是需要扶助性的行动，一方面总是在人群中被呼吁，那就是要给自己无法具备基本生活需要的人群以基本的生活供给：比如饥饿的，要给他们必要的吃的，给他们必要的穿的（结 18:7）。另外关注点的是，有一些人根本无法自给自足，无法满足自己基本需要：陌生人、寡妇、孤儿（耶 7:6）。[51]

为危难之中的人提供帮助的重要意义，这并非是每一个以色列人能够明了的。这就有了智慧的妇人或者女智者的出现。这就是，在女先知之外，我们知道在旧约之中还有"智慧的"妇人的传统，她们甚至也在政治危难之时为人们的生活提供强有力的指引和建议（参撒下 14:1ff.；20：14ff.）。还有必须指出的是，妇女帮助接生（出 1:15-22），协助逃亡（书 2:），外交事务的斡旋以及通过智慧的方式化解了整个城市的危难（撒上 25:；撒下 20:14-22），以及接待陌生客旅（王上 17:）。[52]

而作为帮助的另外一个代表那就是国王的职能所在。在《诗篇》72 篇中描述了一个理想的国王的样子，或者人们所期待的理想中的国王的样子，

"**他必**为民中的困苦人伸冤，**拯救**贫乏之人，压碎那**欺**压人的。[......] **因为**，贫乏之人呼求的时候，**他要搭救；没有人帮助的困苦人，他也要搭救。**他要怜悯贫寒

---

51 克利斯曼，F. Crüsemann (2008), 71写到："社会的不幸所在之处 [......]首先是国家被辖制、家庭不能维护或者被压制、破坏。[......] 一直以来就是寡妇、孤儿那是被压制的人群，他们根本无法维护自己应有的权益。"
52 在 S. Schroer (1996)的书中通过释经的角度，描述了智慧的妇女给予建议和智慧的行动。

和穷乏之人，**拯救**穷苦人的性命。**他要救**赎他们脱离欺

压和强暴；**他**们的血在他眼中看为宝贵"（诗 72:4、12-

14）。

王权在此，就是对于穷困人而言所表现出来的是救助文化和关怀。[53] 困乏人的概念在此是非常广泛的，包括在任何危难时刻与困境之中的人。

3.1.2 爱邻舍的命令

《利未记》19 章 18 节"要爱人如己"是旧约伦理的核心。赫尔伯特·哈斯灵格尔(Herbert Haslinger)分析到，这一命令"并不是有关个体得到合宜的对待，对己身而言——而是要待他者如同自己一样——也并非是舍己为人的天真。经文在这里的上下文中便讲到对穷人的照顾（利 19:9f.），不可偷盗，不可欺压（利 19:11f.），不可剥削和恶待弱者（利 19:13f.），不可拉邦结派，枉曲正直（利 19：15f.），要尊敬长者（利 19:32f.），给予

---

[53] 参考 W. Thiel (2007)， 21ff.，und M. Oeming （2006），103，对于国王或者国家的教会服务事工功能来说，就是扶助性的行动。国王作为扶持者这样的面貌不仅是在以色列中特有的，在古埃及和米索不达米亚也是存在的（参考 E. Brunner （1990），30）。

外人的爱（利 **19:33f.**），审批必须公正（利 **19:35f.**），借此来勾画出爱邻舍的命令。这里相关的是社会公平正义，并借此构建彼此相顾的人类社会，其基础就是人人皆有价值与尊严。"[54] 在此"邻舍"（译者注：**Nächster**，该德文词汇按照字面翻译就是"下一个遇到的人"）的概念主要是社会大众（在以色列人也有一些"外人"），这种人与人之间的爱是特别被提出，是带有特别所指的，那就是跨越国界与种族的界限，如同《利未记》第 19 章第 34 节所说的，对邻舍的爱也包括对外人（外族人）的爱，而且特别重复了"要爱他（外人/外族人）如同自己。"

《利未记》第 19 章的这一教导非常明确——如果将其与《申命记》第 6 章第 5 节："你要尽心、尽意、尽力爱耶和华你的上帝！"一起结合来读的话——，那么格哈德·吾儿洪（**Gerhard Uhlhorn**）所说的爱的命令是基督里才有的新事，因为在基督之前的世界里没有爱，[55] 吾儿洪的说法也就被证明完全错了。反之，基督教最为重要的"爱的双重命令"（爱上帝与爱人），乃是从旧约延续下来的。

---

[54] H. Haslinger (2009), 226. Vgl. 关于爱人的命令，也可以参考 F. Crüsemann (2008), 72–74.

[55] G. Uhlhorn (1896), 7; 参考 Ch. Sigrist (1995), 25 f.

3.1.3 社会推动神学化

对口传传统的神学反省和传述使得原本简单的成为促动人类共同生活智慧的经验和伦理促动理论，也就是说，解释为上帝的旨意和上帝的命令被定规下来。"圣经中教导对邻舍的爱，并且联系到对一系列的穷人、外人、雇工、聋子和瞎子的保护（利 19:9-18），作为最关键的教导，这并非是偶然的；圣经中设立法律和诫命在其发展之中一直有着宗教上的理解，也就是理解为这是上帝的行为，这同样不是偶然的。上帝的恩慈与怜悯（出 34:6；诗 103:8 等等）而特别为孤儿、寡妇设立律令典章，爱外人，并且给予他们食物与衣服（申 10:18）。他是孤儿的父、也为寡妇伸冤（诗 68:6）。人应当效法他。"[56]

帮助包括这这样的行动，有时候跨越个人的、种族的道德限制的趋势。在以色列社会中常常抑制富人以扶持穷人，而落在富人与穷人之间矛盾的误区之中："原来那地上的穷人永不断绝，所以我吩咐你说：总要向地上困苦穷乏的弟兄松开手"（申 15:11）。

---

[56] U. Luz (2005), 19 f.

智慧文学的一些段落已经说明了早在以色列王国时期之前强通过与创造相关的信息突出了对穷人的帮助："富户穷人在世相遇，都为耶和华所造"（箴 22:2）。对于穷人必须保障他们基本的生活，这是人之为人的基本，否者就是行强暴。"穷乏人的粮食，是穷人的生命；夺取他们的食粮的，就是留人血的罪犯"（德训篇 34:25）。夺取别人用血汗赚来的食粮的，就是杀人的刽子手（德训篇 34:26）。剥夺雇工的劳资，就是留人血的凶手（德训篇 34:27）。帮助是人存在的根本，在宗族中能够得到自己的地位、能够在人群中得到站立、或者是热切企望君王的来临。敖明（Manfred Oeming）特别强调："为社会地位低下的人给予慈善形式的社会救助这并非是以色列特有的，而是整个古代近东都是由此传统的，特别是对于王国理想的处境中，可以说，这是人类共有的。服务事工的行动只是作为社会行为被着重描述而已；以色列原是一个等级社会，在经济上是发展比较有组织的农耕社会，基本上没有什么民主的政治结构，也不是是中产阶级主导的社会。许多人，或许可以说所有的人都期待君王、弥赛亚的到来，而不是发展明确的项目。"[57]

---

[57] M. Oeming (2006), 113.

3.1.4 个体的帮助延伸至法令典章式的诉求

在旧约的传统中，在成体系的社会法典成文之前附着着各个伦理行为规范原则。西尔维娅·石罗尔（Silvia Schroer）指出："以色列的宗教与神学的三大支柱"：律法、先知与智者。"这所有的三大传统圈子都倡导人的基本权利，首先是有自由的以色列男子的基本权利，不过也由此有了成为贫穷和有过失的以色列的女子和男子，由此有了外人、国中的外来雇工或者因战争而有了女奴隶和男奴隶。"[58] 这里所说的人权并非是当代西方社会语境下的权利与社会秩序意义中的人权。"这儿的（人的基本权利的）概念并不是关于资产，这些资产能够经由个人自由支配。这里更多的是关于个体的支配权，而由此能够惠及宗族。[……]在阶级统治的金字塔式社会中，非常明确的是父亲对女儿有支配权，男人对女人有支配权。此前的政体使徒构建一个关系性的法律，

---

[58] S. Schroer (1999), 24. 在这三大传统支柱（圣文集、先知书、律法书）的基础之上，凯斯勒（R. Kessler），R. Kessler (2011), 27–35) 引出了在社会之中不同形式的穷苦人。在律法书所确定的社会法中便被划分为三类人。他们不能通过发放债的方式取利（例如禁止收取利息），或者通过减免债务（例如要有安息年、安息日，收割的时候不能尽收），或者通过定期的豁免（奴隶得到释放与豁免。

以求限制某些人的权力并以求达到圣华，但实际上这种可能性很小的。即便所有的人皆有极大的狂妄，不过我们要知道，在古代近东的文化中，启示并没有倡导人权，也没有公义社会这样的乌托邦的概念。"[59]

旧约中的社会法律的内容，上帝的爱在人与人之间彼此相顾的原则中，是相对于社会的弱点和社会的缺乏，引出了个体与社会的帮助。关于权利的法则的提出，而带有帮助，这已经是对帮助文化的极大贡献了。[60] 法兰克·克利兹曼（Frank Crüsemann）有两篇具有奠定基础作用的论文指出了旧约中的帮助文化的纲领乃是服务事工的重要基础。[61] 在我们的导言部分已经提到过的。克利兹曼认为，在旧约中得出的服务事工与"非常重要的是社会的弱势群体的权益和与之相对应的不断被认识的呼吁，这是密切相关的"，[62] 而这一点具有重要的意义。

在整个旧约的律例典章中给予外人（外族人）以保障是一核心义务。[63] 公元前八世纪，由于亚述帝国的兴

---

[59] R. Kessler (2011), 25.

[60] 这其中在以色列的社会伦理有许多内容与古埃及、古代近东区域的社会伦理是平行的。(vgl. H. Haslinger [2009], 37).

[61] F. Crüsemann (2003) und (2008).

[62] F. Crüsemann (2003), 42.

[63] 旧约中三部重要约书：律法书（出 20:24-23:9），申命记中的律法书

起所引起的政治危难，曾经有一次巨大的难民潮拥向犹大和耶路撒冷，于是便形成了这样的规则："不可苦待你们中间寄居的，因为你们曾经在埃及为奴"（出 22:20；23:9）。其中特别要照顾寡妇与孤儿（出 22:21-23）以及穷人（出 22:24-26）。这四个不同的社会群体成为特定遭受困苦的人群代表，此后先知与申命记学派传统所接受，当他们提倡关怀社会弱势群体的时候，便会以这四类人群为受压制人群的代表。

对外人（外族人、外来人士）的保护成为最为突出："**不管是寄居的是本地人，同归一例。我是耶和**华——**你们的上帝**"（利 24:22）。爱人如己的诫命就这样与爱爱寄居之人的命令便联系在一起了："**和你们同居的外人，你们**要看他如本地人一样，**并要**爱他如己，**因**为你们在埃及地做过寄居的。**我是耶和**华——**你们的上帝**"（利 19:34）。这里关于对寄居的外人必须给予相应的权利的理由是他们自己曾经在埃及寄居过，而且也有过一样的受压制的经历。通过他们自己曾经在埃及寄居的历

（申 12-26）以及圣约法典（利 17-26），中有着非常多的教导与规则关于对待穷人，使之得到脱离贫苦。参考 W. Thiel (2007), 15–17.

史经验，从而推动他们应该给予现在在他们中间的寄居人群同样的权益。这样通过自身经历与寄居的外人的命运连接起来而形成以色列基本民法的伦理基础。而最后这样的命令那是与上帝的主权命令相关的："我是耶和华——你们的上帝"。在整个世界的休戚相关的为邻舍、为寄居的，这在以色列的信仰中所提出的，不可少的是，这也是对上帝的存在以及对上帝的旨意的遵从。

3.1.5 给予穷人的帮扶

在希伯来圣经中关于帮助的内容，必定提及"穷人"。那么谁是属于这一群体，属于这个概念所描述的对象？这里所包括的人不是简单的没有居所，没有房屋，处于社会的下层而已。显然，他们在行动上是自由的，可是贫穷、负债，即便他们有自己的土地。这些拥有很少土地的人，由于他们负债，危机，而导致成为某种形式的债务的奴隶（利 25:39）。所以他们成为自己某种概念中的"贫穷"。[64] 这种被债务所辖制的情况，在先知阿摩司对其国家的批评中表现的特别明显："你们为了银子卖了义人，为了一双鞋卖了穷人"（摩 2:6）。

---

[64] 参考 F. Crüsemann (2008), 72.

这样让人看到除了寡妇、孤儿、寄居的外人之外还有其它意义中的穷人。而导致穷困的首要因素是由于他们失去谋生的途径或者失去家园。[65]

在《申命记》中最初发展了全面的社会概念，就是通过强调必须为两个群体提供保障。一个群体是穷人，另外一个就是没有土地的人群。标准的主导思想就是国家应该靠着上帝的恩典和人的劳动，通过正当的参与，使得所有人能够蒙福，或者社会福利。

关于没有土地的人群，就是没有在国中分得土地的人，就通过十一奉献的途径获得保障："你要把你撒种所产的，就是你天地每年所出的，十分取一分；又要把你的五谷、新酒、和油的十分之一，并牛群羊群中头生的，吃在耶和华——你上帝的面前，就是他所选择的要立为他名的居所"（申 14:22f.）。每个第三年应当把这通过十分之一收集起来的分给没有田地和财产的人。这样利未人、寡妇、孤儿和寄居的外人就得以存活（申 14:28f.）。"这是世界历史上第一个"社会福利税"，通过

---

[65] 这里我们并没有接着探讨灵性的贫穷。"贫穷"的表现也有敬虔意义上的贫穷，如《诗篇》86篇1节："耶和华啊，求你侧耳应允我，因我是困苦穷乏的。求你保持我的性命，因我是虔诚人。我的上帝啊，求你拯救这依靠你的仆人"。关于贫穷的灵性上的意义，可以参考vgl. M. Oeming (2006), 97 f.

法定的形式和国家责任的形式收取大众的税赋以保障弱者。"[66] 按照法兰克·克利兹曼的看法，在社会政治的角度上人们应当重视和高度评价这样的税务制度："所有的财产拥有者和生产者以税赋的形式固定的交付，使得社会的弱势群体在物质上能够得到保障，这是最早成文的制度。"[67] 十分交一的社会福利税那是一个基本的、书写下来的传统，使得没有土地的人群在物质需要上能够得到基本的保障。

同样成为基本宪令的还有禁止收取利息。"我民中有贫穷人与你同住，你若借钱给他，不可如放债的向他取利"（出 22:25）。这一禁止收取利息的命令在律法书中，以及此后两次还在此重申，在《申命记》中的约书（申 23:20f.）以及圣约法典（利 25:35-38）。这三次都禁止，在民中不可放债取利，不可收取利息。这样能够避免那些不得不借贷的人，不断落入贫苦与负债之中，永远无法解脱。[68]

第三个克服穷困的途径是豁免债务。贫穷的恶性循环乃是欠债之人永远债务缠身。于是旧约便有了定时免债的定规："每逢七年末一年，你要施行豁免。豁免的

---

[66] F. Crüsemann (2003), 23.

[67] F. Crüsemann (2008), 74.

[68] 关于禁止收取利息的解释，参考 M. Oeming (2006), 106–111.

定例乃是这样：凡债主要把所借给邻舍的豁免了；不可向邻舍和弟兄追讨，因为耶和华的豁免年已经宣告了[......]。若借给你弟兄，无论是什么，你要松手豁免了。你若留意听从耶和华——你上帝的话，经受遵行我今日所吩咐你这一切的命令，就必在你民中间没有穷人，在耶和华——你的上帝赐你为业的地上，耶和华必大大赐福给你"（申 15:1-4）。[69]

这一基本的法令在犹大王约西亚时代是一个基本的宪令，当时也有许多成文的宪令颁布，不过其后的继任者几乎没有继续加以推行。那时实际上在社会公平要求与政治现实之间、道德与神学的诉求与具体实践之间存在着巨大的张力。[70] 再者这些教导与强调的意义在于作为妥拉（Tora, 律法书）的一部分被传递，可是在现实的政治能够真正加以推广、使之生效的。这些条规被传讲，显然是作为对其现实社会的行为的批判，也是作为人类社会通向更具有社会公义和较少人类危难与相互倾

---

[69] 关于这一内容卡斯勒（R. Kessler）（2011）阐述了以色列通过在经济上、穷人。他特别之处，尤其是寡妇、孤儿往往受到剥削便更加容易落入穷困。

[70] 哈斯林格尔（H. Haslinger）H. Haslinger (2009), 38,对于所提的（豁免债务、禁止收取利息、十分纳一）认为是"非现实的理想形式"而已。而且"这些是先知们所呼吁的社会伦理，而实际上却不能在生活实践中被推行的，也是得不到社会政治当局推行的。"

轧的一些启发。

3.1.6 在危难时有公开诉求的机制

按照克利兹曼（Frank Crüsemann）的所提的："圣经中对人的呼吁与哀求一直是看为极为重要的事情，也是作为人在深深的苦痛之中能够有机会得以表述出来。要是遇到危难，可以诉说——大声的、必被听见的、粗犷的、声嘶力竭的。诗篇中有三分之一的内容就是属于个体或者群体在危难之中所发出的唉声呼吁。"[71]

例如《诗篇》第 13 篇：

耶和华啊，你忘记我要到几时呢？要到永远吗？你掩面不顾我要到几时呢？

我心里筹算，终日愁苦，要到几时呢？我的仇敌升高压制我，要到几时呢？

耶和华我的神啊，求你看顾我，应允我，使我眼目光明，免得我沉睡至死，

免得我的仇敌说"我胜了他"，免得我的敌人在我摇

---

[71] F. Crüsemann (2008), 62.

动的时候喜乐。

但我倚靠你的慈爱，我的心因你的救恩快乐。

我要向耶和华歌唱，因他用厚恩待我。

所发出的苦诉与哀求有三方面的内容：1. 向始终关注向上帝的呼吁。从这点上来说，这诉求一直是祷告。2. 关注自己，同时也朝向整体，这作为现今在苦难中的苦求与哀诉也是类似的。3. 面对仇敌，毫不留情的说出的那些仇敌，那就是一切使人受到压制，遭受苦痛的原因。

呼求诗篇的传递直到今天一直都在祷告之中被沿用，即便上帝的答复正如在礼仪中一样，其中祷告首先发出，而不是传递。苦求与哀诉应该得以存在，因为借此社会的、经济的、文化的、身体健康的压制中的真实声音能够被听见。赫尔伯特·哈斯林格尔（Herbert Halslinger）认为哀求与呼吁那是"那些深受苦痛之人向倾听者所发出的真实的声音。故而在服务事工中应该为哀求与苦诉留有位置，而且哀求与苦诉的呼吁提供可能那是服务事工非常实际的工作表现。"[72]

---

[72] H. Haslinger (2009), 220.

哀求与苦诉不仅仅是以色列帮助文化。这也是个体危难能够被大众获悉的途径。因为"人哀求声音的公开化与上帝的要求，就是个体所遭遇的危难的情况能够被知道、被了解，在社会范围内这些情况能够被获悉，而且获得相应的帮助，这样一来因危难而有的运作机制、社会的孤立和已有的压制能够得以化解。"[73]

圣殿与公众集合之处乃是公开诉求的地方。所要的不是一些安慰与祝福的言语而已，更多的是通过公开的诉求已获得在广泛的范围中得到足够的帮助，这是宗教的行动所应该提供的。[74] 这样的个体感受无力的经历与公众、集体的聆听诉求便联系起来，社会集合一起提供帮助使得受重创者或者失去话语权的人能够克服艰难。

3.1.7 上帝临在是人人彼此相顾的动力

公开诉求的可能性乃是在一个认知之上建立起来

---

[73] H. Haslinger (2009), 220.

[74] 克里兹曼（F. Crüsemann）F. Crüsemann (2008), 68,特别强调，"不是人们所以为的为要获得安慰，而是诉求的可能性能够成为决定性的。它（诉求本书）是一个最为重要的帮助，社会与宗教能够提供这个机会。这样的可能性，就是在危机、苦难、收到怀疑、仇恨，也包括信任和希望能够公开表述出来，这本书比任何语言都重要。借此，正受苦难的人能够获得关注。"这哪是社会工作传统中相应合宜的方式方法：使得个体的困难能够成为公众共同面对的。(S. Staub-Bernasconi [2007], 243).

的，这个认知基础就是以色列的上帝是眷顾社会弱势群体的上帝。关于上帝与社会中的弱势群体之间最为重要的联系，最为经典的信息可以在《诗篇》第 82 篇找到。[75]

上帝站在有权力者的会中，在诸神中行审判，

说："你们审判不秉公义，徇恶人的情面，要到几时呢？

你们当为贫寒的人和孤儿申冤，当为困苦和穷乏的人施行公义。

当保护贫寒和穷乏的人，救他们脱离恶人的手。

你们仍不知道，也不明白，在黑暗中走来走去，地的根基都摇动了。

我曾说：'你们是神，都是至高者的儿子。'

然而你们要死，与世人一样；要仆倒，像王子中的一位。"

---

[75] 参考 dazu: F. Crüsemann (2008), 84–87; Ch. Sigrist (1995), 32 ff.

上帝啊，求你起来，审判世界，**因**为你要得万邦为业。

并不是直到被掳时代的后期才使得已有的多神信仰的表达（天上神灵的聚会）的宗教历史中，也就是以色列的上帝是属于其中，这才使得他们落入痛苦与上帝的存在联系在一起。上帝的存在乃是作为人人彼此相顾、团结一致的共在。[76] 考虑到、以及谈论到社会中的弱势群体，社会底下的人，就如同受过教育的神学研究者对上帝的认识一样认识上帝："在穷人与苦痛中的人之间关于他们的生活与他们的权益，包括对抗压制，这并不是微不足道的事情，而是关乎上帝的存在。"[77] 上帝所要求的真理就在于显明了，上帝与边缘化、遭受苦难的人在一起，使得他们得到权益——他们在危难之际，通过公开的诉求把他们的需要呈现在上帝面前。在此表明了服务事工的意义所在，为公开诉求提供机会，以求克服艰难与危难的可能。

---

[76] 参考 K. Müller (1999), 26.

[77] 克里兹曼（F. Crüsemann），F. Crüsemann (2008), 86. 参考 H. Haslinger (2009), 237 写到："上帝的真理就存在于使得受苦难的得以解脱。这在任何一个思维角度都是一致的，任何教会服务事工认为只是关乎自身的信仰，而不是决定性的，作为纯粹与真理无关的思维，那就是不对的。教会服务事工行动的中心乃是信仰。"

从旧约的角度上来看，帮助的行为有以下这样明确的基础要点：

- **帮助可以定位**为延续不断的道德传统与习惯，这在以色列、**甚至在整个古代近**东的族群与民族生活中是广泛存在的。人帮助人，因为人知道什么是好的、什么是正确的。（参弥 6:8）

- 这一人为人团结一致与爱邻舍的实践行动发展出了一种投身社会的文化，并且以法令的形式确定下来。帮助在社会、政治与文化的不公正定位自己的诉求，并且使得个人的投身支持存在宗族社会关系的框架中。"因为爱那是作为行动的本质而存在帮助行动中的，这样使得权益就是被压制、或者潜在的被害者的权益。这一权益按照圣经的传统就不应该（**不单**）是某些摇摆不定的爱，**也并非是没有深**远影响或力量之上建立的。

是具有**非常**坚定的基石的。"[78]

- **通**过对社会弱势群体诉求解释为是上帝的旨意与**上帝的命令**这是的帮助性的行动在一个更广的背**景中得以成立。**同时通过对上帝的信仰，**也就是上帝的存在的**认识通过投身为穷人与边缘化的人**得到**证明，这由非常特别的神学与社会的领受。不仅呼吁为穷人、**被**掳的、**病人**、饥饿之人采取**帮助性的行动，而且**对此进行上帝存在的神学反**省**，这样在安息日的崇拜就与日常的社会责任是**不分开的。**爱上帝与爱邻舍便融合在一起了。[79]

无论如何不可忽略的是，我们通过旧约圣经对"服务事工指向的社会公义与怜悯的篇章"[80]有一个整体性的回顾。这不仅仅对于犹太人的服务事工行动具有重要的意义，而且这对于在基督教传统中也有具有非常重要的意义的。

---

[78] F. Crüsemann (2003), 42.

[79] 米勒（K. Müller）K. Müller (1998), 48,认为："犹太人中认为社会责任与安息日的一直，这也为教会服务事工的概念提供看更加广阔的视野。"

[80] A. Götzelmann/V. Herrmann (2004), 498.

3.1.8 早期犹太教中的社会行动

在我们进入探讨新约-基督教的角度之前，应该至少提一提耶稣时代希腊化犹太教的服务事工行动的启发。希腊化犹太教的意义在克劳斯·贝尔格尔（Klaus Berger）看来乃是在于越过了民族的界限，使得实践中爱邻舍行动扩大至普世化的概念。还有：实践中的爱邻舍通过亚历山大的斐罗（Philo von Alexandria）而融入了公义的概念之中。[81]

信仰与社会行动相应的关系最为典型的例子就是主前 100 年到主后 100 年之间形成的约伯之约。在作品中约伯被描述为一个归化为犹太教信徒的异教徒。对照圣经的《约伯记》中（伯 31:16f.; 29:3f.）便描述了当时已经成型、建制的关怀机制：

在我家中常有桌子，任何时候都摆满食物，**都是为了外人的**。我还特别为寡妇准备了 12 张桌子。**当有外**人前来乞讨的时候，**他就先到桌子前吃饱，然后得到充足的供应。我也绝不会让那些进我门的人空手离开。—**

---

[81] 关于希腊化犹太教在服务事工方面的意义，参考 K. Berger (1990).

—我有 3500 头牛，我时刻准备其中的 500 头来帮助人，借此那些没有收入的人可以得到帮助。我邀请穷人前来用餐。我有 50 个烤炉，这都是为那些穷人前来吃饭而准备的。（11:1）有一些外人，他们看到我所做的，也愿意一起服侍（diakonia, 服务）。也有看到了我所作的，就愿意参与。可是也有还没有机会参与其中的人，他们来并祈求：我们请求你，是否也能够让我们参与服侍（服务）？我们什么也没有，但请你请你让我们和你一起，请你给予我们提供金钱，使得我们能够承担得起在这个大城市里为穷人的服侍。使得我们能够在此后使你的产业得到兴旺。（10:1-11:4）[82]

约伯的"服务事工"不仅仅是给支持与施舍，而且是"借此能够成为得到重整的前提准备图计划。这样的社会理念，如我看来，不仅仅适应古代，实际上就是现代也是应该有的具体服务的措施。"[83]

---

[82] 转引用自 K. Berger (1990), 94 f.
[83] K. Berger (1990), 97.

3.2 新约的角度

3.2.1 耶稣医治人的事工

耶稣通过多种多样的方法与途径帮助人。其一，他越过律法边界的障碍帮助需要帮助的人。对他而言并没有什么不可接触的人，他接纳所有的人，例如，他与那些被社会认为不可接触的人一起吃饭，故而有人说他"又吃又喝，与税吏和罪人在一起"（太 11:19；参路 19:1-10）。通过他所做的，向所有人显明了上帝的爱。弗德里希·维尔恒·洪恩（Freidrich Wilhelm Horn）认为这是耶稣基督服务行动的纲领所在。[84]

耶稣还通过医治人来帮助人。[85] 侯斯特·载波特（Horst Seibert）描述了耶稣的医治在他那时代的特别之处。有时候人们希望耶稣给他们提供帮助，其中便有希望耶稣给他们医治（例如太 9:22）。"在耶稣服侍的事工中特别之处，并非是他行了神迹。人们希望与要求他行

---

[84] F. W. Horn (1990), 112–117, 特别是 116，洪恩写到："在此看到（耶稣）服务的纲领所在，那就是打破一切阶级的界限。"

[85] 关于耶稣基督的医治神迹与赶鬼的全能，从今天历史批评的角度上也是没有疑问的 (vgl. F. W. Horn [1990], 120). 具体内容可以参考 G. Theissen (2008b).

神迹，实际上还有其它的所图，耶稣给他们恩典，'给一些人有这样的能力实现其目的'，也给'他们有权柄'能够医治人，或者赶出污鬼。"[86] 是否现在耶稣给其他的人有能力、力量或者信心，其基本在于：耶稣帮助人，他医治人，而且人得到康复。从以下的内容中我们便看到这一直接的帮助：

他们来到伯赛大，**有人**带一个瞎子来，**求耶稣摸他**。耶稣拉着瞎子的手，领他到村外，**就吐吐沫在他的眼睛上**，**按手在他身上**，问他说："你**看**见了什么了？"**他就抬**头一看，说："**我看**见了人了；**他**们好像树木，**并且行走。**"随后又按手在他的眼睛上，他定睛一看，**就复了原了**，样样都看清楚了。**耶稣打发他回家，说：**"连这村子也不要进去。"（可 8:22-25）

耶稣也明确自己是医治者，因为这通过他的工作就明显表现出来的。尽管在耶稣的时代也有其他的医治者。不过这并无法成为一个理由来说明耶稣医治人的行为有助于其福音宣讲，这只能说明了那时候这样的事情

---

[86] H. Seibert (2008), 155.

是常有发生的。[87]

　　耶稣医治病人，而且他所在之处，有病的人都能够得到他的医治。不过乌尔里希·巴赫（Ulrich Bach）却明确的说如果毫无保留的认为耶稣医治人乃是服务事工的标准的话，那问题就产生了。巴赫通过结合耶稣医治人的故事指出——如他所说的——会滋生一种族隔离的危险，慢性病患者（长期患病之人）与残疾人便会被排除出去，因为他们会误认为上帝只要健康的人，不要患病之人，而后者（病患之人）相对于前者（健康之人）便成为上帝不喜欢的人。巴赫却不这样认为："至少在较早成书的福音书（马可福音）中比较明确区分了被鬼附之人（有些人并不能正确的知道这一点；我们在此不应该考虑其为精神错乱现象）与病患；耶稣是治服了被鬼附的，对于病人却不是。他医治好病人，这是无可争论的事情；不过在一些段落就不太明确了：耶稣有这样的能力；而没有了明确的降服、治服魔鬼的动机[......]。如把残疾之人看做是特别的人，精神错乱理论的根源

---

[87] 参考格林卡（J. Gnilka） etwa J. Gnilka (1978), 315, 有关耶稣医治的叙述也是这样解释的："人如果有眼的，就应当瞩目耶稣自己，也就是要信靠他的话。"从这样的一个认识角度出发，耶稣的医治实际上有另外的目的，那就是在信仰的认知上进深。

[……]，这样把耶稣医治人当做是种族隔离的神学来源所在。如此一来，在某种程度上便把一些残疾人（精神病患，不可治愈的病患者）认为他们是落入鬼魔、反对上帝的势力之中。上帝的医治如此也就对于一个残疾人来说，是成为不完全的。总而言之：我们在此不认为有上帝不喜欢的人（译者注：例如在神学上认为有的人就是必须被排除在外的。作者在此强烈而有明确地反对、否定改革宗的神学要点之一：郁金香教义、预定论教义），在此要看待所有的人，他们无论是健康还是残障，从人论的角度上来说，在上帝看来都是没有差异的。"[88]

在服务事工中常有这样的认识，耶稣一边教导天国的道理，一边服侍人（也就是赶鬼和医治病人）。巴赫在其新近的研究中对此加以强烈的批评："耶稣来，如同他（从父上帝所受的）托付为要传道，而且是满有大能的，超越一切。耶稣到来，宣告上帝的国度临近。他传道与赶鬼。——此外他也医治人。他就是这样做的。但这并非是他来之后额外做的。他医治，不过他并非必须给人治病。他医治，不过并不是通过医治胜过罪、死

---

[88] U. Bach (1994), 108 f. 巴赫在其文章中阐述了通过信仰的神迹的历史为例，导致了对残障人有偏见的观点产生。U. Bach (1986), 157–170.

亡和魔鬼，并不是通过医治来证明他是'从上帝而来的'。耶稣医治人，因为他出于爱而愿意医治人；耶稣传道和赶出污鬼，因为他必须斗争。与我们的救恩有关的是他的传道与赶鬼的工作中，医治却不是与我们的救恩有关。"[89] 换言之：当耶稣医治好害热病的彼得岳母的时候（可 1:29-31），并不是表明使得彼得的岳母从撒旦权下归向上帝的国。

同被鬼魔附身区别开来，巴赫认为这就是耶稣使得人进入上帝的国，而病痛就是病痛而已，它们与"基督中心并没有关系，虽然他们使得人有着极大的艰难与苦痛"。[90] 这样使得医治的故事在服务事工中便呈现出了新的层面。他们成为一个更加朴素的记号，就是帮助，耶稣以他的大能使得一些病患痊愈了——不再有神学上太过于拔高。[91]

实际上应该对巴赫所提出的这些问题更进一步认真

---

[89] U. Bach (2006), 433.

[90] U. Bach (2006), 430.

[91] 事实上对一切有争论的问题在神学上很少深入反省，比如有人从福音书(太 4：23; 8：16; 9：35; 12：15; 可 6：19)得出一个错误的印象，认为耶稣应该医治所有人的疾病。但是人们如果询问按照福音书所说的，在周围还有许多人的病痛或者是残疾并没有得到耶稣的医治，对此便没有答案了！假如是按照原有错误的认识的话，至此耶稣医治人的故事对于我们今天教会服务事工心灵关顾领域中的精神病患而来好像也就失去极大的帮助了。

思考。健康的人并非就表示相对于病患更加接近上帝；没有残疾的人也并非就意味着比身体残障的人更加优越、或者有着更加有意义的人生。"在上帝的家中身体健全的人与病患、强壮的与软弱的都没有高低之分[......]。健康是上帝掌管的，并非是优于他人的表示，而身体残障并非就表示劣等。正如使徒保罗所教导的一样，不分男与女、不分残障与健全，你们都在基督里联合为一了（参考林前 12:13；加 3:28）。"[92] 巴赫就此抛弃了认为耶稣及其门徒医治人的疾病（太 10:1；路 9:2、6）是其使命所在的观点。我们藉着哈斯林格尔对巴赫立场的批评："使得在危难苦痛之中的人得医治与释放，并且借此脱离危难而经历了医治和得自由，这是耶稣实际工作的本质核心所在，并且借此上帝的国度福音也就传开了。"[93] 耶稣在其运动中使得社会中许许多多边缘人群获益，在他传讲上帝国度福音的同时、在他没有偏见的事工中使得许多的被社会歧视的人得以重新站立起来，他们也就此知道耶稣能够医治许许多多的人。[94] 这样医治也就是"没有前提预设先提条件的服务

---

[92] U. Bach (2006), 439 f.

[93] H. Haslinger (2009), 331.

[94] 关于耶稣医治人的故事，在教会服务事工中往往都是理解耶稣是医生。按照巴赫的看法，《马可福音》中关于"医生"的概念并非是与医治有关：

事工实践"。[95]

就此我们与汉斯·约尔根·本内迪克（Hans-Jürgen Benedict）的看法一致，耶稣的医治在他使得人身体健康的前提的同时和给予跟多帮助性的启发，使得从基督教动机而来的帮助性的行动还有两个相关的层面："一方面是关系的层面。获得帮助的同步，信仰是必要的（可 6:5f.）。信仰往往是神迹获得者和耶稣使之成就的。这就使得社会工作的角色作用不断得到提升、得到正名。而另外一方面：耶稣的神迹对于服务事工的一致性的历史是重要的。耶稣的神迹使得新团契得以建立，耶稣的神迹使得被医治之人回归到正常的日常生活之中。它们乃是这样的故事：使得一些人被排除在外的错误观点得以破除，这也是为服务事工纠偏的圣经依据，因为在 19 世纪、20 世纪基督教曾经参与了排斥一些人的行动，那就是典型的例子（最主要的是关于对残疾人、以

"'医生'就是如许多人所说的，其职业就是在于治疗。马可通过耶稣的医治使命来说明，就如同在第一章第二十一节至第 2 章 10 节中，耶稣与许多的病患相遇，耶稣所做的如同医生。但是，事实上，只有在第二章 17 节一处提到耶稣是'医生'。而该处的上下文背景却与病患无关。" (U. Bach [2006], 449).

95 哈斯林格尔的这一确认 H. Haslinger (2009), 333.也是与泰森洪恩关于教会服务事工医疗使命的认识是一致的。G. Theissen (2008b) und F. W. Horn (1990),118–121.

及所谓难以教养的青少年的歧视与排斥）。"[96]

要是继续思考耶稣的教导，持续不断的服务事工在其数百年的事工中，有四处经文是必须提及的：爱邻舍的命令（太 22:34-40；可 12:28-34；路 10:25-28）；好撒玛利亚人的比喻（路 10:30-37）；关于最后审判的教导（太 25:31-46）；以及黄金法则（太 7:12；路 6:31）。赫尔伯特·哈斯林格尔（Herbert Halinger）称前三处经文是"服务事工在新约中最为关键的主旨经文。"[97]

3.2.2 爱邻舍的命令

在同观福音中这一命令是以"爱神爱人"的"爱的双重命令"，也就是，爱上帝与爱邻舍一起出现（太 22:34-40；可 12:28-34；路 10:25-28）。[98] 其核心的意义在于如《马太福音》所教导的，这不仅仅是最大的诫命，而且是律法与先知的总纲，也就是整个旧约的总纲（太 22:38f.）。[99] 在《路加福音》中也讲到："你要尽

---

[96] H.-J. Benedict (2004), 72.

[97] H. Haslinger (2009), 6, 237.

[98] 在新约中爱的命令是非常关键的，而且有非常多的教导：可 12:31；太 22:39；路 10:27；太 5:43；19:19；罗 13:9；加 5:14；雅 2:8.关于爱的命令对于教会服务事工的意义有关的阐述，参考 A. Ch. Albert (2010), 286–295, sowie H. Haslinger (2009), 237–246.

[99] 在阿尔伯特 A. Ch. Albert (2010), 290 f.的书中写到："在《路加福音》中，

心、尽性、尽力、尽意爱主——你的上帝；又要爱人如同自己"（路 10:27）。在此语境中表明，这并非是全新的、耶稣才开始或者基督教才有的观点，而是原来犹太教便已经存在的传统，耶稣给予肯定："这样行，便得永生"（路 10:28）。

这命令的意义根据哈斯林格尔（Herbert Haslinger）的分析[100] 有以下五个方面的要点：

- 这儿所特别提出的爱与我们现代、**浪漫主**义强烈**的那种**爱的理解大多是没有关系的。**人爱人不需要以喜好、同情**为前提。**不需要**现有情感联系，**而更多的是**时刻准备给予具体的、团结一致的行动，**尤其是当有人出于危**难的境况的时候，**能够**

爱上帝被突出为'最大的诫命'，爱人是紧随其后的诫命。而在《马太福音》中非常明确，'爱神与爱人'两者是完全一致的、同等重要的。：爱上帝那是最高的、最大的诫命；而爱人（爱邻舍）与之对等。非常明确，在此的基本主导的信息乃是从《申命记》第 6 章第 4 节而来：'以色列啊，你要听，耶和华我们的上帝是独一的上帝'。而非常明确地得出爱人（爱邻舍）的诫命是来自《利未记》第 19 章的内容，并且在此被拔高到与爱上帝同等的地位上。"A. Ch. Albert (2010), 290 f.

[100] H. Haslinger (2009), 246.

与之并肩而立。[101]

－ 这一命令总括而言：**关注的是人与人彼此相互支持，不管是熟悉的**，还是陌生的；**不管是朋友还是敌人。所指向的是整个世界所有的人，但首先是在危**难困境中的人。

－ 这一整个世界所有人的指向就带出了爱人有一个**极端的表现，那就是爱仇敌，例如在《马太福音》第 5 章** 43-48 **节耶稣在其"登山宝训"，或者在**《**路加福音**》**第 6 章** 27-36 节中的"**平原宝训**"中所教导的一样。这儿也说明了：爱仇敌并非要使得仇敌成为自己的朋友。爱仇敌、爱一个敌对者、爱一个有矛盾的对手。**是敌人，但也**应该把他当**做人看待**：作为邻舍或者同样是人来对待。

---

101 贝尔格 K. Berger (1999)说到：爱"在圣经中所说的是这样的一种行为，给予真实行动的支持，而实际的行动部分就表示参与和社会中的互相支持。这表示'爱'也就是没有前设条件、不需要有任何的好处为其目的。" K. Berger (1999), 60. 而"'爱'一词并没有情感趋势为前提。" " K. Berger (1999), 61.

- 这完全属世的爱邻舍，**也就是人**为他人、时刻准备给予帮助的行动，**尤其是与那些身**处危难处境的人在一起，就这样与信仰上的爱上帝紧密联系在一起。**上帝**爱那些身处危难的人，给予帮助性的行动。**基督教的精神力量必**须是使人完全投身于社会、为他人的。[102] **哈斯灵格尔**（Herbert Haslinger）**指出**："这其间的行动，**就是爱人的实践，也就是引出了——首要的并非是脱离'宗教'的行动**——这行动本身就是与上帝的旨意是一致的。"[103]

- 爱邻舍，**就如同耶稣所教导的，要爱人如同自己**一样。这并非是让邻舍或者他人取代自己，**也不**

---

[102] 贝格尔 K. Berger (1999), 59 f.,已经阐述了爱上帝的诫命（申 6:5）与爱人的命令（利 19:18）在旧约之中是分开的，而在同观福音中耶稣的教导中，我们看到作为夫子的耶稣自己，或者是在早期基督徒团契之中，这两者是紧密相连的。而背后便于希腊化的"两种美德的正典"，也就是荣耀上帝与爱人，这样的背景是相关的。（译者注：这就是中国基督徒所特别重视的"荣神益人"）。

[103] H. Haslinger (2009), 246.

是以自己为代价，**而是**"**要如同自己一样**"。这背

后必须有最为基本的人的经验和人的认知，爱邻

舍、爱他人的能力得以增长的前提，**就是当人自**

己有自由的爱自己，**有自由的从自己内心出发**，

并且借此能够为邻舍、为他者。

3.2.3 好撒玛利亚人的比喻

爱邻舍的命令相应的就是《路加福音》中的"好撒玛利亚人的比喻"。[104] 这在服务事工、教会历史中始终是对帮助有启发性的作用。这比喻乃是耶稣回应一位犹太教法师的问题："谁是我的邻舍？我应该爱谁？"耶稣说：

有一个人从耶路撒冷下耶利哥去，落在强盗手中，他们剥去他的衣裳，**把他打个半死**，**就丢下他走了**。**偶然间有一个**祭司，**从这条路下来**，**看**见他就从那边过去了。**又有一个利未人**，来到这地方，**看见他**，**也照样从**

---

[104] 关于好撒玛利亚人比喻在教会服务事工中的意义，请参考 G. Theissen (2008a); H. Haslinger (2009), 246–262.

那边过去了。**唯有一个撒玛利亚人，行路来到那里。看见他及动了慈心，上前用油和酒倒在他的伤处，包裹好了，扶他骑上自己的牲口，带到店里去照应他。第二天拿出二钱银子来，交给店主说，你且照**应他。**此外所有费用的，我回来必**还你。**你想着三个人，哪一个是落在强盗手中的**邻舍呢？（路 10:30-36）

这个比喻描述的是日常中可能会发生的一个故事，在神学的历史中对其属世的特定内涵却并没有足够完整地地阐述出来、也并没有得到应有的重视，在神学历史中往往只着重其寓意的解释。[105] 上帝所期待的、耶稣将其当做一个爱邻舍的榜样来教导的好撒玛利亚人的比喻是从大众日常生活的角度来描述的，还没有发展出宗教有关的因素：我们并没有听到好撒玛利亚人出于宗教的动机；也没有那落在强盗手里的受伤者的灵性关怀或宗教诉求；也没有谈及祷告、没有提及祝福、没有属灵的医治。事件发生的整个过程就是因那落在强盗手里的人需要紧急救助而采取的行动与实际的措施；然后受伤的

---

[105] 参考 G. Theissen (2008a), 94 f.

人被带到旅店得到安全保护，并且得到进一步的照料。戈尔德·泰森（Gerd Theissen）认为："这存在一个悖论：好撒玛利亚人的比喻，这一关于基督教帮助动机的理由的解释，实际上并没有特别的基督教帮助动机的根据在其间。而且最首要的是，这并不是对大众帮助动机的评价。正好相反的是：这一故事激发我们理解，去发现存在所有人中的帮助意愿。这正好说明了，帮助人的意愿乃是超越一切的文化与宗教的边界的。"[106]

在新约圣经中并没有把耶稣的门徒描绘为给予他人帮助的榜样。这并非偶然：好撒玛利亚人不是一名基督徒，甚至并不是严格意义上的犹太人。[107] 被耶稣当做奉献的美好榜样的穷寡妇也不是耶稣的跟随者（可 12:41-44）。迦百农的百夫长，捐助犹太人建造会堂（路 7:1ff.），他是一名外邦人，也是政治上与犹太人对立的人。"那罪多的，所得到的赦免就大"（路 7:47）。

在好撒玛利亚人的比喻中的基督教帮助行动的决定性因素如同艾博哈特·云格尔（Eberhard Jüngel）所指出的，乃是"无宗教诉求"。无诉求，"也是所有在真理之中的非基督徒的行动，也是往往被虚假的宗教强调所

---

106 G. Theissen (2008a), 95f.
107 撒玛利亚人被当做是无份与犹太信仰的人群，甚至被当做是犹太教异端、被抛弃的。

掩盖、所压制的"。因为"基督徒为他人所做的，就那样做好了。而不会为要使得自己的行动质量得到提高，而是掩盖，如果他能够自己认识到其宗教更多的价值的话。他也会击碎自我的意愿，就是在好行为中是表现出来的。"[108]

就此我们已经讲过了，按照耶稣教导的这个比喻在信仰中并不是为了什么神学上的特别的指向，也没有什么潜在的、或者是礼仪上的的实际，而是关乎爱邻舍的具体行动。耶稣通过这个比喻回应那教法师询问，他当怎样行才能够承受永生（路 10:25）。"好撒玛利亚人的比喻定义了神学的正统就是服务事工正统的实践。"[109]

比喻的要点在于理解角度的转换，谁是我的"邻舍"？教法师询问，谁是他的邻舍呢（他原以为邻舍就是帮助的需要者、帮助的接受者、帮助的获得者，也就是他可以帮助的对象），他的问题设置了一个限定，因为他认为邻舍就是在道德上应该主动给予支持与扶助

---

[108] 艾博哈特·云格尔 E. Jüngel (1987), 22. 哈斯林格尔 H. Haslinger (2009), 261, 都特别强调这一点："好撒玛利亚人的形像最为美好的事，就是给予帮助，没有任何过度的渲染，也没有自我理论的陈述。[……]可是曾有依据好撒玛利亚人的教会服务事工却阻碍了这一点，[……]所以，应当拒绝"显示基督教的"、拒绝通过教会服务事工的机会来作为基督徒或者基督教会广告式的这些要求。"

[109] H. Haslinger (2009), 251.

的。耶稣的回应转变了整个视角：问题不在于谁是邻舍——人应当给予支持与扶助，问题的关键是，谁给予了我在危难之中以扶持，在我需要扶持的时候给予我扶持的，他就是我的邻舍。如此，给予正在危难之的人以扶持的，就是邻舍了。由此可以说：没有一个人应该被排斥在帮助的对象之外。爱邻舍的命令的推广甚至应该是达至敌人：邻舍的范围就不再有前设条件了。每一个人，只要我能够给予帮助的，就是我的邻舍。同样，能否证明一个人是别人的邻舍，就在于其是否在现实之中，当人有需要的时候给予帮助，这也是有需要帮助之人的角度来看的，而不是帮助者本身的角度。[110]

最后这一个比喻在帮助上有两个不同层面的意义：首先是那撒玛利亚人完全是出于同情那受害者而给予的个人的帮助。而且他真诚的帮助是有条不紊、同时也是有界限的：他急忙带着受伤的受害者离开，并交托给店主，并且通过支付的方式安排"住院"继续给予照顾。[111] 过些时候，那撒玛利亚人还会回来。帮助的行动往往

---

110 H. Haslinger (2009), 254.

111 从这个角度上继续的推理，许多人在教会服务事工中通过在资金上为穷困人提供无止境的帮助。实际上这个比喻并不能这样运用。实际上这个比喻中落到强盗手中的人是比较有钱的，故而比较容易引起强盗的主义。而撒玛利亚人原因为落难的人在经济上给予垫付，只能突出了一点，那个落在强盗手中的人在那样的情况之中没有钱支付费用。在此并没有说到，那

需要两个相互关联的形式：出于自发的、应急的、个人的支持与机构化的、专业化的服务相结合，才使得事情能够完美解决。"服务事工需要在情感发动的近处、与实务的妥当安排的远处这两者之间保持平衡。能够在恰当的时间中从帮助的关系里抽身出来的艺术，这是服务事工必须保持的。"[112]

3.2.4 最后审判的教导

在《马太福音》第 25 章 1-46 节耶稣关于末世最后审判的教导，是属于人的怜悯与爱邻舍的世界性文学，更广地拓展了以上已经提及的两处"服务事工主旨经文"的整个视野，服务事工的理解作为如此重要的在"宗教诉求之外的"帮助的普世伦理。耶稣作为人子的到来在末世的时候整个世界都要受审判。

于是王要向那右边的说："**你们这蒙我父赐福的，可来承受那**创始以来为你们所预备的国；**因为我饿了，你**们给我吃；**渴了**，你们给我喝；**我做客旅**，你们留我

落难之人自己是穷困的。
[112] H. Haslinger (2009), 262.

住；我赤身露体，你们给我穿；我病了，你们看顾我；我在监里，你们来看我。义人就说：主啊，我们什么时候见你饿了，给你吃；渴了，给你喝？什么时候见你做客旅，留你住，或是赤身露体，给你穿？又什么时候见你病了，或是在监里，来看你呢？王要回到说：我实在告诉你们，这些事你们既做在我这弟兄中一个最小的身上，就是做在我身上了。（太 25:34-40）

而随后的 25 章第 43-46 节作为对立面来对照那些相应的在这六件"怜悯人的事情上"未能做到的失败者。

这一段落可以作为服务事工的"慈善之纲领"（Magna charta）。克里斯多夫·摩根塔勒尔（Christoph Morgenthaler）认为："具体的人在具体的处境中所行的，与其他具体的人在具体中所行的，各有各自具体的美善。他们行他们应有的，而人性却往往不能够做到'行应当行的'。"[113] 这就是最基本的人的行为，在其它的宗教中也有这些"怜悯人的行为"的描述。[114]

---

[113] Ch. Morgenthaler (2005), 36.

[114] 旧约中于此平行的经文是《箴言》第 14 章 31 节："欺压贫寒的，是辱没造他的主；怜悯贫穷的，那是尊敬主。"在《米德拉希》（Midrasch）中关于《申命记》第 15 章 9 节的解释："凡是给穷人吃的，我就看你们如同

新约学者戈尔德·泰森（Gerd Theissen）通过耶稣关于世界审判的教导、以及此后的运用与教导的历史得出一个结论，认为普世性的帮助性行动那是服务事工学科所关注的中心。[115] 他对以下两类做了区分，其一世界审判教导的普世传讲的传统与其所有人的"所有民族"，在其中的诉求乃是"受压制的弟兄"在危难之中，也就是一切在危难之中的人；而另外的是特别传讲的线路，也就是所看到的应当帮助人的经文，其对象不是基督徒，而是外邦人（异教徒），是基督徒的对立者，特别是在最初期的基督教宣教的过程中所遇到的人群。估计文本有一个演变的历史过程。如果从他们反对

给我吃的一样。"（Ch. Morgenthaler (2005), 38.）正如在古埃及的死亡之书所说的，必须给饥饿之人、饥渴之人以怜悯。如佛教的《三藏经》所讲到的，佛陀也教导弟子说："僧人们，你们谁要是想一直服侍我，你们就应该服侍病人"（Ch. Morgenthaler (2005), 38）。在伊斯兰教的《古兰经》中也有这样的内容："当审判之日，真主召集他的仆人们在一起。对他们说：'我曾结，可是你们没有给我吃的！'又对另外一个说：'我曾干渴，可是你没有给我喝的！'对另外一个又说：'我曾经病痛，可是你没有来看我！'他的仆人们对此感觉茫然的时候，他对他们说：'我实在告诉你们，这些曾饥饿的，你们曾经给他们吃的，你们就在他身上找到我了！这些曾病痛的，你们看他的时候，你们就在他身上找到我了。这些曾干渴的，你们给他喝，你们就在他身上找到我了。'"（转引自 nach J. Rakhmat [2005], 126）这表明了，人们所生活之处所看到的，宗教的思想与根据、国界等等都对此对此没有产生区别的影响。这一点在所有的宗教、文化、不同的区域中，都是共通的。

[115] 参考 G. Theissen (1998), (1999), (2008a).

犹太人的论述中，可以推测最初应该是关于异教徒（不是犹太人）的公义。这一传统有可能此后伴随着最初基督徒宣教的路线的演变的经验背景而被编撰，使得能够适应其他的人。这一点得到乌尔里希·鲁芝（Ulrich Luz）在圣经阐释的研究中的印证与支持：《马太福音》中关于在危难之中的弟兄并非指所有的人，而是在危难之中的门徒。[116]

马太了解门徒们经历的变化，这是与所有人有关的福音。泰森指出："在《马太福音》第 25 章中的审判的概念至少有着指向整个普世的趋势。这有着帮助伦理的痕迹在其间：外邦人也是涉及的对象，他们应该与以色列人一样被对待。这是有着一个圈中的与圈外的两个不同的团体。在《马太福音》的框架下涉及到演变成为一个普世的导向。所有的都应该得到帮助——而所有的人

---

[116] 鲁芝（U. Luz）U. Luz (1997), 542:写到：我们对此经文曾经热衷于其普世的意义的讲述，这是现在许多人都是这样做的——我也是这样过——这是福音的中心，因为它被看做是没有界限的爱之耶稣的福音的中心。不过这从圣经阐释的角度上看，这并非是《马太福音》的本意。福音书的作者所指的在患难之中的弟兄大多不是指向所有的在危难之中的人，而是危难之中的门徒。问题就在于：从神学的角度来看，是否可以为了现今的需要违背经文的最初意义进行阐述，这对于现今的接受这位福音的中心信息的人是否是有帮助的？我倒是很愿意在这一情况中说：'是的！'——鲁芝 （Luz (2005), 24），最初在其有关耶稣的团契的好客相对于基督教教会服务事工的'工作'，写到这一点。"这与团契的"爱的行动"来说是相对的。给予行路和远方的弟兄姐妹的服侍，就是服侍耶稣，因为他们是受耶稣差遣的。"

也能够承担帮助人的任务，即，所有人都应该帮助他人。"[117]

这一段落有三个方面对于服务事工从新约的角度得到定位有着重要的意义：

– **世界的**审判者所指出的人的"**公义**"**乃是所提出的有怜**悯的行动，显然这是人因为同情而生发的，**并没有特**别的宗教动机在背后。**所以，与之相关的指向非常明确**，所指出的**世俗意**义的帮助性行动乃是审判世界者所要看到。这完全是"**宗教诉求之外 的**"（**云格**尔 E. Jüngel）认为这一文段与**好撒**玛利亚人的比喻是类似的。

– **在**审判的内容中所说的具体的因同情而生发的人为人的行动，**并没有什么超俗的、英雄般的任**务。这些都是有关人在危难之中最基本的人与人**之**间的帮助。这是没有人会要求一个人必须做的

---

[117] G. Theissen (1999), 46.

如同特雷萨修女或者是圣法兰西斯所做的。在日常人与人的框架中，而不是跳出日常生活的框架。

— 这一段落所表明的———**与好撒**玛利亚人的比喻类似——**有一个基本的角度的**转换："邻舍不仅仅**是那人的**怜悯的接受者。邻舍是上帝恩赐的背负者。"[118] 这一便使得阶级式的误区，**就是在强者的**给予帮助者和弱者的接受帮**助者**这样的一种帮**助的关系**发生翻转：**在危**难之中的人成为帮助者，**而不仅仅是**等待帮助的人。因为需要帮助之人不仅作为被动者，**而是成**为有着上帝形像之人，**那是他**们所要的、**也是他**们的身份所在。

3.2.5 "黄金法则"

阿妮卡·克里斯汀娜·阿尔伯特（Anika Christina

---

[118] Ch. Morgenthaler (2005), 39.

Albert）指出在第四处新约中有关服务事工的核心经文：

"黄金法则"（*regula aurea*）[119]："**所以，无论何事，你们**

愿意人怎样待你们，**你们也要怎样待人，因**为这就是律

法和先知的道理！"（太 7:12；路 6:31）

阿妮卡·克里斯汀娜·阿尔伯特（Anika Christina Albert）认为这黄金法则"对于帮助的理解具有责任托付与跨学科的启发[......]尤其重要的是，一方面它乃是在基督徒行为的核心准则，另一方面这一原则在其它任何处境中都是有效的，而且在一切伦理准则中都具有共同性。"[120]

如同"爱的双重命令"一样，马太特别强调这是律法与先知的总纲，这个原则同样对于马太来说具有特别重要的意义。"因为'律法与先知'的总纲这一表述说明了爱是上帝的要求，而且最终，马太也是将这"黄

---

[119] A. Ch. Albert (2010), 325–336.

[120] 参考A. Ch. Albert (2010), 325，黄金法则的概念从18世纪以来便得到公认。其内容早在主前第5世纪便已经存在。在德国这已经作为谚语广为流传：已所不欲，勿施于人！（Was du nicht willst, dass man dir tu, das füg auch keinem andern zu!）这一原则在许多不同的文化中也有各种不同的表达：基督教、犹太教和伊斯兰教，同样在儒家、印度教以及希腊0罗马的文化中皆有。参考A. Ch. Albert (2010), 3256.

金法则"与"爱的双重命令"作为上帝的命令对等看待的。这可以看做是耶稣有关行为准则教导的伦理行为的最高标准。"[121] 爱的命令与"黄金法则"应当彼此相互解释，而后者，即"黄金法则"乃是作为定位的原则，而爱的命令乃是在恰当的境况之中给予具体的帮助行动。

"黄金法则"为人的具体生活处境设定了前提条件，这具体的生活处境就是使得人能够在处境中感受到他人的真实感受，并且以恰当、合宜的方式对待人，这与爱的命令是相应的。不过"黄金法则"只是一个基本原则：我希望别人这样对待我，那我就应该这样相对应地对待他人。相应的，如果我这样对待他人，他人也就这样相应地对待我。而具体的措施、内容上可能有不同，我会遇到别人其它的需求，这与我所要的并不一样，因为我们两者乃是不一样的，我们所认为什么是好的，也可能是不一样的。如果从帮助的角度来看，黄金法则所表达的，那就是应该是帮助的接受者来决定愿意从谁得到什么样的帮助，而不是主动给予帮助者来决定的。

"黄金法则"同样，就如同以上已经阐述过的服务

---

[121] 参考 A. Ch. Albert (2010), 331.

事工的"主旨经文"一样，具有普世性伦理的意义，因为它乃是"每一个个体在其自由与责任中，[......]使得"黄金法则"在日常的生活中能够得到推行。"[122]

3.2.6 双向互动性乃是帮助的结构原则

互换角色与双方互动、相互支持，这在相对紧密的生活团契之中是比较重要的，至少在经济资源有关的这一部分是更进一步了，这在作为基督徒团契的集体力量的中心，一开始便有的。[123] 就此在原本生命在相对社会地位低下的人群之中发展出相对比较没有阶级、人人相互支持的团契生活模式，他们作为"基督身体"在一灵里生活在一起，为彼此的兄弟姐妹关系。[124] 就此就避免了所谓的位置的关系，使得每个团契的成员不会有高低差别感。[125] 男性也许有一些时候来适应这种消除阶级的结构（可 10:35-45）。与去除不平等关系文化的同时，

---

[122] A. Ch. Albert (2010), 331.

[123] 鲁达特和雪芙 G. Ruddat/G. K. Schäfer (2005), 204 f.,谈到早期的团契中一面是"文化的参与"和另一面是"双方的生活的推动"相结合。

[124] 参考 W. Rebell (1990), 41.

[125] 耶稣特别在《马太福音》第 23 章 8-12 节强调，在他们的门徒中不要有拉比、师傅、父亲或者老师的称呼。最后要在耶稣的团契中消除父权文化。参考 G. Lohfink (1985), 57–63.

就是为要构建人人团结一致的团契模式，就是彼此支持和参与，在灵性上与物质上都达到平等。古典的角度有两个总结要点说明了这一点，尤其通过路加对早期耶路撒冷基督徒团契的生活情况的描述可以得知：

"所有信的人在一起，凡物公用；并且变卖了田产、**家业，照个人所需用的**，分给个人。"（徒 2:44-45）

整个团契一心一意，而且不会有人声称自己拥有什么私人的财产，所有的都是大伙的。当时没有人或有所缺，因为信的人都把自己的田地、房屋变卖了，并且把变卖所得的都拿来放在使徒们的跟前，而且有人去了解与评估各人的所需（徒 4:32-35）。

通过这一非常明确带有理想主义的团契特征，不过这的确是路加所描绘的最初基督徒团契在生活上真实的互相依存与相互支持、人人为彼此团契生活[126] 的特征，这是得希腊读者们通过这些内容真实记起在古希腊哲学家们已经所提出的理想的、公义的生活生活模式。戈尔德·泰森（Gerd Theissen）指出，初期基督教由于尤其特别的团契结构的互相帮扶的一体化的生活方式，这在

---

[126] 鲁芝(U. Luz, 2005), 26,指出，这是"在耶稣的最早跟随者中的一种共产平均的生活模式，[......]基本上是人人平等的。"而所谓的初期基督教的生活、共产，实际上基本不存在的。参考 W. Rebell (1990), 42–44.

当时的世界中表现出极大的吸引力，而且"在一个世界中通过微弱的发展出来的在团契中保有社会基本的平等以及能够提供最为基础的生活中抗拒基本的危机的保险系统。"[127] 泰森进一步指出，在古代希腊，福利基本上是贵族式的思想，而社会的误区就在于从上而下来推行。而最初期基督教的帮助"根本上是横向水平面的人人团结一致的，这是平等中的帮助的施行。"[128] 基本上其间就是简单的人接受贵族式的施赠（使徒保罗引用主耶稣的话说："施比受更为有福"（徒 20:35），完全促使他们形成自我意识，某种程度上就是"民主的贵族式福利社会思想。"[129] 普通老百姓就此意识到，他们有成为为别人提供福利的可能。[130]

这样帮助的、人为人的行动便有了比较强的平均的、互为彼此的趋势指向。格哈德·洛芬克（Gerhard Lohfink）通过其圣经注释的研究发现，在推动为社会的新约书信中便有着非常关键的"为彼此"（*allēlōn*）的概念：基督徒被推动，彼此互相敬重（罗 12:10）；彼此接纳（罗 15:7）；彼此劝诫（罗 15:14）；彼此关心（林前

---

[127] G. Theissen (1995), 197.

[128] G. Theissen (1995), 198.

[129] G. Theissen (1995), 199、214.

[130] G. Theissen (1995), 214.

12:25）；彼此安慰（贴前 5:11）；彼此友好相待（贴前 5:15）；彼此用爱心互相款待（彼前 4:9）等等。[131]

一个类似的事情就是所谓的收取外邦（普世）教会的捐献，保罗在其信中讲到他在自己所创立的外邦基督徒的教会中收取奉献，为的是帮助最初成立的耶路撒冷基督徒团契，他们因为物质上贫乏而产生的需要，所以希望能够给他们资助。这非常明确，保罗怎样在两个距离遥远的基督徒团契之间通过接受与给予来表现出他们之间的平等。帮助的给予并不能表示强与弱、富与穷之间的差异，反之是在相互彼此之间的互动关系：现在成为贫穷的最初耶路撒冷的基督徒团契，福音原从他们那儿开始传开的，现在希腊、外邦的基督徒团契有份于他们灵性上的富足；相应的，但却不是必要的，当希腊外邦基督徒也能够在从他们的角度出发，与耶路撒冷的基督徒分享他们的物质上的富足（罗 15:26f.）使徒保罗为耶路撒冷教会收取捐献，那是他认为这是平等的一种表现："**乃要均平**，就是**要你的富余**，现在可以补他们的**不足**，**使他**们的富足，**将来也可以**补你们的不足，这就**均平了**"（林后 8:14）。在这里所指出的帮助的理解说明

---

[131] G. Lohfink (1985), 116–124.

两方都是中心：均等的思想和双方互动的视角点，因为按照使徒保罗的教导，平等乃是基督教弟兄姐妹身份的基础所在。[132]

这一相互关系的特性特别在过去几十年中得到妇女神学家们的接受。伊丽莎白·苏思乐·菲奥伦思（Elisabeth Schüssler Fiorenze）在圣经解释中使用"平等"取代了服侍（diakonein）的概念，[133] 以及在社会工作中伊娜·普瑞托伊斯（Ina Preatorius）采用相向双方互动的伦理的基础，在"自由和服务的相互中彼此共同承担。"[134] 唯有好的生产才有其它一切的可能。人类帮助的友好文化在帮助和接受帮助中这种相互的关系才使之成为可能。服务事工行动首先是建立在这样的教会形像的多元的文献之上，彼此相互的参与与接收得以建立与形成。

---

[132] 关于为耶路撒冷的教会收取捐献，参考 Th. Söding (2011), 37："请求的信件"（林后 8：-9：）这是保罗神学中非常典型的社会伦理与基督论的特色。而该信中还有一个相对应的，也是很少被注意到的点，那就最初基督徒实践的焦点所在，从新约而来的，也是以新约的教会论为基础的，指向教会服务事工的。基督论使人明确记得耶稣：耶稣特别强调社会良知，要求他的门徒必须这样遵行的。

[133] E. Schüssler Fiorenza (1988).

[134] I. Praetorius (1995), 180.

3.2.7 服务事工是基督的恩召与教会的职份

正如以上我们已经阐述的，彼此相互的帮助相互的社会支持早在最初期基督教中是团契生活的基本结构，此后就成为了所有团期成员能够相互担当与互相依存的可能性。所有的成员都应该在这人人彼此团结一致的维系之中，各人都是"照他所有的。"（林后 8:12）。

就此最初的时候并不需要特别的结构、机构或者是特别的职份。人人为彼此的帮助乃是一个团契生活实践的基础，也是一个未来基督徒团契存在最根本的根基。[135] 随着时间的推移之后教会的结构才得以发展，也就是关于社会的责任的问题，就此才需要特别的职份托负责来专门负责相应的工作。"执事"（Diakon）这一词第一次在新约中作为职份出现，是在《腓立比书》中，[136] 那

---

[135] 鲁芝U. Luz (2005), 34, 说到这一点，"教会服务事工从新约的角度上而言，如果不是太过强调"教会的标准"的话，乃是教会的标记。"
（译者注：实际上，在德国有关教会服务事工研究的学者中，便有学者认为，教会服务事工、教会崇拜与圣事、宣教与布道共同构成构建教会作为基督徒身体——团契的三大支柱。从教会论与基督论的角度上，从新约的角度上而言，实际上，这是非常正确的。而且，这三者从教会的发展历史、宣教的历史、以及教会与社会的关系等等的角度上来看，德国教会服务事工学科的研究学者，在此是很值得关注的。参考Haslinger, (2009), 168ff.）
[136] 并不是在耶路撒冷初期教会在供给希腊的寡妇的事物上为此专门设立执事，作为最早出现的 Diakon 一词（徒 6:1-6）。虽然，许许多多的人一直

是早在主后 56 至 58 年之间便设立的。而作为独立的执事职份最早是出现在教牧书信之中（提前 3：）。

按照鲁芝（Ulrich Luz）的观点："后来才形成一种相对应机构化的趋势：教师与实践的'服务事工'并且在主教（监督）与男性和女性的执事之间的区分，但是，实践上不能将这两者简单分开。教师却在后来越来越相对于服务事工站立在前面、在教会中成为越来越重要角色。但是相随的仍然是整个团契保留着爱心事工、好客、关怀穷人。就这样服务事工保留着作为整个教会的"标准"（nota），作为教导与神学的具体体现。"[137]

3.2.8 "服务"概念的历史演变及意义内涵

关于希腊文词汇 diakonia 与 diakonein（服侍、服务）的概念从不同的圣经解释的角度出发，其意义相对应的与"基督的追随者"、"爱邻舍"、"团契的次序"和"教会的职份"联系在一起。[138]

赫尔曼·沃尔夫冈·拜耳（Hermann Wolfgang

误认为那是最早有关执事传统的开始。

[137] U. Luz (2005), 35.

[138] 亨敕尔（A. Hentchel）对此有比较详尽的叙述。参考A. Hentschel (2007), 11–24.

Beyer）认为 diakonein（服务）是饭桌、饭食上的服务，是服侍人用饭。于此拜耳根据其对扎根于希腊世俗的归纳，他排除其他的意义。他注意到新约中服务的特别意义，其中他界定了这个概念与犹太、希腊背景中该概念的差别，特别突出其特定的基督徒爱心服侍的意义。[139]

爱德华·史怀哲（Eduard Schweizer）结合拜耳的理解，认为服务事工是基督徒团契的基础性结构，而且作为极为普遍的教会职份形式的基础概念。他指出，我们所说的"职份"在新约之中并没有其它的词汇如同 Diakonie（服务事工）一样。"也就是说，在团契之中的服侍非常的不一样，其它的职份的名称，例如作为'教师、关怀人的、监督等等'也是不能表达的，这一职份并不能简单地归入其它的职份，这与其它职份一样重要。"[140]

按照妇女主义的讨论，这其中有两大基本框架。璐伊芝·史特洛夫（Luise Schottroff）对 diakonein（服务）词源的社会学背景进行研究，从而得出，圣经之外的领域基本上不能够表达真实的意义，因为这个概念在

---

[139] Vgl. H. W. Beyer (1935).

[140] E. Schweizer (1990), 170.

圣经之外的领域大多表达的是对较高地位之人的服侍。而这一概念，也就是较低社会地位的人对较高社会地位的人的服侍，这在圣经中被排除掉，目的在于此概念在基督教团其中作为关键概念，有着主导性的功能，这一点表明了璐伊芝·史特洛夫批评与反对父权、男权阶级主义的观点："并不是妇女必须学习为人洗脚，而是男人必须学习为人洗脚。而且男人们必须学习让妇女参与权力的参与、自主性的掌握。新约之中的服务事工的概念根本上是反对男权、父权阶级体制的。"[141]

伊丽莎白·苏思乐·菲奥伦芝（Elisabeth Schüssler Fiorenze）理解拜耳所认为的 diakonein（服务）是在饭食上的物质服务或者其它的低下的仆役。尽管妇女们对文化和宗教社会化的批评"过于自我牺牲的爱和无我的服侍其他人"，diakonia（服务）的概念仍然是教会职份功能的标志，医治作为"基督教女性妇女主义者、男性妇女主义的有力的象征。"[142] 就此成为"一个队男权的批判控告和挑战"。[143] 服务事工作为"批判（武器）的范畴"，抗拒阶级的身份结构或者特权的概念，显然，

---

[141] L. Schottroff (1990), 242.

[142] E. Schüssler Fiorenza (1988), 310.

[143] E. Schüssler Fiorenza (1988), 311.

这并非是从教会的职份作为关注点。"职份不能继续作为'侍从'或者'归属于谁'来理解，而是与其它为要获得的生存、自爱、公义，着一些都是平等的。"[144]

实践神学家汉斯·约尔根·本尼迪克（Hans-J[rgen Benedict）在过去一些年里把澳大利亚神学家约翰·柯林斯（John N. Collins）在其 1990 年出版的书中的观点引入进入德语服务事工研究圈子。[145] 柯林斯认为 dienen（服务）的概念范围通过凯泽斯维尔特（Kaiserswerth）和贝特尔（Bethel）从 19 世纪中叶以来通过女执事、男执事的服务实践使得服务作为生活的委身而形成基督教存在的特征所在。威廉·布兰特（Wilheln Brandt）的研究"新约中的服侍与服侍者"（1931）和赫尔曼·W·拜耳（Hermann W. Beyer）在新约的神学词汇词典中的服务（diakonein）这一词条的解释成为时至今日有关服务事工定调的解释。由于已有的有关服务（diakonein）概念在希腊世俗社会中的大众意义，以及饭食上的服侍、侍从等社会地位低下仆役的服务等联系在一起，柯林斯列出了这个概念的三种不同的含义：

– **服务从信息的传递上看**，**具有**带信人、传信者或

---

144 E. Schüssler Fiorenza (1988), 312.

145 H.-J. Benedict (2006).

使者；

- **服务**在事务工作上作为代理人或者媒介；

- **服**务在饭食上的侍应。

总体上服务的基本意义是传递、维系两方。服侍者在服务（diakonein）的意义上看就是中间人。

最近神学家安妮·亨施尔（Anni Henschel）在柯林斯研究的基础之上继续发展这一理解。同样研究主前 400 年到主后 100 年间犹太、希腊化的文献，亨施尔得出一个结论：[146] "代理"相对于"中间人"（柯林斯）在服务（diakonein）的词源上而言，是尤为重要的角度。词汇的种类表明，该词基本的意义不在于地位低下的仆役或者是餐桌的侍应，不是女性做家务或者是奴隶的工作。这个概念根本无关乎性别、地位或者是行动主题的主决能力与否。实际上如果单从事务的角度来看，这是作为一个人的代表、上帝的代表或者是作为一个观点立场上的义务承担者。从代表的授权者和领受代表权限的角度来看，就是代理。"从新约的内容解释来看，这是一个核心的意义，通过执事（diakonos）的名号，

---

[146] 参考 A. Hentschel (2007), 34–89.

成为基督的使命一个记号，这并不是一个饭桌侍应的意义所能够表述的，[......]而是更多的是作为福音宣讲的上帝代表这个意义。"[147]

从关于服务 diakonein 在学界中发展的历程，总结起开有以下几方面值得注意：

— **从服**务事工的实体机构和服务事工培育机构所形**成的**传统来看，服务事工那是作为（爱的）**服务**，这乃是从耶稣的跟随者出于舍己为人的角度**开始的。而拜耳在其研究中得到的新的理解**，"**根据**《马可福音》**第** 10 **章** 45 **节和**《马太福音》**第** 20 **章** 28 **节，耶**稣并不是作为饭桌侍应的形像出现，**而是** diakonein（**服务者**）**在此不**仅可以总结为一切为邻居帮助性的、爱的行动，**而且也是完全地**牺牲，作为生命的给予来理解，**服务在此的概念一方面包涵了在生命与死亡中**为他者而存**在**（ Für-die-anderen-da-Sein ）。 这 样 服 务

---

[147] A. Hentschel (2007), 87.

（dianonein）的概念便达到了其最后神学的深度。"[148] 服务事工在此就是关于爱的服侍。

- 在柯林斯（John N. Collins）1990 年出版的博士论文中，并通过汉斯·约尔根·本尼迪克（Hans Jür-gen Benedict）介绍进德语研究圈里，认为服务（diakonein）的概念就是中间人的工作，尤其是"往来联络者"，[149]这一中间位置成为服务工作的基本意义。就此服务事工乃是与传递有关。

- 安妮·亨敕尔（Anni Hentschel）新近的研究表明，服务（diakonein）的概念"基本上是代理，这是授予代理权的人与接受者之间的一种关系的代理，那些有关等级结构，或者常常人们所认为的是中间者功能，就被扬弃掉了。这代理乃是把一个事

---

[148] H. W. Beyer (1935), 85.
[149] J. N. Collins (1990), 77.

务安排或者为要传递给接受者一个信息。"[150] 就此服务事工作为一个工作乃是从**上帝得到托付的代表**，就此新约中的这一行动并非与社会的帮助有关，**更多的是传福音和团契的带领，也就是被差派的使徒的意义接近。用亨敕尔的话来说：通**过新约较晚成书的词汇分析，"**表明，服务**或服**侍（diakonia）及其衍生的相关概念乃是往往与基督徒作**为上帝、**作**为教会的代表向人传福**音。"不管是使徒保**罗自己还是其他的地方的教**会 与** 团 契 的 带 领 者 都 可 以 作 为 服 侍 者（Diakonoi）的功能来指称他们。使徒保**罗已经**使用的，以及此后继续的发展历程中，随着**时间的推移，"服侍"成**为职份的概念得到进一步发**展，成为了带领者的功能，特别是在布**道方法的**

---

[150] A. Hentschel (2007), 433.

责任上得到进一步的发展。[151]

我们赞同亨敕尔（A. Hentschel）的分析。就此也就有了双重的结论：其一，不管是柯林斯，还是亨敕尔的研究都清楚地表明了服务（diakonein）在新约之中所描述的相关内容，并不能如同威廉·罗尔斯（Wilhelm Löhes）在其有着深远影响的服务事工研究著作中所描述的一样，[152] 作为较低的、恭顺屈身的仆役去服务穷苦人。与服侍（diakonein）相关描述的活动更多的是指通过明确的接受托付、自主的、全权担负或者传递功能，这就与相应的行动的自我明确行紧密相连。

另外，在新约中的服务（diakonein）的概念应当与新约中其它的方面（讲道、福音宣讲、团契的建立/建立教会）联合起来理解，这样这一概念作为在这本书中关键性的概念，也就是服务乃是作为人人为彼此、团结一致的帮助不是一致的。基督教服务事工（Diakonie）

---

[151] A. Hentschel (2007), 441.

[152] 这个名言就是："我要什么？我要服侍。我要服侍谁？因为主宰他的苦难与贫穷中。什么又是我的工价？我服侍既不是为了奖赏，也不是为了得到感谢，而是因为谢恩与爱；我所得到的奖赏，那就是我可以服侍！我若是死？就死吧，正如以斯帖所说的，为了爱而死，他（上帝）不会使之死。为此我会老去吗？我的心会在此如同棕榈树一样常绿，我的上帝会以恩典和怜悯使我得到满足。我带着平安而去，故无所忧。" (Kaiserswerther Verband [1935], 420)

作为服务来理解，这乃是概念性的混淆，而且伴随着深远的、巨大错误的后果，而且这是影响巨大的错误认识。事实上，应该使用慈爱的、社会的或者人人为彼此的行动，或者在以上我们已经讨论过的，用帮助性的行动来代替服务事工（Diakonie）。因为服务事工是一个纯粹的固定概念，是代理有关的概念。从内容上来看，这个概念，服务事工（Diakonie），对于帮助性的行动的描述概念是不合宜的。

当然本书中并没有完全抛弃掉服务事工概念，原因非常简单，服务事工（Diakonie）这个概念长久以来在许多的基督教机构和社会工作领域中广泛使用。所以服务事工概念与其它的概念我们一直轮番使用，目的在于通过本书的迂回的阐述，能够越过国家、语言、宗派的界限，使得"服务事工"（Diakonie）或者"服务事工的……"概念得以比较全面地呈现。但是，对于我们自己是明确的，在方法论上这是有所欠缺的，但为了内容明晰，究竟什么是现今基督徒或者教会的帮助性行动，能够得以最有意义的方式得到阐述，回顾新约的词源学的角度上的服务事工/服务，就此明了，如同亨敕尔所坚持的，源自希腊文的德语词汇 Diakonie（服务事工）有着与固有的理解非常不同的内涵。

我们在这一章的收尾部分再次简要回顾一下关键的、经典的新约的阐述，究竟服务 / 服侍 diakonia/dianonein 的来源是怎样的，目的在于阐明其本意不在于社会工作，而是承担托付去给予他者服侍。

保罗

保罗通过使命承担的角度阐述服务（diakonein）多种不同的方式方法，通过代表上帝、代表基督、代表团契（其对立的角度也有人是撒旦的代表，参林后 11:14f）得出往往有不同的传达和代理，例如代表团契把捐献带往耶路撒冷（林后 8:19f.; 林后 9:1/12f.; 罗 15:25）。这一传递者使命尤其是在不同的基督徒团契之间成为非常重要的团契精神的纽带，根据乌尔里希·鲁芝（Ulrich Luz）深入地分析，这已经能够此后对"Diakonie（服务）理解的准备，就如保罗所在的团契奉献给耶路撒冷团契的捐献，这就成为了后来教会与教会之间相互帮助的榜样。"[153]

保罗描述服务（diakonia 在保罗书信中共有 18 次）这一名词，首先是作为福音宣讲的代表，也是与驳斥他

---

[153] U. Luz (2005), 30 f.

的反对者对他的控诉联系在一起的（林后 3:6："新约的执事/仆役"；林后 3:8："灵的职事"；林后 3:9："称义的职事"；林后 4:1："（传福音的）职份"；林后 5:18："和好的职份"，保罗和他的同工都是基督所差派的。）基本上所有的团契的同工都是受托付的代表（diakonai）受基督的差派（林前 12:5）。服侍（daikonia）作为动名词（共 12 次）使徒保罗描述同工们是"承担了教会建立的信息传言者、福音的使者"。[154] 这一正式的托付使得被托付者有着坚定的自主性。服侍（diakonein）的概念对于保罗有着非常特别的意义，因为借此给予托付者、被托付者与接受者之间的关系网便形成了。尽管如此，服侍（diakonia）有比较狭义的意思，并非所有的团契的成员都蒙召为服侍（diakonia）。因为即便每一位团契中的同工在服侍（diakonia）各有自己的角色，在此因爱心的服侍也可以理解为服侍（diakonia）。"此外，保罗在运用该词汇的时候与今天对该词汇服侍（diakonia）是不一样的，也就是与今天的爱心的使命工作是有差别的。[……]保罗在运用服侍者（diakoneo）及其衍生词汇的时候也不是指着身份地位低下的活动主体，也不是指着恭顺谦卑的

---

154 A. Hentschel (2007), 180 f.

伺候。"[155] 亨敕尔认为："服侍（diakonia）的概念在保罗看来，其首要的意义就是圣道宣讲、带领团契的同工、团契管理的同工的托付与授权，而不是为有需要的团契的成员提供饭食。"[156]

路加

路加对服侍（diakonein）概念的运用基本上与饭食的供给意义相连，与保罗所用的概念内涵有所不同。妇女作为服侍的主体，当这个概念在其作品中出现的时候要么是饭食款待客人（路 4:39；10:40），要么是物质上的供给（路 8:3）。

当这个概念运用在男性身上的时候，路加也基本上指着在饭食的供给上。不过他也在关于门徒们教导的比喻上，这个概念也指着整体的义务（路 12:35=38；17:7f.；22:26f.）。警戒教师与耶稣的生命相一致的时候，路加也劝诫教师的任务与禁戒自我努力而获得地位与成功。路加偏好饭食的供给意义就此是与团契带领者的使命、责任，这样的叙述背景联系在一起的。

在《使徒行传》中描述了服侍（dianonein）这一词

---

[155] A. Hentschel (2007), 182.
[156] A. Hentschel (2007), 182.

汇的做种不同组织管理和团契带领的责任与工作，如使徒的传福音使命和保罗从上帝的名、从耶稣基督而来的职份（徒 1:17、25；10:24；21:19）。这些托付的内容乃是通过道、行为、神迹、团契的带领或者相应的生活实践、以及传递捐献等等吧福音见证出来（徒 11:29；12:25）。

在《使徒行传》第 6 章 1-6 节中所描述的耶路撒冷教会七位执事的事工服侍，通过服侍（diakonia）的概念表达了这是重要的托付，而且这并非是较低地位或与传道服侍相比较低的意义。"《使徒行传》第 6 章 1-6 节中所描述的并不是作为现代有关服务事工职份这一词汇所表达的意义的对等的，估计这只是对当时耶路撒冷教会不同的团契领导是送的历史背景呈现，借此很有可能，或者是路加通过这样的表述说明了当时耶路撒冷教会那七位服侍的，他们的工作与十二使徒的工作是有分工的，他们七位所得到的工作使命托付的重点不列入十二位使徒的同一工作行列之中。"[157]

保罗，如同其他的使徒们一样，他们是被托付的服侍（dianonia），乃是被托付作为上帝国度和基督来临的见证（徒 1:21、21；20:24f.）。使用服侍（Dienst）概念

---

[157] A. Hentschel (2007), 374f.

的同时和视同使徒（Apostolat, 被差遣的人）来指称 12 使徒（徒 1：25）说明了语义学上这两个概念是相近的，其重点都是受托付（dianonein）和蒙差遣（apostolein）。

十二使徒与保罗具有同样的位份，这是指他们领受上帝的托付承担传福音的使命，而不是职位的问题。这只是指着被授权传福音，路加特别指出了见证的服侍和生活实践之间紧密的联系（徒 20:19-27、33-35）。从地位与金钱相关的角度可以理解到，路加通过服侍（diakonia）概念在其叙述之中并没有职份的指向，而是得到正式的授权。所以路加在此给我们一个非常重要的启发，在职份接受者的权利的同时又职份领受必然承担的责任所在。

后续发展的历史中这样的一种有关服侍（diakonoi）不同的理解，在使徒与保罗，以及此后的教会团契带领不再保留。路加的作品在此后有关于此的根据，也就是使徒们、保罗、执事（徒 6:1-7）、主教/监督（徒 20:17-38）各有各自的职份。

较晚成书的新约作品

在较晚成书的新约作品中，服侍（dianonein）概念往往用以表达在上帝的托付或教会的托付下传递信息、传扬福音。这个概念发展成为特定的、丰富的、建造团契有关的福音传讲。这样也就使得这个概念便成为了教会职份（diakonia）或者职份领受者（diakonoi）的关系了，其核心的责任在于团契领导的担任，在于抵挡异端，来自于内、外的各样威胁。特别是《提摩太前书》第 3 章 8-13 节表明了言语上的谨慎。女性或男性执事在上帝或者基督的托付中不再有所分别。两者都可能成为教会的带领者。执事（diaonos）头衔的获得具有一个正式的特征，借此表明执事职份的获得不仅仅是上帝给予的，而且也必须是团契认可与授予的。关于执事（diakonoi）与监督（长老、主教，episkopoi）在新约较晚成书的作品中，从解释圣经的角度上来说，并没有差别。很有可能执事在两种彼此相关的职份之间，有着不同的侧重点而已[158]。到了主后一世纪末期，我们知道教会的执事托付职份便是"教会化"的开始。

---

[158] 荣鼎（Th.Söding）与亨敕尔（A. Hentschel）的理解不同，认为执事职份在《提摩太前书》中已经发展了慈爱服侍的使命概念。Th. Söding (2011), 53。

总而言之，关于服侍、执事（diakonein）及其衍生词汇（同根词汇）在新约中的意义，这可以通过迪尔克·斯达尼特芝克（Dierk Starnitzke）的观点来表达：那就是"服侍/执事（diakonoi）[……]的社会关爱的行动的具体表达，在新约之中，已经在使徒教父时期实际上只占据非常有限的地位[……]。基于这非常少的资料信息，我们可以说，执事、女执事在早期基督教基本上不是指着特定承担者给予他人社会帮助的人。当代意义上的服务事工工作人员的概念实际上 19 世纪才有比较明确的发展与定位。"[159]

---

[159] 斯达尼特芝克（D. Starnitzke）与本尼迪克（H.-J. Benedict）同样认为"这（diakonia）最重要的是与交流有关，而不是与社会的、礼仪的任务有关。"D. Starnitzke (2007), 212.； H.-J. Benedict (2004), 74。

4

教会历史中的发展

4.1 古代教会

服务事工（Diakonie）[160] 在通常基督教角度上的理解具有人人为彼此、帮助的意义，正如我们以上已经讨论过的，这早在新约时代已经就是基督徒团契生活的标记。与之密切相连的旧约-犹太视角中的彼此相顾的行动，联系耶稣的事工，也就是他寻求去除社会中的那种有差别的等级社会，给予救恩。而在初期基督教团契之中乃是帮助性的行动，并且与福音传播的托付密切相连。虽然在较早已经表明了在传福音与具体社会事工服

---

[160] 薛华与赫尔曼（G. K. Schäfer/V. Herrmann）共同撰写的一部非常好的关于教会服务事工历史的概略，G. K. Schäfer/V. Herrmann (2005)，书中的历史时间跨度从开始直到16世纪，重点是16世纪宗教改革时期。另外也可以参考G. Hammann (2003); 以及一个简略版R. Albrecht (1999).

务上有分工（徒 6:1-6），但是在新约时代主教（监督）的职份与执事的职份是平等共存的。教导的职份在后来教会历史的发展过程才越来越被重视和突出。

4.1.1 执事（Diakonie）作为教会的职份

关于帮助行动相关的发展，以及其此后这是在教会的结构体系之中作为一种教会一种特别侧重社会工作、长久发展、有效开展工作的职份。以下几方面的任务在一开始便作为服务事工的核心工作：

- **照**顾寡妇和孤儿，**因**为寡妇与孤儿作为穷人**中尤**为**突出的代表**，**需要特**别的照顾与关怀；

- **照**顾病人；

- **款待客旅与**远人；

- 关怀被囚禁的人、**尤其是在**罗马帝国时期由于信仰**被囚禁的人**；

- **安葬教会**团契中去世的穷苦之人；

- **有**时也会有释放奴隶；**不**过尤为普遍的是在早期

> **教会在**团契之中平等对待为奴的（**奴隶**）**与自由**
>
> **人。不**过并没有一个具体的项目去使得奴隶的地
>
> **位在周**围人群之中得到提高，**在社会**环境中改变
>
> **他**们社会地位。[161]

在服务事工工作过程中财物上的需要基本上是通过收取捐献和个人的奉献来获得。从主后 200 年左后开始教会才设立奉献箱，教会的信徒可以把捐献投入其中。基本上那是够教会的收入就是供给穷人的需要而设立的。而逐渐地，获薪的教牧人员/修道制度形成，原则上，只是有百分之五十的教会收入也会运用到服务事工工作用途上。

汉斯·约尔根·本尼迪克（Han-Jürgen Benedict）描写古代教会的服务事工是"教会内部为教会成员彼此相顾的，[......]特别是为生活困难的教会成员的事工。"[162]金钱（物质）上的帮助与精神上的帮助与支持从一开始时便是服务事工的两个范畴，这一点是非常明显的。新约学者马提阿斯·孔拉德（Matthias Konradt）有一论文

---

[161] 鲁芝认为："我们今天所谓的'社会问题'保罗根本上没有要意识到。甚至就是对妇女地位的压制、对奴隶的压制在当时社会之中也基本上也不作为问题。"U. Luz (2005), 29.

[162] H.-J. Benedict (2008d), 63.

探讨早期基督教财产伦理与服务事工，其中表明"金钱与财产本身没有价值，他们只是生活的所需而已，而且——按照上帝的旨意——为所有人的生活所需。[……]拥有的，[……]为的是为需要者而拥有的财产伦理。这就表明了——反对一个财产私人拥有的伦理观——拥有乃是上帝的恩赐，乃是因为上帝对人的信任而托付给人的。"[163]

教会之中帮助性的行动的使命历史记载中，关键性的文献是安提阿的伊格纳丢（Ignatius von Antiochien，主后第 2 世纪初的教父）的信中，最早提到教会之中有三种职份：主教（长老、监督）、司祭（或祭司）和执事。[164] 作为"教会的眼睛"，执事有着这样的责任，教会与社会在一起，并且有一种相对应的生活方式，能够非常明锐的，以至于能够有一种共同的生活方式，不管是出身、性别还是地位的差异，能够在基督里得到同等对待，使得基督教教会在不信的处境之中得以稳固。服务事工职份的社会功能就在于使得帮助能够达至有需要

---

[163] M. Konradt (2006), 152. 特图里安强调："我们同心合意，我们没有认为，把自己所有的为自己保存一份。 (zit. bei G. Hammann [2003], 54)." 关于教会服务事工的财物的历史，见 M. Rückert (2005) ，参考 Ch. Sigrist (2006).

[164] 关于伊格纳丢的信件，请参考 G. Hammann (2003), 35–38.

的人身上；而利益性的任务就在于崇拜中收取捐献（金钱或者是生活用品）已经传递圣餐给会众。郭特弗里德·韩曼（Gottfried Hammann）认为："执事职份乃是在一个社会环境多疑的视野之下的使命，福音自己在行动中得以广传。这些行动实际上我们现在很难明了。在古罗马社会中存在非常深的社会阶级的鸿沟，根本就没有自我独立、自我命运掌握。基督徒在任何一个时代都必须能够使得这些人从他们已有的思想、已有的自己的精神固有领域中走出来，目的在于因为委身福音而达至真正的社会平等。"[165]

在第三世纪中服务事工的执事职份得以进一步的提升，大约与主教（长老、监督）帮助的职份是平等，必须尽一切可能提供帮助。[166] 主教（长老、监督）成为处于艰难困苦的人提供帮助的最后负责人，并且管理所有的服务事工。而执事们就担负着具体实际的工作。

很明确，历来在教会中有许多的教会内部的团结一致、彼此关顾的例子——在危机时候，这些帮助也是教会之外的危难之中的非基督徒的——而基督教会内部成员之间彼此相顾的支持，在任何时间也是不断使得服务

---

[165] G. Hammann (2003), 57.
[166] 韩曼写到："成为职份的执事相对于主教（长老、监督）就尤为偏向服侍穷人。"(G. Hammann (2003), 73).

事工职份的使命内涵发生变化：随着不断增长的教会职份的教阶制度的发展，使得越来越失去了其清晰的、双方彼此互助的社会行动便逐渐失去，同时等级分明的教阶制度逐渐变固定下来。而专门从事圣事圣职阶层也就成为较为重要的，礼仪圣事主导者也越来越成为主导在教会服侍事物领域中的事务。[167]

在东方教会（东正教）里在服务事工执事职份之下发展了特别的女执事职份。[168] 在新约中，特别是《提摩太前书》第 5 章 3-16 节中关于照顾教会中的寡妇的职份便进一步得到施行。这一女性的执事职份包括了礼仪的事务工作（例如协助为妇女施洗），教理教导工作和提供照顾的功能（对患病妇女的照顾、给予穷困的孩童和妇女提供支持）。社会的发展，特别是妇女参与公众事务性具体工作完全私人的事物而已，以至于此后如果从教会圣礼礼仪的角度来看，女性承担教会职份便越来越少了，以至于女执事慢慢的便退隐，甚至最后封闭在修院之中了。[169]

---

[167] G. Hammann (2003), 66.

[168] 相关内容，请参考 G. K. Schäfer/V. Herrmann (2005), 41.

[169] 参考 A. Jensen (1997).

4.1.2 在基督教国教化时代中的服务事工

随着基督教成为国家宗教（主后 **392** 年），教会的社会工作也就完全转化为全新的一个情况。教会成为国家公共事务、罗马帝国的社会事务的主导者。就此服务事工也完全发生了变化：不仅仅是教会之中的内部穷困人员是基督教会所关注的对象，整个社会大众之中的一切贫苦人群都是教会社会帮助事工所关注的对象。教会的服务事工工作承担了国家粮食救济工作。也就是说，"（教会）成为社会中庞大的福利机构，也就是说通过服务事工，国民的粮食储备交托给主教府，国家储备粮食就是主教的权限管辖之下。这样主教的职位便具有巨大的义务，为那些穷困与没有保障的人提供救助。随后便发展出教会的难民救助政策，这是 **419** 年得到（罗马帝国）国家认可的。"[170]

情况不断发生改变，随着大众不断增加的慈善救助的需要，特别是百姓所面对的社会危机的增加，使得国家化的教会有可能得到发展和巩固，而其社会慈善事务领域上的服务事工职份却被局限了。我们不能看到，"在中世纪早期基督教在服务事工领域得到全方位的发

---

[170] G. K. Schäfer/V. Herrmann (2005), 41 f.

展。"[171] 面对巨大的社会危机，情况进一步发生变化。

后来出现了新的投身于服务事工的人群：一方面，富有影响力的义工投身于服务事工工作。这一模式主要是通过各位城市中心的主教驻地派发任务到各个地方堂会，而且通过地方堂会交托给平信徒地主（译者注：土地拥有者）来落实。另一方面，修院的僧侣修道制度形成之后，修院成为新的服务事工的中坚力量，他们通过共同团契修道的生活，并且投身参与社会工作，逐渐形成一种新的教会文化和教会生活的新结构。 这两大非教阶体制之中的服务事工承担者在此后教会历史中成为了基督教服务事工的中坚力量，而教会，也就是其圣职阶层，主教、执事逐渐退出了社会责任承担的职份领域。这一服务事工的帮助，从非圣职阶层的角度上来看，这就导致了中世纪早期的查理大帝（译者注：查理大帝即中文常用的查理曼大帝，Karl der Grosse, Charlemagne, 747-814，"查理曼"是一误译，magne 就是"大"的意思，不过已经约定俗成，就将错就错，反而改过来的时候，不会有人知道所指。）作为世俗的执政者在自己的国家之中成为了服务事工/社会慈善福利工作的执行

---

[171] G. Hammann (2003), 99.

者。这一责任的担负通过查理曼大帝及其继承者征收十分之一税赋成为国王的义务一直持续下来。[172]

4.2 中世纪

4.2.1 修道院的服务事工

修道院的成员成为中世纪服务事工的重要承担者。东方的大巴西勒（Basilius der Grosse）和西方那西亚的本尼迪克（Benedikt von Nursia）都共同强调修士们共同团契—礼仪生活必不可少内容，那就是担负这服务事工、为人提供帮助的使命。修士，他们自愿按照基督的旨意成为守贫之人——穷人，他们就应当实践《马太福音》第 15 章 31 及以下的经文所教导的慈善工作。本尼迪克修会的规定，朝圣者、穷人或者病患前来修院寻求栖身，就应该如同接待基督一样接待他们。这样帮助的要求便提高到一个特别高的位置。从第 10 世纪开始，修士们投身慈善事工通过克鲁尼改革（die kluniazensische Reform）进一步强化与发展了中世纪教会慈善服务事工。

修道在每一个时代中都是门庭若市。一直有新的男

修院和女修院建立。11 世纪和 12 世纪修院有了新的发展与突破：法兰西斯修会和多米尼克修会的托钵乞讨制度是与对病患、穷人和社会边缘人群的苦难的敏感性联系在一起形成的。对于他们来说，他们自己并不是高高在上对可怜之人给予帮助，而是与这些弱势的人群在一起，亲身品尝和经历他们的真实境况。

在十字军的历史背景下出现了所谓的骑士团：圣殿骑士团、圣约翰骑士团、德意志骑士团等等。他们作为基督教服务事工的骑士，为要服侍病患之人，并把这些病人看做是自己的"主"。[173] 他们发展形成了许多的穷人避难之家、救护中心与救护站。郭特弗立德·韩曼（Gottfried Hammann）认为服务事工在基督教中世纪流血战争的时代，通过骑士团的方式"形成一个模式，甚至直到现在，这就成为当代社会救护系统和危机救助系统。"[174]

4.2.2 平信徒的慈善工作

在 12 世纪和 13 世纪各地的城市皆有一个新的发

---

[173] G. Hammann (2003), 130.
[174] G. Hammann (2003), 131.

展。[175] 一方面经济的发展带来了巨大的福利，就此主导社会的阶层从中获得巨大的利益和财产；另一方面，靠工钱生活的人群便成为了新的穷困人群。再这样的背景之下便发展出了富有活力的平信徒慈善工作文化。"施舍成为一个大众普遍现象。特别是城市之中社会上层人士承担了社会责任，特别是成立了基金会（医院、收容所、麻风病收容处）。"[176]

就此基督教帮助的神学理解便形成了。这就是穷人与富人彼此相互交换关系，也就是这是与两者的救恩有关的：在物质上拥有的人，便有义务与穷困之人分享他们的福利，这是物质福利的目的所在。而相对应的是穷人有义务，就是在接受帮助的同时有相对应的义务为富人的灵命祷告。[177] 这样双方皆有神学为依据的义务和相应的诉求。双方都有各自的需求，都是非常重要的为彼此。通过这样的理解使得布施与借此给予穷苦人帮助成为富有意义的、也是为富人所愿意做的，其间穷苦之人也不至于因为接受帮助而有着耻感。从他们角度上也有为了富人的救恩的重要责任，也就是为给他们带来福利

---

[175] 参考 G. K. Schäfer/V. Herrmann (2005), 44 f.

[176] G. K. Schäfer/V. Herrmann (2005), 45.

[177] 这个理念的根据就是耶稣所教导的财主与穷人拉撒路的比喻（路 16:19-31）。

之人祷告。借此富人与穷人之间也就是有了彼此相顾神学的合理性和社会得到稳固。这一模式是建立在慈善作为公义的概念之上，其中某种程度上都是关怀个人灵魂得救的问题。这就是作为 16 世纪点燃宗教改革的神学基础。

平信徒实践中的基督徒爱人的最重要的标志就是这一时期的平信徒弟兄会和平信徒姐妹会。其间女贝济安会是最具代表性的一个角色，[178] 从 13 世纪开始的没有大修会归属的女性，没有从属大的宗教修道团契的、女信徒们自己集合在一起便形成了的新团体。玛格达伦·布雷斯·格拉布赫尔（Magdalen Bless-Grabher）在其研究苏黎世的贝济安女会的书中这样描述："贝济安女会的成员们的生活来源大多是依靠自己的手工，有小部分是来自布施。[……]尤其是她们往往从事裁缝的工作；有的团体特别是专于纺纱和织布。也有的女贝济安会的成员从事教学的工作。也有的女贝济安会的成员照顾病患与临终之人，为临终之人祷告，为去世的人寻找墓地，为去世的人举行追思礼拜，特别是为去世之人在追思礼拜的时候化妆，所以她们也被称为"过世之人的

---

[178] 即"贝济安弟兄会"，当然影响大大不如女贝济安会。

美容师"。在卢塞恩地区的人以满有诗意的称呼称女贝济安会的成员为"安息所的嬷嬷"。[179]

单单在苏黎世，公元 1300 年左右，城市的居民大概有 4000 人到 5000 人之间，，那时也是女贝济安会最兴盛的时期，其成员便占据居民总数的十分之一。[180] 贝济安会的全方位得到发展，按照布雷斯-格拉赫尔所说的"城市最古老的社会福利形式"。[181] 对此彼得·布朗（Peter Brown）也同样认为："作为穷人的女守护者，通过布施与对病患、以及外来人口的照顾，她们是给人慈善关怀的女性[……]这样的公共形象，这一形象特别是在阶级社会之中，也就是由男性统治与主导的社会里，特别是在帝王统治的时代，是非常难得的。"[182]

4.2.3 城市的变迁

随着慈善关顾行动从教会事工序列中逐渐脱离、独立出去的同时，一方面服务事工事工对于修道制度、对于教会的修道院来说不再是作为重点，而同时另一方面基督徒平信徒在中世纪晚期转而逐渐成为委身其间的主

---

[179] M. Bless-Grabher (2002), 253 f.
[180] M. Bless-Grabher (2002), 261.
[181] M. Bless-Grabher (2002), 257.
[182] 引文来自 G. Hammann (2003), 155.

力：社会帮助与关顾行动作为基督徒完成世上义务而应当承担的责任。这些出现在城市之中越来越多的手工行业之间所建立起来的互助协会，以及私人的联合团体（译者注：相对于教会组织管理下的机构），他们通过各样相对应的方式方法为穷困人士提供帮助，承担照顾病患之人的责任。这种慈善行动的方式出现在人文主义开始时期，也就是 14 世纪开始，并且逐渐使得服务事工事工脱离主教的管辖。[183] 而期间，总体意义上以基督教信仰为基础的服务事工，在发展的过程中形成多种不同形式、同时也有了合作的运作模式在各种各样的社会帮助行动中出现。

随着经济结构不断地发展与分化，城市之中的经济相关联合会具有巨大的吸引力，他们对城市之中面对各种各样的危机所担负责任的诉求也就相应不断增加，以至于到最后由各个行业联合会或者是社会关怀与顾问协会自己承担了这样的服务事工责任。城市之中出现了关怀穷人的条例，这就使得关顾与帮助穷困人群成为了有理可依的事务。其最基本的核心，一方面是乞讨的废除与“合理”的需要，可以提出得到支持的诉求与所谓

---

[183] 参考 G. Hammann (2003), 158.

"不合理"提出得到支持的诉求，也就是曾被认为是过着寄生生活的、得不到救济之间的差别。社会行动成为既是预防又是救济。通过义务定规的强迫性的、教育引导的和警察定规的，社会行动成为具有教义与学科的特征。

就这样服务事工在中世纪开始成为了越来越强化的义务、世界的社会范围的定规，这成为后代国家社会救济与福利的源头的开始。[184] 这也是宗教改革家们所继承与发展的基础。

4.3 宗教改革

宗教改革的觉醒也是社会帮助行动的理解与实践的觉醒与突破，并且深深影响了后世。以下将通过路德、茨温利和加尔文的一些启发性思想来阐述。、

4.3.1 路德

教会服务事工（diakonie）与"善工"有关——而在中世纪就是善行、好行为，正如我们所看到的，这是获得个人灵魂得救的途径。在教会的赎罪、豁免制度的

---

[184] G. Hammann (2003), 161f.

推广过程中甚至被推至极端。（译者注：Ablass, indulgence letter，虽然在过去一直被翻译为"赎罪券"，实际上在中文翻译上有非常大的问题，而且具有误导性，实际上路德在 1517 年所讨论的是反对当时教会出售的赦罪证明的交易制度。关于这个内容需要专门课题进行研究、澄清，否则无法明白这背后的真正神学内涵。）就是在这一点上路德提出抗议，呼吁改革。路德认为善工是重要的，但是并不是获得救恩的途径——救恩是唯靠基督（solus Christus）、唯独恩典（sola gratia）、唯靠信心（sola fide）而获得的。好行为只能是信的结果而已，那是在爱中的感恩的实践表现。这一点对于时至今天，乃是有效对任何有关帮助性行动神学上过渡拔高的有效批评，以及从中获得能够获得通往真正世俗的和事务性的社会帮助行动的自由。另一方面，从这个点上也有两个问题存在，这也是今天教会服务事工的讨论中仍然面临的问题：其一是人与人彼此关顾的帮助是源自信仰之外的动机而会产生神学上的困难与疑惑；这样一来，爱的命令便某种程度上相对于信仰而成为纯粹是信的结果、信的产物。[185]

---

[185] 在后面第五章 5.7.2 中关于"Ableitungsdiakonie"的概念问题时，还会继续

　　服务事工的主导者在于路德看来既不是体制教会的教阶职份机构中的人员，路德看来这些教士阶层应该是投身信仰的教导与持守，也不是他所反对的修道院。他所持认的是教会的信众作为整体，也就是所有的信徒因为蒙恩、受呼召有着因信而得到的祭司责份（信者皆祭司），一起实践爱邻舍的行动。不过路德认为，教会之中没有足够多的人投身于社会事务而完全承担教会自己的服务事工，他认为服务事工——正如此前所提的[186]——对于宗教改革是一个关键："对与基督应该承担世界的义务，这在此之前只是服务事工的官方机构！"[187]

　　这所看到的是怎样能够使得业已存在的经常祈求施舍的问题得到解决。也就是这其间的危机就在于穷苦人的需要得到满足。除此之外呼召的概念也使得基督徒工作具有天职的概念得到强化。在宗教改革时期在实践之中有义务对穷人进行照顾也就如同此前已经存在城市之

讨论这一点。

[186] 韩曼指出，关于这一点，茨温利有不同的理解，参G. Hammann (2003), 204, 210 f., 以及M. Klein (2004a), 158，路德引用："如果能够做到以下这样，那就好了：也就是现在就开始，每一个城市，城市分为四后者五个城区，每一个城区有一个讲道的人和一个教会关顾中心，财物得到分配，而且病患得到照顾，穷乏的得到关怀。可是我们就没有人来做这样的事情。所以我们不悲伤，现在就开始，直到我们的主上帝为基督徒所做的。" (WA XII, 693).

[187] 赫尼克正确指出："宗教改革的思想更多的是成为了义务管理的社会政体的来源，而不是教会服务事工的来源。" 214. M. Honecker (1999), 30。

中的教育与学科特征的城市社会次序的慈善行动继续得到发展。只有追求勤奋、正派与虔诚生活的人，所得到的支持才是有意义的。[188]

路德宗教改革并没有在服务事工的职能的具体实践方面带来新的突破。所有的教会使命，包括服务事工在内，都在改革与更新的牧师职分相对应的承担世俗义务的职能中得到延续。"并没有一个全新服务事工的概貌。"[189]

4.3.2 茨温利

茨温利的神学中关于社会问题方面相对于路德的神学中关于社会问题方面的内容要比较突出：他批评其时代中社会的错谬，尤其是越来越严重的贫困问题，而其间不管是教会还是行政职能部门对此都有不可推卸的责任。茨温利认为灵性上的贫穷（谦卑）乃是美德，而物质上的贫困恰好表明了缺少公义，缺少良好的分配机制。基督怎样接纳穷人，教会也应当如同基督一样接纳穷人，并且基督徒社会（der cicitas christiana）应当关怀

---

[188] 参考 G. K. Schäfer/V. Herrmann (2005), 49 f.
[189] G. K. Schäfer/V. Herrmann (2005), 49 f.

穷人，解决穷人的问题。

　　1523 年 9 月苏黎世发生了一系列的社会变革。[190] 专于捐赠事工并且在教会之中受薪水的执事职位被取消，取而代之的是由城市政府对穷人的照顾，这是 1520 年在"布施的法令"之中所定规的。1525 年 1 月 15 日苏黎世的布施条令颁布。关于布施的管理与分配由"一"陪审长"和四位"监护人"来执行。在茨温利的帮助下这成为了历史上首个"社会工作机构"。[191] 查收而获得的教会财产与奉献都由"公共司库"统一分配。一个"人民的食堂"，一个"百姓的粥房"，由修院每天负责准备为穷人施粥，乞讨基本上被清除，而且原有的修院被改造成为医院。[192]。米歇尔·克莱（Michael

---

[190] 参考 M. Klein (2004b)中相应的内容。

[191] G. Hammann (2003), 296。"教会的执事成为社会工作者，这就是茨温利关于服务事工职能的突破与创新。"

[192] 非常有意思的是给予布施的不同标准：布施不能分配给 a）或男或女，只要是他们的家产与财物没有善用，而是挥霍、赌输、大吃大喝或者是浪费掉的，或者是不愿意劳动……。b）同样不能给那些，戴金配银、穿戴丝绸，或者是什么样的首饰、奢侈品，（布施）也不能发放给他们。c）同样也不能给予那些在家中举止轻率，隐匿、支持、拉皮条或者是为卖淫提供场地的。d）同样凡是那些没有正当理由而不去听道，听上帝的话语，也不去听或者看崇拜，亵渎上帝的，咒骂、发誓、与人争吵、叫骂争执，或者其它的诬蔑、毁谤，与人不和睦、仇恨，都不能发放给他。e) 那些去公众场合或者酒肆喝酒，赌博、玩牌或者其它的霸道或者轻浮的行动，都不能够得到布施。而且那些不管是居民或者来自苏黎世市区的人都应该快速被回绝给予布施。"布施应该给予的是"虔诚的、端庄的、没有居住处所的人，……凡事有自己生活着落的……也许是由于上帝的安排，因为战争、火

Klein）认为："借此给予穷人的照顾也就在教会的圈子中继续得到实践，但相应的有着严密的管理与监督，借此出于'上帝的公义'而实施的给予穷苦大众的'人的公义'得到实现。这一事工乃是崇拜的实践化，因为按照茨温利的理解，基督徒的团契的本质就是基督教会。"[193]

就在 1525 年苏黎世通过穷人救助的法令的时候，在苏黎世的教会也通过了新的教会法规。就是根据这个新的教会法规独立的服务事工部便被解散了。这一教会事工部原有的职能一部分由法定的服务事工部所接替，另一部分工作通过牧师的灵命关顾事工被接替。茨温利并没有发展服务事工的新事工部门。所以也不奇怪恒力西・布灵根（Heinrich Bullinger）在其 1566 年拟定的《赫尔维奇信纲》（Confessio Helvetica posterior）中将服务事工作为牧师事工的一个内容而已。戈特弗里德・哈曼（Gottfried Hammann）认为："教会的职分序列，这一个按照教会的传统从古代和中世纪便已经存在的执事

灾、通化膨胀、不幸事故、孩子过多、患重病、年老或者没有谋生能力，无法获得够用的日常生活需要的，或者无法劳动的。"（M. Klein [2004b], 104）

[193] M. Klein [2004b], 104。

职分就此就被归入牧师的职能事工之中。但就'Diakon'
（执事）这一词汇在新教，或者在那一时代的新教教会
之中便被纳入其它的范畴之中了。"[194]

通过社会照顾的途径政治职能机构承担了这一责
任，这在宗教改革之前便已经存在的现象，现在通过茨
温利的宗教改革成为定规，而且关于穷困也有明确的定
规。"随着新时期福利型国家社会的形成与发展，对于
贫困也有特定的理解与解释，穷人不再是基督徒弟兄姐
妹或者是灵性上的'行动的伙伴'，而是服务事工主体
应该关注的对象。基于需要，就是在中世纪一直只是作
为获取个人需要的，而现在应该具有越来越明确的概
念，穷人应该在'培育机构'接受工作技能的培育，通
过训练使得他们能够具备必要的工作技能，而不是简单
接受赠予而言，借此能够明了自己具有积极的价值——
他们自己也有参与劳动而改变自己生活状况的意愿。"
[195]

4.3.3 加尔文

与路德、茨温利不同的是，加尔文在日内瓦带领的

---

[194] G.Hammann（2003），238，240.
[195] M. Klein [2004b], 165。

宗教改革中，作为教会的执事职分却扮演着重要的角色。受到斯特拉斯堡改革家布赛尔（Bucer）的影响，在其著作中加尔文认为《圣经》中有着四种彼此相关的教会职份：教师、牧师、长老与执事，根据他的观点，这就是按照上帝的话改革宗教会应有的结构体系。[196]

而《使徒行传》第 6 章 1-6 节对于他来说，这就是执事职份设立的开始，加尔文认为根据《罗马书》第 12 章 8 节[197]，有着双重的执事职份：其一就是执事负责对穷人照顾的事物上的管理，而另一种执事就是直接参与关怀穷人与照顾病患。因为加尔文如同茨温利一样身处一个市民身份与教会成员身份紧密相连的处境，所他定位在日内瓦业已存在的两个社会职份 procureurs（穷人管理）与 hospitaliers（健康管理）为教会的执事职份，借此使得城市工作职份教会化。[198] 而这随后在很长的时

---

[196] 在其 1561 年所写的《教会的次序》（Les Ordonnances ecclésiastiques）认为："我们的主给予他的教会有四种使命的领域，或者四种职份：其一是牧师（Pasteurs）、接着是博士（Docteurs）、随后是长老（Anciens），而第四就是执事（Diacres），要是我们要使得我们的教会次序得到良好，版就必须按照他所教导的持守这一点。"（Calvin [1997], 239）

[197] "或作劝化的，就当专一劝化；施舍的，就当诚实；治理的，就当殷勤；怜悯人的，就当甘心。"

[198] 在 1561 年的教会规章中写到："在古代教会一直便有两种执事的职份：其一是执事承担了施赠物质给穷苦人，并且管理，包括日常的布施，也包括财物、利息与租金。而另外一种执事就是自己置身其中去关怀病患，照

间里得到维持，也就是以上所提的两者执事的职份被纳入在教会的职份，而不是普通的城市市政机构的职份。[199] 就这样在加尔文的宗教改革中，服务事工再次成为了教会的特殊使命，[200] 同时也为服务事工带来更新的理论。

不过加尔文在这一点上并未能认识到圣经也有关于女执事职份的教导。所以他在这一方面有关服侍的职份的新的阐述是在教会改革的背景之中，并不全面。[201]

4.4 敬虔主义

在 17 世纪从基督教的动机出发，特别是敬虔主义关于服务事工行动有了新的亮光、新的理解。与宗教改革和宗教改革之后的新教新正统化不一样的是，敬虔主义的核心要点是强调纯粹的敬虔生活，从信仰出发的救恩的基督徒实践的记号。满有活力的团契生活的重新发现，以及在所谓的敬虔主义意义之下的"所有信徒的服

顾他们，为穷苦人提供饭食。所有的基督教城市都应该实践这一点，在以后推行这一点：我们已经有关怀的（*procureurs*）与管理的执事（*hospitaliers*）。"（Calvin [1997], 257）

[199] 参考 M. Klein (2004a), 172–177.

[200] G. Hammann (2003), 263，哈曼认为加尔文"在其不懈的努力之下，服务事工在教会的职份实践中重新得到确立，这是宗教改革工作的原创。"

[201] 参考 M. Klein (2004a), 174.

务事工职份”强化了敬虔主义的平信徒投入在爱邻舍的具体行动之中。

而敬虔主义服务事工最具代表性的模式就是哈勒格劳查的法兰克教育机构。奥古斯特·赫尔曼·法兰克（August Hermann Francke）原是牧师，也是一名教育家、而且是规模巨大的企业家和组织者。通过他在自己教会中对危难之中的穷困之人的帮助这一经验，他有了一个远象，就是关于孩童与青少年如何能够得到相应的保护与教养，为的是使得孩童与青少年能够具备虔诚的信仰和生活的美德。从起初比较小的规模到形成完整的学校学习系统，从孤儿院到培养教员的培训机构，这样完整的教育体系。[202] 法兰克教育机构发展形成了那个时代最为优越的教育系统机构，在其间不仅仅是普通大众，而且有普鲁士的上层贵族（医生、牧师、官员、高官、贵族）在其间接受教育。

法兰克教育机构是通过接受自由奉献建立起来的，独立于教会与政府。这种教育机构的服务事工的模式得到长久的推广。随后建立了更多的行业机构，比如印刷

---

[202] 1727 年在奥古斯特·赫尔曼·法兰克去世那一年，法兰克教育机构已经有了德语学校、拉丁文学校和教育高等学校（贵族精英学校）共有 2207 名学生在学（参 J. Wallmann [1990], 70）。

厂、出版社、圣经发行中心（第一个全世界发行圣经的机构），还有药行。这种通过经营获益能够推动服务事工教育事工继续得以发展。通过许许多多来自贵族、政治家、军中、已经其它有影响力的圈子中的上层人员的交往，使得法兰克教育机构不仅能够获得充足的资金支持和在普鲁士国家中使得自己的教育项目得到推广，而且在社会中各个圈子里形成巨大的影响[203]——培育普鲁士精神，通过改变人而改变世界。

另外一个完全不同的服务事工的新生模式，就是由尼古劳斯·路德维希·青岑多夫伯爵（Nikolaus Ludwig Graf von Zinzendorf）所建立的主护城弟兄会团契（Herrnhuter Brüdergemeine）。青岑多夫自己在 10 岁到 16 岁之间在法兰克教育社接受教育。也就是在此期间他认识到早期使徒时代的教会团契乃是实践彼此互助的生活互助团契。"新的服务事工体系得到建立：关怀穷困人员的工作人员、照顾病患的工作人员、服务人员、女性的照顾病患的工作人员。教育领域、穷人与病患的服侍与照顾、接到远人，已经根据社会的标准与经济情况帮助人，等等主护城的团契式服务事工遍及方方面面。

---

203 比如国王弗里德里希·威廉一世（Friedrich Wilhelm I.）就是哈勒教育社的不留余力的推动者，并且接受了该教育社毕业的人员进入政府机构担任普鲁士国家中重要的职务（J. Wallmann [1990], 78f.）

由于社会发生突变的危机而使得主护城的服务事工也拓展更多的领域：当然同时有关研究主护城的人人为主护城具有'反社会'的特征，他们在自己的圈子之中，而与那个时代的社会形成对立、隔断。"[204]

4.5 启蒙运动

与敬虔主义时代不同的是 18 世纪的启蒙运动通过批判—解放的理性大大强化了广义的基督徒敬虔主义与社会的敏感之间的联系。启蒙运动与敬虔主义对服务事工的理解总体上有其关联性存在，约翰·海里希·裴斯塔洛奇（Johann Heinrich Peatalozzi），伟大的教育家在其伟大的人生中表明了这一点，在其努力的运动下，不仅仅使得穷人的生活不失去受教育、得培训的机会，尤其是穷人、失去父母的、每人看护的儿童也得到教育的机会。

与法国不同的是在瑞士有基督徒学者是从属于启蒙运动，成为启蒙运动的代表性人物，例如巴塞尔宪章的起草者伊塞克·艺之林（Isaak Iselin）、约翰·卡斯帕·拉瓦特（Johann Kasoar Lavater）和苏黎世的海里

---

[204] G. K. Schäfer/V. Herrmann (2005), 54.

希·裴斯塔洛奇（Heinrich Pestolozzi）以及圣加仑的彼得·赛特林（Peter Scheitlin）。他们共同致力于通过教育与其它的社会措施的推动来使得个体的生活处境和社会境况得到改善，并且使得公民的共同对社会状况的共同责任意识得到提高。从这一点上与哈勒的法兰克教育社的基督徒服务事工教育所推动的没有差异，不过是通过博爱-社会的机构来推动启蒙的-基督教的公民意识。[205] 而义务社会工作的角度在其间扮演重要的角色。

1777 年由伊萨克·艺之林（Isaak Iselin）以及其他的巴塞尔的同仁发起建立了巴塞尔的 "鼓励与促进善良与公共慈善福利协会"（Gesellschaft zur Aufmunterung und Beförderung des Guten und Gemeinnützigen, GGG）。该协会旨在于促进普通为普通大众获得教育提供机会，并且使得穷人能够得到援助。类似的协会在同时代也在别的城市得到建立，比如汉堡的爱国协会，或者吕贝克的促进公共福利协会。1810 年在苏黎世成立了瑞士公共福利协会（SGG）。此后许许多多的社会福利促进协会出现，例如 1912 年的瑞士青少年促进协会（Pro Juventute），1917 年成立的瑞士老年人福利促进社（Pro

---

[205] G. K. Schäfer/V. Herrmann (2005), 55, 启蒙运动蕴含着社会的参与非常突出："由基督教责任而来的人文主义"。

Senectute）1978 年成立的病患福利促进社（Pro Mente Sana）。所有的这些机构都致力于为相应的人群获得社会政治的权益，而且时至今日仍然发挥重要的作用。在现在仍然是社会帮助一种非常重要的模式。

这一通过启蒙运动的精神而建立起来的促进社会公共福利的机构社会救助类型，表明了改革宗的新教在瑞士的处境下的影响：国家与公共社会福利机构之间有着紧密的联系。就此有着疑惑出现，是否有必要发展紧密的、特定教会的或者基督教-宗派背景的社会机构，这些机构必须从有着其它背景的社会机构明确分开？

4.6 十九世纪的服务事工

4.6.1 与工业化畸形做斗争

即便瑞士由于工业化使得物质条件总体上有很大的改善，18 世纪瑞士的人口还是很少。即便如此，瑞士的社会问题还是很突出：例如 1816 年就是一灾难之年，当年的收成非常糟糕。由于物价高涨，导致一些失业者买不起面包，甚至经过艰难的冬天之后，到了 1817 年面包价格涨了八倍。[206] 贫穷与灾难继续蔓延。所看到的是此前各种各样的社会问题（也就是十九世纪的贫困化）那是由于社会结构导致的，却一直被忽视。

随着工业化的发展，工人阶层也面临着相应的社会苦难。居民的居住条件非常不好：居住的面积狭小、昏暗、压抑和潮湿，整个卫生条件都极为恶劣。例如在 19 世纪初期，城市没有下水道排水管道或者是供水系统。伤寒病症与流行霍乱四处蔓延、儿童死亡率奇高。[207]

无数神学家与基督徒义工在那个时代中投身于克服工业化所带来的社会问题之中。在苏黎世圣彼得教堂的海李希·希尔敕牧师（Heinrich Hirzel）最早站出来谴责在苏黎世的确工作情况的非人性，而同时在林塔（Lintahl）的牧师本哈特·贝克尔（Bernhard Bercker）是提出工业化时代基督徒责任的先锋。通过与政府紧密合作，使得格拉鲁斯（Glarus）的人们对工厂工人的社会危机有了敏感性。1864 年 5 月 22 日格拉鲁斯区政府通过了欧洲的第一部"国家立法形式"的工厂法规，其间规定工人每天工作 12 小时，而且禁止夜班劳动。而在此 8 年之前，贝尔克已经发起了禁止受教育年龄的孩童

---

206 参考 R. Pfister (1984), 215.

207参考 R. Pfister (1984), 10.

在工厂劳动，而且完全反对礼拜天工作。1869 年在巴塞尔通过了类似的法律，规定了劳动时间是每天 12 小时，工厂同工也被禁止。

个别神学家也通过投身在政治领域之中，以求解决社会苦难问题。例如本哈特-阿尔伯特·比特奇乌斯（Bernhard-Albert Bitzius）牧师，是耶利米·固特赫尔福（Jeremias Gotthelf）的儿子，他就是在 1878 年被选举进入伯尔尼的市政府议会（1881 年进入市政议会），而且成为解决贫困人群的教育部主任，致力于改善监狱的情况，并且推动瑞士联邦的工厂法。类似的还有艾儿本赤特的豪瓦特·艾斯特（Howard Eugster）牧师也是致力于在自己的家乡以及周围区域与教会的成员一起致力于解决社会问题。他投身于社会的服务事工工作使得他 1900 年成为了州议会的议员，1908 年成为了瑞士联邦议员。1913 年成为政府政府议员，此后 1903/1913 年他担任瑞士法律起草委员会的领导人。

所有的这些例子表明在十九世纪瑞士的服务事工的类型之一，就是社会政治的参与，这一传统可以上溯至茨温利便已经奠定形成的社会政治的教会关顾与参与。

4.6.2 国内宣教

在社会政治的参与作为服务事工这一种形式存在的同时，19 世纪的大奋兴运动也伴随着进行，大奋兴运动有着双重的使命，一方面是拯救"失丧的灵魂"，另一方面是使得社会基督教化，这就带动了服务事工一种动态的模式，也就是对内的宣教。[208] 新教的服务事工如同天主教的慈善服侍都有着各种种类不同的服侍类型：他们都致力于解决贫困与贫穷问题、医药与医护工作与照顾病患的工作、关怀与照料残疾人、推动孤儿院与学校的建立。[209] 19 世纪社会福利机构的数目持续不断增加。单在 1896 年威廉·倪德曼（Wihelm Niedermann）牧师出版的《促进教育与支持穷人的瑞士机构与协会》中已经列出了 788 个新教的机构。[210]

---

[208] 对于对内宣教的模式那就是包括向同胞宣教与福利的关怀。按照约翰·恒力西·威舍尔（Johann Hinrich Wichern）著名的话来说："作为对内的宣教并不是这个、或者那个单独的事情，而是因基督的爱、因信基督而有的全方位的爱的服侍，使得归信基督的人从内到外都得到更新，那些与罪直接或者不直接的权势与控制之下能够外在的、内在的都发生改变，得到更新，逐渐符合基督徒生命的标准。"（引自 J.-Ch. Kaiser [1989], 682)。

[209] 参考 R. Pfister (1984), 224–232.，关于天主教的慈爱关怀工作的发展请普菲斯特对其有很好的回顾。

[210] 参考 L. Vischer/L. Schenker/R. Dellsperger (1994), 243.

许许多多的社会服务机构在巴塞尔通过德语基督教协会联合会在其秘书长克里斯汀·弗里德里西·斯皮特勒尔（Christian Friedrich Spittler）的推动下建立起来：1815 年在巴塞尔宣教协会（巴色会，Baseler Missionsgesellschaft）在其所开展的传统的宣教工作的同时也开始在第三世界开办学校、医院以及工业行业部门，借此创造新的工作岗位。1820 年出现了儿童救助与教师协会，1830 年聋哑学校建立，1852 年里恩教会社会关怀之家（Diakonissenhaus Riehen）成立。

在这无数妇女所发起建立的服务事工机构中的典型代表，那就是 1850 年多珞媞阿·特鲁德尔（Dorothea Trudel）在门内多夫建立的"祷告之家"。在此每年接受数百病患，为他们提供照顾与治疗。NZZ 报告说，1861 年一个事情，医疗局由于医多珞媞阿·特鲁德尔疗实践而深感压力巨大。根据报告，她从国内外、从不同的社会阶层中找了许许多多的病患回来。[211]

现代母亲之家的服务事工的建立者，就是为年轻的妇女主要从事照顾与教育领域的培训与工作，那就是提奥多·弗立德内尔（Theodor Fliedner）及其夫人富瑞

---

[211] 参考 A. M. von Hauff (2006), 236–250.

德里克·弗立德内尔（Frederike Fliedner）、以及福瑞德里克过世之后，提奥多·弗立德内尔的第二任妻子卡洛琳·弗立德内尔（Caroline Fliedner）。非常重要的是来自英国的伊丽莎白·福莱（Elisabeth Fry）的支持，1836年在凯泽斯维尔特（Kaiserswerther）建立了第一所服务事工的母亲之家，此后便有许许多多的母亲之间随着建立起来。1842年瑞士的第一家服务事工之家在瑞士的德语区爱莎朗（Echallens）建立。这就是今天圣洛浦服务事工之家的雏形。此后又一些列的服务事工之家在瑞士德语区建立起来：1844年在伯尔尼，1852年在黎恩，1858年在苏黎世-新敏斯特建立了服务事工之家。[212]这些服务事工之家的最首要的是关怀照顾病患与老人。在这些服务事工之家中为那些没有成立家庭或者自愿不结婚的年轻妇女提供机会能够就业，并且在家庭的框架之外能够从事社会服务工作。[213]

与凯泽斯维尔特属下的服务事工之家同时应该提及的是新教卫理公会教会（EMK）的服务事工。新教卫理公会教会（EMK）是18世纪源自英国圣公会背景的牧

---

[212] 参考 Th. Dürr (2003), 45–60.

[213] 科内伍尔夫提到以前的看法："没有结婚的妇女被训练到医院成为护士，人们看待她们如同患者，她们也得到照应，这很好。"U. Knellwolf (2007), 9.

师约翰·卫斯理（John Wesley）与其胞弟查尔斯·卫斯理（Charles Wesley）共同建立，使得教会有新的灵命与社会更新的运动。1896 年首先从斯特拉斯堡传入瑞士建立了了瑞士的伯赛大（Bethesda-Diakonissen）教会社会服务机构，从 1939 年起在巴塞尔建立了老人养护院。[214] 1874 年在萨芬豪森的伯大尼协会的年会上四位卫理公会的传道人推动建立了服务事工的母亲之家，随后在苏黎世也建立以一家老年看护之家。[215]

由于工业化导致了社会的问题与贫穷的问题在英国显得尤为严重。基于这样严重的社会问题，1865 年卫理公会的牧师威廉·布斯（William Booth）在伦敦发起了救世军运动，1882 年救世军也开始在瑞士开展工作。[216] 其口号深切关注社会问题，那就是，救世军乃是："汤、香皂，灵魂得救"（Suppe, Seife, Heilslenheil）——借此来帮助人。现今救世军在瑞士以及世界各地成为著名的服务事工机构，他们拥有无数的居留处所和其它的社会服务机构，特别照顾社会之中的弱势人群。在许多的城市之中都能够看到他们的圣诞施赠的捐献告示。

---

[214] 参考 Th. Dürr (2003), 65.

[215] 参考 zur Geschichte dieses Werks: Diakonissenhaus Bethanien (1987).

[216] 参考 zur Geschichte dieses Werks: Diakonissenhaus Bethanien (1987).

出于服务事工而形成的工作在瑞士许多的区域都广泛证明了这是一个新教的社会。由大觉醒运动以及其影响下出现了无数的服务事工的机构：青年旅社、无家可归之人的收容所、还有被称为半夜宣教的为性服务工作者的帮助，当然也在学校和医疗领域之中。[217]

还有两个在大觉醒运动中建立起来的服务事工社团应该提及：一个是由路易斯·路西恩·罗查特（Louis-Lucien Rochat）牧师所建立的瑞士大众联合会（Mässigkeitsverein），以其蓝色的十字架闻名；另外一个机构也是类似的天主教解救协会（Abstinenten-Liga），帮助人们戒酒。在这一背景下，通过亨利·多纳特（Henry Dunant）于 1863 年成功成立了红十字会（Rotes Kreuze），并且 1901 年红十字会获得了诺贝尔和平奖。多纳特还帮助在日内瓦成立了国际基督徒青年会协会（CVJM, 即 YMCA）。

类似弗立德内尔（Frederike Fliedner）所推动的服务事工培训，约翰·海里希·维持恩（Johann Hinrich Wichern）也推动服务事工从业人员（执事）以及作为教会执事的培训。1895 年他在瑞士归正宗牧师联会上介绍了

---

[217] 参考 im Blick auf das Wirken der Evangelischen Gesellschaft in Zürich: H. Meyer/B. Schneider (2011).

他的课程，"对内宣教的工作"乃是其新教归正宗区域教会的义务。1896 年 8 月 26 日成立了一个工作团队，拟定以下的责任："传道人大会旨在于推动新教教会在实践工作中的任务，特别是宗教与伦理领域中［……］，一个常设的委员会至少应该有 15 为成员，承担与世界各地成员合作的任务。"[218] 从这个教会实践爱的行为的瑞士委员会，1927 年成立了瑞士对内宣教与新教爱的时间联合会，后来成为瑞士服务事工联合会，直到 2010 年该协会解散。

准确地说，新教通过所有的事工而共同拥有为社会服务的远象。"通过委身其中，其所寻求的，不在于改变社会经济的结构，而是使得一切人性化。"[219]

4.7 二十世纪的服务事工

4.7.1 宗教社会主义

在瑞士的服务事工实践与政治的参与，其典型的紧密结合在 20 世纪第一个十年中的表现，那就是宗教一

---

[218] Evangelischer Verband für Innere Mission (1977), 18.
[219] L. Vischer/L. Schenker/R. Dellsperger (1994), 218.

社会运动。实际上宗教社会主义的创立者是克里斯多夫·弗里德里希·布伦哈特（Christoph Friedrich Blumhardt），他通过与赫尔曼·库特（Hermann Kutter）以及与里昂哈特·拉尕哲（Leonhard Ragaz）直接的联系，构建了瑞士宗教社会主义。曾经是苏黎世修院教堂牧师的赫尔曼·库特 1903 年出版了一本书，题目是《你们必须！——为基督教社会公开说话》，按照威力·司碧乐（Willy Spieler）所说的，这本书"乃是在中产基督徒市民中投下了一颗炸弹。"[220] 其信息是：社会的民主应该存在于公义的社会之中，因为教会在其服务事工中有其使命与托付。"教会应该致力社会民主；上帝所居住之处，就是社会民主存在之处，因为他远离，而且人不承认他之处，他就住在那儿。"[221]

在那本书出版之前半年，里昂哈特·拉尕哲（Leonhard Ragaz）在巴塞尔修院教堂的讲道中讲述其著名的宗教社会主义的基本思想的要点："社会运动也是如此之关键，它乃是关乎我们每一天的好处与利益。它乃是呈现了所有行为方式的循环与结合，甚至其重要性可比宗教改革、超乎法国的大革命。要是官方基督教会

---

[220] W. Spieler (2006), 200.
[221] W. Spieler (2006), 200.

冷漠或没有感受到新世界即将到来的改变的话——因为这也是福音的核心所在——那么教会就会成为失味的盐。"[222] 对于库特尔与拉尕哲两人来说，其中心点在于历史终极论的理解：对永活上帝的信靠，上帝的国度应该在这个世界上得以实现，这需要人的配合，而人也是为此而蒙召的。1906 年 10 月份他们俩在德哥斯海姆（Degersheim）与巴德尔（Bader）牧师相聚，成为第一次宗教社会主义联盟，那是新运动的诞生。大众的教育、社会的改革工作、社会变革成为民主联盟的社团、为和平而奋斗，以及反对战争，这对于拉尕哲来说就是"基督的革命"。[223]

宗教社会运动起初旨在于批评机构化的教会，因为机构教会乃是"非教会的"（失去其应有的教会性），即便这些机构化教会也有牧师和神学家。上帝的国度要临到，在其看来，不在教会的围墙之内，而是在教会之外，在世界上。拉尕哲于 1917 年特别提出这一点：不要单单推动教会的改善，而是要扬弃它。在根本上拉尕哲（Leonhard Ragaz）不在于要超越教会，而是通过革命来达至上帝国度的团契。威利·斯比勒尔认为："对

---

[222] 转引自 M. Mattmüller (1957), 84.
[223] 参考 R. Pfister (1984), 415–417.

于宗教社会运动而来，这是其悲剧所在的一面，那些通过从里到外的获得更新的'寻求团契'，这是行不通的，因为这运动很微弱，而教会的本质却很强的。"[224]

在战争岁月里这些服务事工实践政治的角度，例如致力于和平的工作和帮助犹太难民等社会团结的工作，也是对于宗教社会运动有启发的。同样是 1924 年建立的十字架骑士团，由来自荷兰、英国、比利时和瑞士的基督徒共同建立的，此后就改名为基督教和平服务社（CFD）。这样致力于促进和平的社会工作的灵性导师就是阿尔萨斯的军官艾汀娜·巴赫（Etienne Bach）。在第二次世界大战其间最主要的是格特鲁德·库尔兹（Gertrud Kurz），其工作主要是关怀与接收难民，直到今天仍然是基督教和平服务实践领域的基础奠定者。库尔兹嬷嬷，她非常愿意人这样称呼她，和其他人一起组织了"十字架骑士团"，通过向私人募捐所得的费用开展工作照顾了成千上万的难民，帮助这些难民在骑士团之家中安置下来。格特鲁德·库尔兹，以及"难民的牧师"——保罗·福格特（Paul Vogt）通过在瓦芝豪森的"阳光"（Sonnblick）难民营接受了许多的难民，例如在

---

[224] W. Spieler (2006), 204.

瑞士投身基督教政治活动以抵抗国家社会主义的这些人。

4.7.2 教会的服务事工

服务事工发展历史中重要的一步那就是 1945 年成立的瑞士新教教会帮助社（HEKS），这是在瑞士的法语区教会 EPER（Entraide protestante suisse aux églises et aux réfugiés）中成立的。尽管瑞士的改革宗教会强有力的推动结构应该在"瑞士的奉献"项目中非常有效，这是通过瑞士联邦 1944 年所通过的为要帮助重建被战争破坏的欧洲的国家支持的、国家的层面应该在这一行动中克服瑞士在国家中的孤立。教会愿意参与奉献给予支持，需要共同合作推动工作。

1961 年建立了"惠粮弟兄帮助社"（das Hilfswerk Brot für Brüder, 现在更名为"粮惠普世"：Brot für alle [BFA]））作为发展政治教育与接收行动的主体。1969 年开始与天主教伙伴机构"禁食奉献"共同开展工作。1993 年由基督天主教扶助社一起开展伙伴合作关系。这三个机构共同开展长时间的合作伙伴关系成为普世服务事工的重要榜样。共同开展的教会与社会发展政治立场，通过几个关键的领域：人权、教会普世联合、与贫困产生的根源作斗争、社会与经济领域等问题的改善。

"2008 年之后粮惠所有人的战略"这一文献强调："粮惠所有人这哪是瑞士新教教会的使命，而且，这是教会的本质与使命的本身所在。[……]教会的存在，因为上帝的宣教所在，就是世界得到改变，而且整个被造的世界得到更新。全世界的服务事工就是这一'上帝的宣教'（missio dei）"的一部分，也是教会本质所在的一部分。神学的活动包括教会、宣教和服务事工，这三种不可缺一。教会乃是为世界而存在的见证团契和服务团契。教会的发展工作超过提供帮助本身。其关注的核心与基础那是上帝的宣教所包括的。教会的服务事工乃是在于施行耶稣的宣教》'瞎眼的得看见，瘸腿行走，穷人有福音传给他们。'这表示服务事工，在生活之中有服务的能力，使得卑贱的得以升高。服务事工有一政治的层面——为和平、公义以及被造世界得到维护而奋斗。[……]服务事工根据改革宗神学的理解，这乃是信徒的使命所在。信徒应该领受其世界的使命，而且得到培育，并且有能力使之完成。"[225]

---

[225] Brot für alle (2008), 1.

在全瑞士教会层面上 **20** 世纪 **90** 年代建立起来的瑞士教会联合会之中服务事工联席会议成为重要的机构，而且成为新教教会帮助社（**HEKS**）在瑞士的代表性机构："瑞士为社会弱势群体的帮助"，而且通过设立基金会以推动地方堂会的服务事工（**Fondia**），这在整个瑞士成为革新式的服务事工项目。

不断热烈讨论的是关于职业化的肯定，也就是职业培训的可能以及在德国—瑞士服务事工工作位置的问题。一方面，服务事工的从业人员作为一种职业的职业化与分工细化不断加强，而且工作职能不断更加细化、区分，但是另一方面同时又需要跨宗派配合而独立于社会工作。

通过对教会对社会与文化的担负，这乃是有益于社会的研究，这使得服务事工使命意义的敏感性得到强化。[226] 其为社会的结构与社会的公共生活的优化对文明社会的贡献，不仅仅通过志愿者与义务工作这这是教会与国家层面上存在争论是明显的，而且不断被认知。

1994 年的欧洲教会会议的"布拉迪斯拉法声明"（**Bratislava-Erklärung**）推动人们对其敏感性：那就是服

---

[226] 参考 Ch. Landert (1995); M. Bruhn (1999).

务事工的独特的行动在于认清苦难与受压制的缘由。[227]
从这个角度上成为瑞士的新教教会联合会以及 1998—
2001 召开的瑞士主教会议所接受的关于瑞士的社会与经
济的未来普世教会的合作基础。其成果便出版了"教会
的道"[228]，并且在更广的范围内得到广泛关注。

---

[227] Konferenz Europäischer Kirchen (1994), 4.

[228] Schweizerischer Evangelischer Kirchenbund/Schweizer Bischofskonferenz
(2001).

第三部分 依据与视角

5

上帝赐给人以爱的帮助

以上在第 2、3 章的内容之中已经解释了关于服务事工的理解乃是应该建立在创造神学之上，也就是在于强调，帮助行动乃是所有人共通的现象，惠及所有人。接着在以下第 5 章第 1 节之中我们进一步讨论了这一点。怎样的帮助行动——不管是源自基督教还是出于其它的动机——在基督教神学的角度上都是与上帝有关的，这是第 5 章第 2 节的内容。就此会有一个非常严肃的关于多种角度的叙述，从而得到的一个结论，服务事工行动通过接受一个前设，也就是特定的特性，服务事工与其它的社会参与的形式是有所区别的，借此对服务事工进行定位与描述（第 5 章第 3 节）。我们特别通过批判性的双重趋势来讨论，服务事工在神学的角度再一次进行阐述，同时又从人与其社会能力的否定图像的角度来阐述（第 5 章第 4 节）。而接下去的一节（第 5 章第 5 节）将谈论帮助性行为的专业化以及其有限性，也就是我们所用的关键性表述：通过文明社会引进新的帮助文化而达至去机构化（Deinstitutionaliswierung）。这一点再一次与人性化密切相关，帮助的实践乃是所有人存在的基本生存需要的结构存在（第 5 章第 6 节）。通过这一章有关服务事工基本问题的讨论之后，尤其是关于机构化的服务事工的问题探讨之后，最后将在第 5 章第 7 节集中探讨教会的或者地方堂会的服务事工。

5.1 为社会的行为是所有人本质所在

5.1.1 帮助是人性共有的

一谈及帮助的、人与人彼此帮助的行为，便已经谈及基督教的动机，在很长的服务事工传统的神学意义上都是这样的。而在普通大众意义的人类学的角度上来谈及这一点，实际上也是非常有意义的：帮助与为社会的、人与人彼此帮助的行为在最广的意义上乃是人性深处固有的！这一点可以通过两个层面来理解：

- 从进化历史的角度上，"人特有的、为社会的属性"乃是人类进化而形成特有的特性[229]，而且这是人类与别的灵长类物种区别的所在。也许人类在灵长类物种的大家庭之中通过完全的'联合的社会的标志'[230] 的发展而有了自己特定的人类（homo sapiens）的特征。就此可以肯定的是，帮助与其它为社会、为他人团结一致的行为的形式表明了进化的历史，那就是人类的特性[231]，并且使得人类有别于其它的物种，尤其是与着有关联的灵长类动物（长毛猴、猩猩、猿猴、类人猿）是不同的。美国的人类学家撒拉·布拉菲尔·何瑞迪（Sarah Blaffer Hrdy）强调："（为社会、他为他者的）这种能力[......]根本就不是习得

---

[229] S. Blaffer Hrdy (2010), 48.
[230] S. Blaffer Hrdy (2010), 22.
[231] 按照马特维希和克里斯多夫·司徒博的观点，认为社会团结性乃是"人的本性"F. Mathwig und Ch. Stückelberger (2007), 270.

的：它本身是人类固有的。"[232] 这就与此前占据

主导的、达尔文（Charles Darwin）的进化论观

点不一样了，达尔文认为物种为了生存并非有所

顾虑，**也不会主**动顾及他者，**或者主**动给予他者

帮助，而是求得自身足够强大以求获得生存的可

能性，而在这个过程之中只有排斥他者并且自身

足够强大才有机会获得继续生存的机会。而现代

人类学的物种理论认为："**有给予他者帮助的，**

并非利他而已，也是利己的。所以互助的行为使

得进化的历史成为可能。"[233]

— **而另外要提及的是帮助**应该是某种程度上深层的

人性所在。值得注意的是，为社会的特性，**也就**

---

[232] 何瑞迪认为："从幼年开始并没有通过设么特别的教育，并已经自我身份定位。人在危机的时候便能够自然而然的为他人提供帮助，与他人分享。从这一点上，从猿猴的不同，我们属于另外不同的级别。"S. Blaffer Hrdy (2010), 15.

[233] R. Jahn (2005), 26. 这样看到生物进化论与泰森的理解不同G. Theissen (2008a), 91 f., 103,。不仅仅是由于通过互相帮助的理解对传统进化论进行批评而已。也能够看到这一理解的完全不同的转换A. Ch.Albert (2010), 187–192.。

是在处境之中能够辨别他人需要的能力，给予同情、而且采取相应的措施给予帮助，这是普遍人性的可能性，而且基本上不以文化或者宗教前设为其前提条件，而是与每个人本身紧密相连的。

这就是典型的人性，帮助他者，这对于生活在丛林之中的非洲部落人群与生活在发达现代世俗社会的欧洲人是一样的，对于无神论主义者与佛教信徒、基督徒都是共通的。从服务事工的角度来看，帮助不是基督教特有的，而是人性之中共通的！依据以马内利·勒维纳斯（Emmanuel Lévinas）的哲学理论，克里斯多夫·摩根塔勒尔（Christoph Morgenthaler）认为，人是本性之中有着自然而然的负责任的本质："在与人一起的危机之中会得出[......],，人[......]的责任乃是伦理的本质诉求"，因为在本质上被赋予的"能力[......]，别人的危难而会有怜悯的责任感[......]：**人是有能力的，能够得出、给予关顾、帮助和利他的。"**

234 这种人对他者有共同感受与理解的能力，**就是同情心**。赫尔曼·斯泰康普（Hermann Steinkamp）就此特别强调：**"同情心并非是基督教的'特有'，而是给予所有人的'从天而来的恩赐''是良好的意愿'。"**[235]

数百年来一直存在一个问题，而且时至今日仍然没有得到恰当解决，深深存在基督教圈子之中的一个表达，那就是对邻舍的爱乃是从基督开始才有的。但是，关键问题在于从基督教信仰的基础出发，并没有完全足够的陈述依据："帮助与帮助的动机乃是，也一直存在

---

[234] Ch. Morgenthaler (2005), 37, 44.从社会心理学的角度来看，多内尔（K. Döner）强调，人的本质上不仅仅有能力而已，而且是有需求的，帮助他人，从而对别人有意义。如果缺乏这一点，在多内尔看来就是病态的。"我们当然不愿意因为给予帮助而承担过渡的负荷。但是我们一样会受折磨，如果我们放弃这一点的话。所以基本上所有的人，至少在潜在之中，始终都有给予帮助的意愿并且一直寻索机会使之实现，这样的行动能够成为实际。我们需要能够成为对别人有意义的。因为基本上人也是有帮助他者的需要的，这与人需要被帮助的需要是一样的，这就是关系本质的基础所在。"（[2007], 116 f.)

[235] 帮助行动乃是个体与所有人的人性的本质与生命的表征所在。H. Steinkamp (2007), 110. K. Kohl (2007), 91，。

于普通大众之中的一个普遍现象"[236]，而且这也是属于圣经教导的基础信息之一。[237] 也就是说，圣经的教导信息涉及的，相互帮助的行动，帮助性的行动明显的不仅仅存在于以色列百姓之中或者是在基督教会之中，而是所有人共通的、人性共享的，在所有的人群之中都能够找到的。这在耶稣所教导的著名的好撒玛利亚人的比喻中也存在同样的道理，好撒玛利亚人既不是犹太人，也不是耶稣的跟随者，而是在宗教上、种族上被歧视的撒玛利亚族群中的人，而他的行动却成为给予帮助的爱邻舍的表率（路 10:25-37）。

5.1.2 爱邻舍作为创造神学的呈现

这就是说，如果从神学的角度来讲，甚至包括耶稣关于对邻舍的爱与人与人之间彼此相爱的行动与教导，都应该是建基于创造神学的基础之上，而不是基督论为核心的基础之上。这应该被理解为在被造之处，人便被赋予的能力，而不是其它的，也不是只有通过基督或者在基督教信仰之中才能够得到的，专属于基督信仰者群

---

[236] 以上曾经引述过的句子："基督之前的世界没有爱。" G. Uhlhorn (1896), 7。

[237] Ch. Sigrist (1995), 286.

体的能力。我们知道，为要陈述这个命题，这是与已有的现在有关服务事工的讨论不一致的。但是我们看到这一与惯有的理解分离之后其相应而来的信息的话，我们就必须在神学上这样坚持。所有的，就是瞩目于基督的帮助，或者以基督论为出发点的，也就是从基督而来的，或者圣灵论的角度，就是从圣灵而来的，如果必须陈明的话，那就应该回到一个事实，那就是帮助或者愿意帮助某种程度上是共通的人性的、某种程度上是被赋予的。[238] 对此乌尔里希·科特内尔（Ulrich H. J. Körtner）完全加以肯定："对帮助的需要，以及愿意给予他者帮助，[......]这乃是认同共通的现象，并非基督教的特有。一个人身处危难的时候，不会询问自己是不是基督徒，是不是伊斯兰教徒、是不是佛教徒或者出于世俗人文主义者的动机得到帮助。相反，帮助他人，这并非仅仅只是信仰的诫命，而是人性之中固有的。"[239]

这里应该在两种有关人与人之间彼此帮助行动的类型：其一是自然而然的原发反应，也就是遇到有人身处

---

[238] 一些先进关于服务事工与服务事工学科研究特定的表述，例如 St. Flessa/B. Städtler-Mach (2001), 28::"爱邻舍只有在信靠上帝爱的基础之上才能够成为可能，得到其基础"。对此应该继续追问。爱邻舍乃是不排斥其它的基督教信仰者特有的，而是人性共通固有的现象。

[239] U. H. J. Körtner (2007), 26.

危难而自然而然生发的同情、并且愿意及时给予帮助的反应（= primäre Ebene，第一层面），其二是在哲学、神学、或者世界观相关的反省之后，对所产生的危难有所了解与评估，并且采取恰当的应对措施（= sekundäre Ebene，第二层面）。[240] 例如当克里斯多夫·丁克尔（Christoph Dinkel）写到："服务事工的参与应当是信仰者对上帝爱与行动的回应"，因为"基督徒在上帝爱的光照与引领之中知道其邻舍的的需要"[241]，这乃是神学家的行为，也许也只是某部分神学反省的教会成员会这样——当然，这也可以看做只是第二层面有关经过反省之后采取行动的理解。而原发性的给予帮助的行动这就使得实际中当有人遇到什么问题或者在具体的危难之中便给予同情和帮助提供了理论基础。这应该是第一层面，即原发性的人与人互相帮助的人性的能力啦理解，而且呼吁这样的整个层面因素，人的进化的理论转而回到动机层面相应的社会互惠行动。

　　以求不要存在混淆，所以有必要进一步说明：基督徒原发性的给予帮助——这如同所有人一样——作为社

---

[240] 参考 R. Hoburg (2008b), 168, 170："帮助作为社会行为的行动，有其人类学的基础因素，乃是反省或者是对情况的恰当评估，认识到其为危难"，所以帮助可以解释为"首先是在基督教的处境之中而社会原发行为。"
[241] Ch. Dinkel (2004), 401.

会认知与道德责任感的人，此后才是进一步神学反省的基督徒！[242] 而这是正确的。《路加福音》第 10 章之中，耶稣在教导好撒玛利亚人的比喻的时候也有——通过神学的批评！——尤其是，关注到第二层面中的宗教的使命，也就是祭司与利未人在耶稣的教导中应该能够毫无顾虑的，也能够在第一原发性的动力之中给予同情与怜悯，并且采取行动。因为这祭司与利未人乃是官方宗教人士的代表性人物，可是他们却不能给予原本应该得到帮助，他们原本也能够提供帮助的人以帮助。可以明确的是，我们能够说，所有人共同的能力，在危难之中人与人彼此帮助的反应，这是共通的。而这一的行动的动机与解释，实际上并非决定性因素。重要的只是，第二层面的理念上的、或者说神学上关于具体危难的解释应

---

242 候布格（R. Hoburg）赞同这一点，"帮助乃是原发性的行动"来理解，并且认为："基督教关于爱邻舍的语义学也是在此关于社会帮助乃是随后延续的意义层面上"来理解（[2008c], 212）。达福特（I. U. Dalferth）从祁克果（S. Kierkegaard）的伦理学中的得出这双重的角度："有一个施赠，关怀孤儿，给赤身露体的衣服穿，这些其基督的本质'没有'清楚的'表征'。所有的人都能够，而实际上每一个有正常行为能力的人都应该这样做。所在在圣层面上被提及的和能够实现的，基督徒并不能别其他人做的更好，或者有所区别。基督徒也是人。"（[2002], 19 f.）这是第一原发的帮助的方式。至于宗教的视野，一个基督徒的行动——也有底在实践中通过行动表现为非基督徒的——最后理解和解释，也就是：基督教"显明的是，整个生命在其它的光照之下，而且是通过一个新的视野。这样能够对在新的、不同的方式来理解生活的现象。通过基督教在这个世界上并没有新的现象，而是有一个新的视野，新的理解，性的途径去洞悉与理解人生活的现象。"（[2002], 40.）

该对人能够在实践之中提供危难之中的人以帮助，加以肯定，并且推动这个可能性，使人有为他人在危难之中以帮助的意愿更加明确、更加敏感。

从这一长久历史的尝试的角度上，服务事工的行动"纯粹"是人性的行动，而不是其它的（有意识或者无意识，或者是：反复思考），如同汉斯·约尔根·本尼迪克（Hans-Jürgen Benidicts）所指出的："基督徒必须在没有上帝或者没有基督的关系[……]之中更多的理解帮助的人性动机"，而且"也没有基督论的前提，在人群之中有一个强烈的义务，彼此扶持，彼此给予怜悯[……]，组织社会事务，并且在彼此给予与彼此接受的运功之中。"[243]

如果这个事实真正得到接受的话，那么帮助的行动就是一个现象，这是人类在长久的物质进化中得到的基础，对人来说是非常特别的，所以不能忽视，人不能在极端失却爱或者受到非人的对待。每一个人本质上都已自己的能力，接受同情，同样也必须相应的一直给予他

---

[243] H.-J. Benedict (2004), 72, 76.这一观点同样得到柯尔特内尔的支持 U .H. J. Körtner (2003), 306。柯尔特内尔在阐述帮助的伦理的神学意义的时候写到："愿意给予帮助乃是美德，但这并非是基督徒特有的，而是所有人都有的。"

们同情，被推动与推动被人，如果缺失这一点的话，那么就饿无法继续得到延续。[244]因为方式与方法，就是同情与随时愿意给予人人彼此帮助的行动，这些明确的是其自身固有的，也与其生物进化过程之中的经验有关。[245] 按照这经验也可以是从理念的、哲学的或者神学的意义相关得出一个人的价值与意义的定位。可以肯定的是，如意识到一个人身处危难，却由于某些动机而没有采取第一反应应该采取的行动。[246]

要点总结

- **帮助与其它**为社会的行动的方式乃是人性特有的**特性**。**帮助**是深层人性固有的。

---

[244] Th. Strohm (2003b), 166, 斯特姆有这样的观点："愿意给予帮助是'创造中赋予'给人的。不过它是能够得到推动或者会被损害的。而在社会与服务事工的学习过程中来对东他，这乃是现在一个新的核心任务，而是新的发现。"

[245] 参考 S. B. Hrdy (2010), 186。同情的基础立场能够被维持也能够被损毁，能够巩固，也能够被丢失 H. Steinkamp (2007), 104,。比如冷漠无感受的例子，格莱福斯瓦尔德医院经过调查研究，得出一个结论，认为 14% 的人属于"感觉的盲人"，而且男性的病患是女性的三倍！

[246] W. Lienemann (2006), 65, 这样描述其推测："因为增长的幸福而愿意丢弃对"人人彼此相顾"的接受。"

- 这种感同身受，**以及被感同身受的需求**，**并且给予帮助**，这并没有特定的文化或者宗教因素为其特定的前提条件。

- **所有人都有关爱**、**帮助**、**利他主义**的能力。

- **帮助的行动**其原发那是对危机的认识；**其次才是宗教的**、**世界**观或者伦理为其依据进行反省。

- **基督徒也**一样在第一反应也是简单的社会需求的人，随后才是神学反省的基督徒。

5.2 上帝乃是一切爱的源头

以上一节的内容阐述了从世俗人类学的角度看，人类在其进化的过程之中，在所有的文化与宗教中，所有的人都有同情、愿意给予帮助，以及为社会的行动这样的能力，而在服务事工的传统之中这些都是一直在圣经-神学的意义框架之中进行表述。人的存在被这样表述，那就是相对的，上帝乃是一些生命的创造者。这对于基督教的信仰来说，这是必不可少的。

5.2.1 上帝是爱

基督教神学构建帮助-彼此相顾行动的最重要的基础理论信息，那就是上帝：世界的创造者，他就是爱（约一 4:16），他爱一切他所造的（《所罗门智训》第 11 章 24 节）而且他爱惜众生，各种各样的都是他所顾惜的（《所罗门智训》第 11 章 26 节）。新约圣经特别强调"上帝给予人的爱"，也就是关于上帝所赐予人的友爱互助的关系（多 3:4），而且从上帝而来的爱不仅仅是美德与虔诚人独有的，而是所有人都有的。就在耶稣所教导的"登山宝训"之中非常全面的表现出来，甚至要爱仇敌，"因为他叫日头照好人，也照歹人；降雨给义人，也给不义的人"（具体内容参太 5:43-48）。基于这一点——直陈式的——表达，上帝就是爱，他赐给——命令式的——命令给我们所有的人，在我们属地=社会行为实践的生活与行动中应该与这爱相称。（太 5:48；约一 4:11）。[247]

不过值得注意的是，这一视角不应该又再次被收

---

[247] 这一基础的连接信息我们知道并非基于基督论。而更多的是智慧的、伦理的圣经经文的基础为前提，而且就是对此圣经教导的接受 G. Otto (1998), 171。基于此对于服务事工的神学基础要点更多的是基于（圣经之中的）"人的社会性定位的篇章"。

紧。如果基督教的信仰在于表述，人的爱的能力是创造者给予他所有的被造物上帝爱的呈现与反射的话，那么同情与人人为彼此的能力在非基督教的、没有信仰的人中也必然存在，同样需要的是人为社会的行动本身从来就不仅仅在基督教的范畴之中得到表述而已。[248] 克劳斯·科尔（Klaus Kohl）特别明确地阐述了："自从有了人类[……]，Daikonie（服务事工）就存在；凡是人需要帮助与得到帮助之处，服务事工就存在在那儿；服务事工乃是帮助的行动。服务事工自从上帝在这个世界之中呼召人进入他的存在[……]，便已经存在。[……]凡是人帮助人之处，服务事工便存在在那儿。"[249]

而从人的生活的角度上，人与人之间的关系与团契也一样在很大的程度上反射人与人彼此相顾与支持，这

---

[248] U. H. J. Körtner (2007), 45, 柯尔特内尔正确地指出，同样在非基督徒的人性之中，"拿撒勒人耶稣的人性之光也照射他们。"

[249] K. Kohl (2007), 12 f. 戴贝尔 K.-F. Daiber (2008), 108, 也有类似的观点："能够发现，服务事工不仅仅出现在教会体系的机构之中的社会工作而已，而是所有的地方，凡基督徒所在之处，不管是怎样的职业工作岗位也是一样的，凡是能够承担对邻舍负责任的行动，服务事工就在那儿。也许不不应该忽略的是，不应该使得对邻舍的责任感意识只是局限在教会的边界或者是基督教的生活定位范围之中而已。西方的人文主义也强调，在其与基督教宗教的传统相对的自我思想中，在任何历史得来的，皆有基督教-犹太教所传递的为根基的痕迹。"

也是上帝自己给予所有人的。所以，这并非是仅仅局限于唯有基督徒信仰者有可能投身社会的参与。同样无神论者也能够在投身于社会公义与人与人彼此相顾的事情之中，即便从基督教的角度关于创造主的爱给予其被造物，这对于无神论者来说并不是这样理解的，但也并不妨碍他们对社会的参与与投入。克劳斯·科尔（Klaus Kohl）写到："服务事工不一定非得是教会的。上帝服务事工是超越教会的。上帝的行动乃是一切帮助行动的基础，一些的帮助行动都是服务事工。"[250] 就此在神学上、更加准确的是：从创造神学的角度上来看，在基督信仰者的特别的服务事工与普通大众的帮助之间的差异。因为"凡是人感同身受到他人的苦痛之处，那儿就是帮助开始之地，那儿就是创造者的美善光照而且人能够加以领会。"[251]

---

[250] K. Kohl (2007), 91. 提奥多·斯特姆（Theodor Strohm，2003a, 151, 153）："上帝的服务事工既不是教会的财产，也不是某一团体所特有的。服务事工乃是在整个世界为所有的人都是一样的。通过服务事工所有的人都一样作为服务事工的服务对象，而且作为彼此相互一体化的互助对象。"而且"服务事工不仅仅局限在教会或者基督徒之间。上帝也一样在教会之外。人性化的使命在于所有的人在一起，任何的世界观的人都一样。"

[251] G. K. Schäfer (2001), 22. 雪华对此同泰森持非常接近的观点G. Theissen (2008a), 108："基督徒可以也应该对其他人的帮助加以认可，[......]即便他们的动机与信仰同基督徒是不一致的。他们可以在其间看到上帝美善的痕迹，也能够时时谨记，所有的人都是上帝创造的。"因为帮助乃是所有人共通的现象，泰森认为——从神学的角度来说——穿着，其间就是帮助的行

5.2.2 隐名的服务事工

基督教信仰认为，上帝就是爱（约一 4:16）而且一切爱都是"从上帝而来"（约一 4:7）。这一点也毫无疑问的也适合于非基督徒的爱，即便是无神论者也一样适应！当《约翰一书》从基督教信仰的角度强调，凡是住在爱里的，就是在上帝里面，而上帝也住在他里面（约一 4:16），所以，也应该很明确，对于所有人都一样的，凡是出于爱、出于人人为彼此团结一致与同情而生发的行动，即便他们对基督教信仰是排斥的，这爱也是从上帝而来。而同样在明确地在上帝存在之中的同时，通过信靠，或许——没有考虑基督教神学——通过爱的、为他人的行动，也就是通过实际上爱邻舍的行动，即便他们自己在实践这些爱邻舍与为他人的行动的时候，他们非常明确的拒绝对上帝的信仰，但可以明确的是，他们在上帝的存在之中或者在源自上帝的生命之中。

动——基督教的和其它的——首先应该从创造的神学进行反省（G. Theissen (2008a), 107f）。沿着这个方向——虽然没有按照严格的创造神学的角度思考——本尼迪克也指出了这一点H.-J. Benedict (2011), 14。他询问，"并非无神论为根据的对邻舍的爱，如何能够有着所有实在性（神学角度就是"上帝"）的依据。"

这就接近了卡尔·冉纳（Karl Rahner）所说的隐名的基督徒。[252] 这个概念是有问题的，要是当——相对冉纳的观点——在一个基督教结合的意义理解的话。但这个概念的积极的立意却对于我们来说总体上是很有价值的，如果关注其相应的，非基督徒对邻舍的爱，从其爱与为人人为彼此的行为性质来看，神学上的超过基督教动机在社会行动，这是非常有启发的。要是上帝就是爱，也是一切爱的源头的话，那么神学的理解上，一切爱的实际行动都是源自于他，"从他而来"，正如《约翰一书》所强调的。这一点很重要，因为这一神学观点使得所有基督教服务事工有可能越过狭隘与教会的狭隘观念，就此能够明确上帝的爱，或者说上帝对人的爱的表现在一切的人人为彼此的行动之中得到彰显。

海里希·彭佩尔（Heinrich Pompey）与保罗-司提反·罗斯（Paul-Stefan Ross）对此"隐名的服务事工"的概念进行阐述，认为在随时随地都能够看到这样的事工，"凡是人与其他的人活着为其他的人而以某种方式参与，只要是与基督教对帮助的理解相称，不管是依据为何，不管他们是否完全明了活着自己明确声明，（这

---

[252] K. Rahner (1965). 与卡尔·冉纳同样提出"隐名基督徒"概念的，还有安特志（K. Arntz）K. Arntz (2003), 23，安特志指出："应该非常明确的是，任何地方，人与人相遇，基督的恩典并不曾远离。"

就是'隐名的服务事工'）"。[253] 汉斯–约尔根·本尼迪克（Hans-Jürgen Benedict）基于类似的原有也认为存在着大概如同"怜悯的原初的启示"，[254] 这样的启示是创造之处便赋予给人的，即便没有什么明确的圣经出处。本尼迪克认为在这原初的启示之中会有'原初的给予人怜悯行动的责任意识'，其间可以理解上帝自己就是'怜悯、慈爱与公义的关系原动力'"。[255] 同样在这一理解之下也使得我们可以借此得到一个理解，那就是同情、愿意给予帮助和利他主义乃是全人类共通的现象，如同与其它具体的宗教、世界观对比的话，早已存在的'原启示'并不是帮助自己。所以可以理解的是，一方面按照布拉菲尔·海瑞迪（Blaffer Hrdy）——非神学的角度——从人类的进化与发展的历史过程之中形成的"为社会的本质"来说；[256] 另一方面按照克里斯多夫·摩根哈勒尔（Christoph Morgenthaler）从共通的人性，也就是人的被造，上帝便赋予人能力，使得人能够在他者危难之时给予怜悯。[257]

---

[253] H. Pompey/P.-St. Ross (1998), 228.

[254] H.-J. Benedict (2004), 66.

[255] H.-J. Benedict (2004), 67.

[256] S. Blaffer Hrdy (2010), 48.

[257] Ch. Morgenthaler (2005), 37, 44.

5.2.3 并非唯有基督教

如此前我们已经提及的在上帝里的存在（In-Gott-Sein）和从上帝而来的生命（Aus-Gott-Leben）所描绘的实在概念中得到的一个理解，长久以来一直存在一种主导的思想，而且时至今日仍然被想当然的理解，那就是只有相信基督才具备实践爱之行动的能力。这样一种体认就如同服务事工之歌"希望与需求"（Einen Wunsch und ein Verlangen）所表达的一样，在其第二节的中说到："**主，我已系上围裙；求你自己教我服侍之能，我愿成为你的孩子，就如同你爱我之深；因唯有你能倾流慈爱，你是爱的根源，你的恩典乃是恩益，并非世**间能**有。**"[258] 这其中讲得非常明确，即便非常清楚上帝乃是爱的最初根源，他乃是一切给予爱、为社会之行动这些能力的创造者，当并没有被认为这是自然的恩赐（译者注：而是超自然的救赎的恩赐）。冉哈特·图尔（Reinhard Turre）的观点在某种程度上也是有误的，他认为服务事工那是基督教信仰，唯有基督教信仰才能有爱的行动与在社会之中给予关爱的行为，为的是使得

---

[258] 歌词经由书的作者编辑。

这个社会"没有信仰而缺乏爱"[259]得到改善。这样的理念立论隐含着，犹太教、佛教、世俗的人文主义或者其它的无神论主义在人类社会共同生活之中，相对于基督徒在信仰之中所获得表彰爱的行动能力——也就是实践之中的爱邻舍与基督教信仰联系在一起——也就自然而然地缺乏爱。

而重要的是，如果能够深入地对这样的基要主义的立场深刻自我批评的话，承认爱邻舍与为社会的行动在每一种人类共同的能力是事实存在的，这在不同的宗教或者世界观的人群之中事实存在的，明确有所体现的（当然也可能是有问题的）。勒夫·霍布格（Ralf Hoburg）的观点应该得到体认，他认为"今天的神学不应该在持守爱邻舍的基督教的单极来源，也不应该认为服务事工的唯一性，也就是帮助的行动唯有一个原因，而没有其它的可能性存在。"[260] 或者如同克劳斯·科尔（Klaus Kohl）所说的："帮助行动可以是，但并不是必定就是服务事工。"[261]

---

[259] R. Turre (2004), 458.

[260] R. Hoburg (2008c), 211.

[261] K. Kohl (2007), 35.为了表达一个类比：这可以是人文主义的，越是更加视角与处境，或作为红十字会哲学的表达来理解的话（包括所有的，致自己在宗教与文化的意义多个角度来说的话），另外红色的半月形的标志（

5.2.4 接受生命的美善

　　传统上在神学的角度理解服务事工乃是蒙召去实践爱上帝与爱邻舍如同自己的爱的双重诫命（利 19:18；《便西拉智训》31:15；太 22:38f.）。这是可寻求的，不过也是具有孤立的危险，因为这认为为社会的行为的动机完全是源自诫命的力量。当这也可以轻而易举形成一种相对紧密而清晰的义务伦理的文化，也与道德主调非常接近。富尔伯特·斯蒂芬斯基（Fulbert Stefensky）对此提出批评："纯粹的道德不能达到什么，而且缺乏美。善的美使得我们良善。对善良的惊讶之情使得我们善。"他继续写到："谁要是能够学会寻得生命，谁便也能够处理得好。首先是人的眼与心好，眼与心能够洞悉善。这人才能在行动上好，这行动能是他人得益处。"[262]他最后提出："美好得到成长的勇气，也就是生命与惊讶之情滋生与成长的能力。"[263]

包括，半月形表达的隐含的意义）。行动是同样的，但却又不同的解释。

[262] 与这看法一致的是查禄普卡（M. Chalupka）在其 1998 年 5 月 12 日在瑞士服务事工大会上的查经，《出埃及记》第 1 章 15-21 节的经文解释中以"服务事工的对立"提到："服务事工表示有义务给予帮助，但同时我们也要对其原有提出抗议，这是危机，教会教会关顾不仅仅是在抗议之中给予帮助，而是世界成为更美好的一部分。"（手稿，第 2 页）。

[263] F. Steffensky (2005), 116, 119, 120.

　　我们已经指出过这一点，帮助的行动往往是反应产生的第一自然而然的行动，而随后的第二层面，对危难现状的意义的反省之后采取相应的为社会的行动是随感知之后的理性反应的决定。史蒂芬斯基指出人与人之间彼此相顾的行动的基督教意义："当基督教的自我定位，当基督教神学或者基督教属灵意义对什么——即便没有完全排斥的运作或割裂！——从其美与善可以看出，也应该感谢和感到惊讶的生命，那么也应该持守与持认共通的人性之中同情与人人彼此相顾的能力。史蒂芬斯基应该是正确的：从对生命的美与善的惊讶而来的，给予帮助的动力，应该一直脱离于作为爱邻舍的宗教义务的诉求。

　　这样的陈述与理解与《约翰一书》的教导时一致的："亲爱的弟兄们，上帝既然这样爱我们，我们也当彼此相爱。"（约一 4:11）爱之义务的启发乃是对最初个人蒙受上帝之爱的经历而所生发的第二层的反应。谁要是反省了生命之中的美与善，这并非是人自己所能够赚得的蒙受的爱，便会有这样的意愿，给予他人以同情和人人为彼此的关爱，借此其生命在此也能够成为美与善，即便此时仍然有苦难与忧虑存在。

要点总结

- **基督教深切相信上帝是一切**爱的根源（约一 4:16 ）。

- **人的**爱与同情的能力乃是上帝给予其创造之爱的反射。

- **即便是无神**论者的人人为彼此的行动，**从基督教的角度上**这爱也是源自于上帝赐予所有人的爱。

- **凡是能**够认知生命的美与善，**便能**够推动其同情**心与人人**为彼此的能力。

5.3 服务事工的特征与定位问题

特别是在德语区域之中长久以来，关于在教会与服务事工部门的服务事工责任，以及在服务事工学科研究中一直对服务事工的形像特征存在巨大的争论。这是作为服务事工在教会之中从服务事工职份的角度上来看的话，它有别于其它的事工。这样的挑战，这其中所存在的，从服务事工的各个工作试题或者教会堂会的服务事工的角度上二样，的确不是那么简单。在这一节的内容之中，我们首先要探讨事工开展的实体机构的形像特征问题，从服务事工的角度来看。而关于教会的服务事工的问题与挑战，将具体在第 5 章 7 节中集中讨论。

5.3.1 所谓服务事工专属的问题

自从原有的传统上经由教会创立的服务事工机构越来越多被政府公共服务接管、自从原有的服务事工机构或者修会团体所经营经营的医院和看护中心越来越多不得不接受世俗的工作人员参与其中、自从服务事工实体在社会工作中专业化的转化以及其社会市场的紧缩出现以来，服务事工实体所提供的服务以及其他的提供者、顾客等等必须不断重新定位、自从这一些列的变化无法完全妥善解决以来，服务事工在其身份特征定位上便越来越不明朗。沃尔夫冈·胡博尔（Wolfgang Huber）在其担任德国新教联合会（EKD）主席其间就曾经特别之处，服务事工如何能够强化自身的身份特征，这乃是服务事工决定性的问题所在。在 21 世纪开始之处，他所提出的关于服务事工的身份定位的问题就显得更加尤为突出了："是否能够明确回答这一问题（服务事工的身份定位问题），服务事工的未来将有此决定。"[264] 提奥多·斯特姆（Theodor Strohm）曾担任海德堡大学服务事工学科研究中心领导，也持同样的观点，他特别呼吁，在当代"应该特别重视，服务事工应该有自己不可更替的身份形像。"[265]

询问自己的身份特征的问题也就是询问服务事工的特色所在的问题，也就是关于其——现在也是为其本身——特殊性的问题，也就是究竟服务事工与其它的源自于服务事工之外的社会服务性主体，有何差别。这是关乎服务事工的"剩余价值"，即通过于此能够真正理清自己的具体内涵，并且能够有可能把自己的优点或者自己的吸引人之处、独特性呈现给自己的潜在的服务对象。用专业的术语来说，那就是关于服务事工身份特征的探索。

---

[264] W. Huber (2005), 7.

[265] Th. Strohm (1993b), 210 (Hervorhebungen H. R./Ch. S.). 他在此表达的同时，实际上有其特别所指的："即便在许许多多的外在上有所差异，也就是与其它的社会福利机构外在上没有太多的差异。但是服务事工的工作有着自己特定的角度，即呈现了他的决定性的一个过程，也就是他的生活与行动的方式。服务事工从和好，也就是上帝在这世界上所做的行动获得其生命，而且卫视在和好的视野中存在。"这样的视野，尽管几乎不能使得服务事工的机构在外在上有什么特别的身份，例如服务事工的医院与国家公立医院之间会有什么样外在的差异，实际上还是不明朗的。

这样一种服务事工所提供的基督教的身份特征的存在，也就是从教会的、神学的角度所得出的依据，以及从推广服务事工机构的旨趣之需，更多的是，在参与服务事工讨论过程之中，是不言而喻的。它们那是从以下的原则得到的："服务事工的身份特征通过与基督教之前、通过与'纯粹'的人文主义"的相对立，这样区分开来！"。[266] 1998 年德国新教联合会（EKD）的服务事工文献汇编对此有很丰富的阐述："服务事工存在于与其它种种的主体的竞争之中。它存在于需要又自身明确身份定位的竞争之中。"[267] 要是回顾一下过去几十年中关于服务事工的身份形像或者自身的身份定位，一定不会没有这样的一个印象，正如德国新教联合会的文献汇编所说的："清楚的服务事工形像"更多的是虔诚的企望和理论上的假设，而不是具体的现实。的确，不应该在此拘泥于现象，就是某些服务事工身份定位的探索而已，如约翰尼斯·德根（Johannes Degen），在服务事工领域之中是一个具有代表性的研究学者，所指出的，"关于现在的服务事工现实、要求、自我形象、在反对

---

[266] K. Müller (2008), 32.

[267] Kirchenamt der EKD (1998), 47, § 90 (Hervorhebung H. R./Ch. S.).

者所标出的形像等等，这一切之中的服务具体的提供的工作，要全面结合起来理解。"[268]

就此所坚持的就是服务事工需要一个身份与形像，借此能够与其它存在的、基于普通人的动机而有的服务性实体有所区分，可是非常不明朗的是，究竟其特性是什么。有的人认为强调服务事工的特殊之处是非常不现实的，因为这些基督教的服务事工实体所表现的，实际上在其它的社会与健康服务实体都能够同样存在，因为他们长久以来已经都是大宗所共同互相接受的标准定规的专业服务标准之中。[269]一些相互关联的例子值得一提。

克里斯多夫·福莱（Christoph Frey）看到"服务事工的剩余价值"表现为"鼓励与谈论"，也就是在此间对他人的肯定。[270]沃尔夫冈·胡博尔（Wolfgang Huber）认为"服务事工的记号"乃在于人被完整的接纳。[271]阿内特·诺勒尔（Annette Noller）认为服务事工

---

[268] J. Degen (2005), 228. 关于这一点也可以参考克雷斯曼对此批评，也就是关于诉求与现实之间的服务事工的文章 M. Klessmann (2008)。

[269] D. Gebhard (2002), 139 f., 格布哈特就此指出，人认为能够在服务事工实体中得到其特殊性，"这根本就没有，因为在所有的社会工作机构之中都一样。" D. Gebhard (2002), 189.

[270] Ch. Frey (2003), 133.

[271] W. Huber (2005), 7: "全人就是服务事工的标记。[......]服务事工的决定性标志在于为人而做工作；这使得它有存在的合理性与必要性，也使得它在

行动的特色在于坚持无条件的、规范的人的需求，在属灵意义之中，在教会的团契结果之中得到满足。[272] 海芝·斯密特（Heinz Schmidt）和瑞纳特·齐特（Renate Zitt）认为服务事工的最重要的特征在于"没有条件的工作和接受（对邻舍的爱）这样一种氛围中的工作"，也就是"使得上帝的关系得到建立、属灵的生命能够得到实现"。[273] 斯密特在另外的地方还这样说：一个机构"最低程度低推动所有人的共同工作"，必须实现的是，借此基督教服务事工的形像在这一方向之中得以明确。就此他解释说："能够开诚布公的交流能力，随时准备好合作，在得治愈，不仅仅是在病痛、属灵还是宗教见证的角度上都能够给予关爱。"[274]

对于格哈德·雪华（Gerhard K. Schäffer）把服务事工的形像特征与实践中的基督教信仰的合作联系起来，

竞争的大潮之中利于不败之地。"相对应的芭芭拉·斯坦德勒尔-马可（Barbara Städtler-Mach）指出，"关于一个人，从不同的层面来看其一体性，其间就是所谓的整体的人观，这并不是基督教的人论。圣经的、神学的人观并没有一个整体" Barbara Städtler-Mach (2004), 431。

[272] A. Noller (2003), 222–226. 同样斯蒂文看到 M. Stiewe (1998), 44——如同其他许多人一样——服务事工的形像在圣经中的人观——并没有深刻得到反省，圣经中的人观实际上是有多种不同的理解的，而且有多个面存在（仅仅作为例子来说，例如关于妇女的地位问题）而且时至今日，也根本就没有形成关于基督教人观一直的理解。

[273] H. Schmidt/R. Zitt (2003), 12.

[274] H. Schmidt (2004), 50 (Hervorhebung durch H. R./Ch. S.).

也就是在很大服务事工的机构化个体的行动、持守与处理的定位都结合起来。[275] 冉哈特·图尔（Reinhard Turre）最后明确的提出，"关于服务事工在现今大时代之中生存的问题，服务事工是够从其工作人员以及首先从基督宗教为其特殊所获得的关于需要提供帮助的了解。同样也是不足够的是，一个机构能够被定为位好的服务性机构以及基督徒被定位是'好人'。其它的服务性实体也可能是好的服务实体。在其它的服务性实体机构之中也可能有非常好的设备与高水准的社会工作。"着一些图尔认为还是不足够为服务事工做准确的定位，因为除此之外还需要源发于教会范围为其前提。[276] 要是这样的不清楚表述继续持续下去，那么将会使得读者会产生感觉没有头绪的印象。[277]

5.3.2 需求的问题，应该完全不一样

图尔的观点应该得到重视，如何在这样一种有问题的存在服务事工的形像或定位方式之中得到出路：为要

---

[275] G. K. Schäfer (2001), 23.

[276] R. Turre (2004), 462. 在其服务事工教科书中 R. Turre (1991)，71，图尔认为，应该有"勇气说明，服务事工机构与别的机构的差别是什么。不仅仅在于说清自己做了什么，就可以表明服务事工的标志。神学的反省应该准备描述，如果有别于其它的，那么什么是决定性因素。"

[277] 基于这一点，斯坦尼芝科的评估是对的，Dierk Starnitzke (2008c), 124.

与社会或健康服务实体的世俗服务完全不同的努力，[278]
可以通过内部服务事工机构的员工来获得，这些员工就
是推动的切入口，[279] 而且根据外在的能够明确的超越其
他的社会服务机构。[280] 因为"不一样"往往会当做"更
好"被理解，这几乎是无法避免的。图尔于是警告说，
服务事工没有可以识别的基督教的以及教会发起的 ，
可是"退化为社会企业"。他是看到了服务事工与基督

---

[278] 2007年在芬兰的拉缇所召开的第40次凯芝斯威特全体大会上关于灵性持守的标志性的口号："服务事工——'不一样'的帮助与生活"。这形容词"不一样"是在行动与结果上确定，在语义上是相关的：其一是指着凯芝斯威特全体大会一起通过服务事工-母亲之家有新的使命，应该在现在与原初的有着不同的事工开展！而同时也有事务性方面的不同，如同韩曼（G. Hammann）在其《服务事工历史》的前言中所说的，不言而喻的是服务事工的工作应该推动基督徒去服务他人（anders）！([2003], 11)

[279] 绍尔评判"理念论-宗教论的诉求，认为必须使得服务事工超过其他的，与其它地方的服务机构相比，会'更好'、'基督教的'、'救赎的'。这样的要求会使得其员工在巨大的压力之下。"服务事工修院院长玛丽安娜·安苏芝（Marianne Anschütz）也指出这一实际情况Marianne Anschütz (1994), 13，"我们工作非常不轻松。高的企望，很少的钱，可是许多的传统让我们无法喘息。我们做其它的也不轻松。我们要成为特别的，但是，这应该有所改变。"

[280] G. K. Schäfer (2001), 18, 即便如此，雪华仍然坚持应该询问服务事工的形像定位，这是必要的，也是紧急的，"但是这也是棘手的"。约翰尼斯·德根（Johannes Degen）也一样对这样寻求服务事工的形象定位持批评的立场Johannes Degen (1985), 13："这是有令人沮丧的，然而寻求服务事工的毫无结果的定位，寻求'身份特征'，这样的工作虽然不断在进行，服务事工行动为要脱离社会工作的条件，获得自己的特殊存在性，这实际上非常艰难。"

教信息失去联系，成为"失去其原有意义的企业"。[281]
如果按照字面来理解的话，那么按照耶稣所教导的好撒
玛利亚人的比喻（路 10：）之中同样其工作与现状福利
型国家的社会工作一样属于非特定的基督教社会工作，
也不就是"没有意义的企业"么！

卡尔·海芝·比尔赖（Karl Heinz Bierlein）也有类似
的看法，他认为，"服务事工行动没有一个和好诉求[通
过基督教的宣教]以求获得可交换的服务责任。"[282] 相应
的是一切的社会的、医疗看护或者教育投入工作，而没
有精神层面或者宣讲福音的诉求，这乃是一种"纯粹"
的照管形式的帮助，大概这就是一种真正的帮助，也是
基督教服务事工与特定的交流形式之中的和好的基督教
福音紧密联系的。

格尔特·奥拓（Gert Otto）早在十几年前对于这种
为要使得服务事工与世俗的服务帮助工作分开的趋势持
批评的立场。[283] 他一方面反对汉斯–克里斯多夫·斯密
特–劳博尔（Hans-Christoph Schmidt-Lauber）所说的，

---

[281] R. Turre (2004), 463. 对于图尔最重要的是，"上帝的灵[......]，给予了[服务事工的]行动特殊的特征" R. Turre (2004), 464），而这就是世俗的帮助行动之中明显缺乏的。

[282] K. H. Bierlein (2004), 164.

[283] G. Otto (1998).

服务事工唯有与崇拜的时间连接在一起才得以成立，否则的话服务事工只不过是"纯粹的福利关顾"而已。[284] 另一方面他质问提奥多·苏贝尔斯（Theodor Schobers）的观点，苏贝尔斯认为，要是服务事工没有与崇拜生活紧密联系的话，"那就是世界之上的帮助，也是未完成的雕塑作品，还是没有生命的，是死的。唯有与圣礼的生活联系在一起才使得服务事工有真正的生命与濒临死亡的帮助。"[285] 如此只不过是"纯粹的"普通的、世界的人与人的帮助而已（也就是从重要的差别的角度上而言！），是福利型的照顾而已。是，这视乎是帮助的一种"业已退化"的形式而已，是一种虚伪的帮助形式，是假的，完全官僚注意下的"未完成、没有生机的"活动，而且完全是属于死的领域，而且没有真正的生命的转为濒临死之前的帮助。真正的帮助就唯有在单一的基督教服务事工之中，也就是通过丰富的、教会的、崇拜相连的生命帮助的机会之中，而难道其它的都是毫无意义的么！

很明显的是一切寻求服务事工的特性的努力应该摒弃所有基督教的高高在上的行为！应该明确的是，在这

---

[284] G. Otto (1998)， 167.
[285] G. Otto (1998)， 168.

样的一种有关服务事工的形像与特征的辩论之中没有什么特别的途径，能够使得这一有关服务事工的理解上的问题得到有效解决。[286] 相对应的存在一个问题：为什么基督教服务事工就一定务必与其它的基于其它宗教或世俗动机而形成的社会团结一致的帮助形式区别开来？[287] 如果苦难能够被认知，而且有人投身于帮助，这样的世俗的-具体的帮助行动使得危难得以消除或者减去，难道这不够吗？为何这些"好的服务工作、时刻愿意给予支持以及高水准的社会服务工作"（图尔）还不够呢？如果这些社会服务工作是"可替换的"（比尔赖），他们还需要一个牌子呢？[288] 要是社会服务工作在专业化上自

---

[286] R. Zerfass (1991), 305, 有提到："爱的语言[......]所关注的是，什么能够使人维系在一起。所以我们应该停止有关服务事工的'特性'或'身份特征'的辩论。实际上这些辩论本书是基于界限划分感兴趣的人而有的，这更多的是建基于种族主义的基础之上，缺失的是爱。因为爱里没有分别（林前 13:5）。在服务事工事务之中关于身份特征的寻找实际上就是一个笑话。"在服务事工的身份定位辩论中伴随的同时实际上就是法利赛人与税吏的比喻，法利赛人说："上帝啊，我感谢你，你使得我和别人不一样"（路 18:11）。

[287] 其中，约翰斯早在数年前便已经提出了这一问题Johannes Degen (2003), 19："长久以来关于所谓的服务事工的身份定位的讨论，有许多的争论，许多的反驳，但却始终没有结果。问题仍然存在：为什么非得在这个服务事工身份上弄出一个特殊性，使之有特色呢？"

[288] H. Ringeling (2008), 111 f. 林格霖从相反的角度强调，这些可以调换的服务事工工作同其它的工作，就是那些没有特定的宗教为其出发点的社会工作从实际中是根本无法避免的，因为"那'属世层面'应该被接受进入教会的服务事工之中，这并非可以完全使得教会的服务事工与其它的社会服务工作能够完全不一样。服务事工在教会的整个意义层面上并非是社会工作概

我决定为"福利型的照顾"——而福利型的照顾是认真
而又有高质量的，为何需要强调其教会的身份呢（施密
特·劳博尔）[289]？而其决定性的关键要素在于需求、在
于被需求，以及能够满足别人的需要！不管是出自基督
徒还是非基督徒；不管是服务事工实体还是处于其它的
实体机构，实际上是次要的因素。[290]

念的'世界'概念的转换。"

[289] S. Kobler-von Komorowski (2005), 123 f. 科莫罗斯基对此完全赞同："尤为
重要的是，常常在谈及服务事工身份特征的时候——也许，某种程度上是
常常的——基于此目的，而把'其它的'排斥在外。而在我个人看来原则上为
要确定身份而划定界限，这是够是有意义的？这是否是能够做到客观的？
实际上相反的是，与其它的机构或实体单位的共同工作怎么没有呢？基督
教会的服务事工，就在服务事工的实体单位中，长久以来有一个不再是秘
密的事情，那就是与其它非基督教动机的社会工作是交相互动的
（泰森）。"

[290] 明显的是——在服务事工与服务事工学科所寻求的犹如其所代表的——
如斯迪威所说 M. Stiewe (1998), 40，其本质的点在于："服务事工机构中的
许多员工在其工作中未能对专业能够有深入的了解，这对于所有的服务事
工机构来说，应该特别警惕这一点。"这应该是作为一切缺乏的警告！而这
一的一个认识大多在具体的服务事工机构实体之中往往没有被关在，斯蒂
维斯认为，要是一个教会堂会的服务事工机构独立的，就会"失去其所应该
有的服务能力" M. Stiewe (1998), 43。应该在具体上怎样来理解，要是一个
外科手术团队在一个教会所办的服务事工的医院之中没有了被托付的全权
行动能力的话，会怎样？或者是养老院中的教会老年看护员工，这养老院
是独立于教会的，如果没有了受托全权看护老年人的话，情况会怎样？在
许多的服务事工机构或者服务事工学科研究中一直有这样的情况出现：要
是虔诚的、神学的表述完全按照字面接受的话，而在其具体情况之中，完
全是不一样的，也是与现实不太完全合拍的！

而还有不能理解的是，为何提奥多·斯特姆（Theodor Strohm）认为"当未能关注我们共同的主的应许的时候"，服务事工工作就会"落空"。[291] 是否是在一个服务事工的医院之中一个救护的外科团契他们的救护工作如果没有特别的宗教的因素其作用，难道就会落空？是不是就必须要把那些日复一日投身于世俗的健康救护机构专业领域的专业医护人员的工作是落空的？是不是应该——长久以来这是具有代表性的新的服务事工学术权威！——对服务事工的理解要理清，为的是能够提醒在这些服务事工的学术研究圈子之中的关于神学上服务事工的身份定位应该可以调整轨道。

5.3.3 关键的特殊概念："服务事工的"

在这一身份定位讨论的背后实际上涉及到一个非常重要的发展，那就是在教会的历史长河之中，各种各样的完全普通的人与人之间的相互帮助的形式，正如我们

---

[291] Th. Strohm (1989), 206. 斯特姆在此完全是循着较早时期对内宣教的服务事工的传统路线。这在过去经典的一个表现，如果读 1888 年服务事工新敏斯特关于医护院的医疗的年度报告："外在的救护实际上不能减缓或者缓解，实际上很多没有顾及到，要是没有同时了解病患的内在的苦痛的话，就不能知道这些人他们的不幸与无助。所以，即便有在外在上给予这些病患一些关怀与帮助，但是不能给予内在的帮助与安慰，不能使得他们脱离罪与过犯的捆锁，他们的苦痛无法得到解决。"（U. Knellwolf [2007], 58）

以上以及提及的这是作为一切人存在的基本，是与宗教信仰、世界观差异没有任何关系的，而已经获得了一个特别的关系：服务事工。在基督教框架之中的"服务事工"的帮助行动出发，才有所谓的"普通"的人与人的帮助。而不可避免的是——圣经的内容对他们是陌生的[292]，也是所谓不神圣的——要询问，什么能够（"增加上"去之后）让普通的人与人的帮助行动成为基督教服务事工行动？[293]

要是能够放弃在基督教背景之下以特别的概念"服务事工的"帮助行动，要是提供更多的机会从好撒玛利亚人的比喻（路 10：）之中学习，正如耶稣对其听众所提出的[294]：没有宗教的动机；没有属灵意义的内涵（诺勒）；没有与上帝的关系或者属灵连接的话（施密特/齐特）；没有与基督教信仰知识融合一起的话（雪华）；没

---

[292] 某种程度上可以参考鲁芝的观点 U. Luz (2005), 27 f.："服务事工这一个词汇[……]，对于保罗来说，不是'服务事工'的'技术上'表达[……]。而是我们今天作为'新约之中的教会团契的服务事工结构'而言的，对于保罗[……]来说，他并没有使用过 diakon- 为词缀"

[293] 某种意义上而言，赛博特 H. Seibert (2008), 158 也提出了年代错误的问题和不可避免的内容的问题，"耶稣在其服务事工中采取了什么样的帮助行动"——那么要询问的子让二人，不是加诸其上，而是对于现今的服务事工中那些是合宜的，为要达到耶稣要设立的这样的服务事工的目的。

[294] 耶稣在讲述"好撒玛利亚人的比喻"子之后，对那教法师说："你照样去行吧！"（路 10:37）.

有明确的基督教或教会性（图尔）；也没有福音信息宣教的诉求（比尔赖）；或者脱离了丰富的圣礼生活（苏贝尔）。实际上在耶稣所教导的比喻之中，遇到危难之中的人、成为这人的"邻舍"，并且尽力给予尽可能的帮助。这就是真正的人与人的行动。这也已经就是真正基督的——其中并没有需要什么样的宗教的"附加值"！

"上帝所希望的，已经在好撒玛利亚人的比喻中所表明的爱邻舍表现出来的就是其中简单的人性，并没有说必须有宗教的诉求在其中。"[295] 赫尔贝特·哈斯灵格尔（Herbert Haslinger）在看待好撒玛利亚人的比喻的真正角度的时候，他也认为，撒玛利亚人的行动中的神学相关信息就存在于他行动中的世界-社会的本质。[296] 这就有了深层的问题了，当约尔根·阿尔伯特（Jürgen Albert）认为在服务事工中一直是与"人的更新进入基督教"有关，[297] 也就是使得人改变（Umformung，有问题的提法：提升 Überhöhung）进入基督教。这样的一种服

---

[295] U. H. J. Körtner (2007), 44.

[296] 希尔德满（K. Hildemann）对这个故事有独特的见解，他也注意到，"服务事工行动也在（服务事工机构的）员工身上成为世俗化的，"不一定就成为问题，借此，他还询问到，"是否这一发展是不可逆转的，或者也许在专业化的市场引入中也就是其企望价值所在。"（K.Hildemann, ([2002], 17)

[297] J. Albert (1990), 109.

务事工的理解乃是与耶稣的教导相悖的！"不必是这样的服务事工[......]因为这样的服务事工就是通过附加的基督教的标签而为基督教正名而已。"[298] 更具体说：一所医院是传统的教会服务事工传统中建立起来的，不必在用药或者医护的具体实际工作上与其它的公立的医院有所区别。而一所服务事工的养老院也不必在服务标准上一其它途径建立起来的养老院有所区别。[299] 养老院是

---

[298] H. Haslinger (2009). 251.参考(2007), 174："服务事工的基督教本质存在于服务事工（也就是在具体的、世界的帮助行动之中），在人性的，这是使得人成为人——而不是别的。而随之'要成为人'乃是合乎上帝的旨意的。所以[......]，再一次说：服务事工的特别的基督教性质就是最卓越的人性之中。"

[299] 关于服务事工的身份定位问题的讨论往往会在此遇到一个错误的结论，"基督教的，那就是意味着其它别的[......]不能做到的" (M. Fischer [2010], 179)。可以从许多的例子中选择两个来表座位这许许多多错谬的代表：布兰德侯斯特认为H.-H. Brandhorst (2008), 68 f.，没有如果在给予帮助与接收帮助的双方并没有处于对罪人唯靠恩典通过信仰而得到称义的福音的话，服务事工就没有身份，也不能为需要帮助的人真正做什么事情。国家与社会不能做到的，服务事工能够提供，这使得服务事工得到有别于它的身份定位。对于一所服务事工医院起决定性的因素并不是其外科手术能够为病患施行医治与康复，乃是由于病人在联系的过程之中对路德宗的福音关于称义的教义能够得到印证。而对于在帮助之中的病患而言，决定性的不是好的手术，或者好的护理！而第二个例子即如同科勒尔哈尔斯（D. Kellerhals (2006), 156）所说的，"服务事工的键入，也就是削弱成为社会救助，因为服务事工基本上应该是与基督教一直，也就是与基督徒生活与行为相一致的。"如果按照这句话，那就是社会救助乞不是与基督教相一致的，也就是一种与基督徒不相称的行为而已，所以，这是削弱的表现。如果只是认为不是基督徒所做的社会救助，就不再与基督的教导，或者与基督徒生命一致。阿尔伯特A. Ch. Albert (2010), 88对此赞同说，可以肯定的说，帮

好、是坏，决定性因素在于专业与人性—社会标准等因素来决定。[300]

5.3.4 人性的满足

海茵兹-迪特里希·文德兰特（Heinz-Dietrich Wendland）通过基督所推动的好行为（太 5:13-16；弗 2:10）中强调，"在这些善工之中是关于全人的工作与行动，顾及到全人的、属世的方式方法：在探望被囚的、给饥饿的饭食、使干渴的得水喝。这些并非是非常特别的基督教的特殊事工，[......]而是最为惯常的、人们共有的、大众生活之中的行动与工作，为此 Christos Diakonos, Christos Doulos 仆人式的基督与服侍者基

助的行动，"自身要是宗教的动机的话，就不必是基督教的"。在这样的身份定位与组织结构的关系之中，可以参考H. Haslinger (2008), 164–166, und D. Gebhard (2002), 235 f.。此外在身份定位与组织结构之间缺乏差别，这也使得服务事工的讨论在关于服务事工的排他的标志上的差异，使得服务事工与其它的社会工作分别开来，而包括性的标志，这是与社会服务机构是共通拥有的。（参考H.-St. Haas [2002], 142）

[300] 约格尔（A. Jägers）关于服务事工内在的"神学分支"的前提条件可以说明这一点。其书中（A. Jägers, 2008, 178-180）提到作为这样的神学的定位必要性的证据，并在与神学的分支能够清楚说明，而是机构的领导的明确性，其目的与企业哲学理念作为伦理的基础。一个明确的管理上总体的、价值定位的专业定位是重要的。

督的[301]呼召我们、而且也给我们力量。对我们的服务事工的企望与要求，不是人性之外的、不是人性本身[……]的额外要求。"[302]

乌尔里希·巴赫（Ulrich Bach）就此坚持"服务事工没有额外的宗教诉求、附加值"的充足理由[303]：从耶稣所行的"五饼二鱼的神迹"（太 14:13-21，可 6:35-44；路 9:10-17；约 6:1-14）与在迦拿的婚宴上"变水为酒的神迹"（约 2:1-11）中可以得出："门徒所做的，是完全的'属世的事务'，以路德的话，可以这样说；他们并没有做什么'有附加价值的事情' [……]。医生、医护、教师、以及其他的职业工作者：我们所做的，就是我们所学的，是非常的'属世的'。而这期间就是从事服务事工！而任何'还有'（额外）都不是我们做的！[304]"

新约学者格哈德·泰森（Gerd Theissen）在解释耶稣所教导的"好撒玛利亚人的比喻"的时候，认为"在

---

301 Christos Diakonos, Christos Doulos.

302 H.-D. Wendland (2008), 279.

303 U. Bach (1998).

304 U. Bach (1998), 163f. (经由作者 H. R./Ch. S.编辑)。

神学的与人性的动机上是接近的"[305] 并且接着说："在服务事工的机构之中基督徒与非基督教徒应该一起共同工作。这在我看来是不允许在服务事工机构之中唯要使得非基督徒（或者是世俗的基督徒）在社会关事工之中带有一个转化为基督教动机的要求。基督徒也不需要转换为纯粹的人道主义的目标去从事帮助的行动：这动机应该通过良好的神学知识得到大家的接受，为的是一起共同工作，而不是相互挤兑。"[306] 这也就存在了一个悖论："古典的关于基督教帮助动机的特定理论基础，实际上并没有太多的特定的基督教帮助动机在其间。而且在此并没有对普通人道主义的帮助有任何的贬低。正好相反！这些故事正好能够帮助我们恰当地理解在所有人相互帮助中的动机与意义所在。"[307] 泰森的观点也得到阿妮卡·克里斯汀娜·阿尔伯特（Anika Christina Albert）通过其重要的、跨学科研究关于帮助的神学角度的研究的支持。他认为，"基督徒在爱的行动——或

---

[305] G. Theissen (2008a), 95.

[306] G. Theissen (2008a), 111.

[307] G. Theissen (2008a), 96.科勒尔也同样强调 M. E. Kohler (1991), 20："我们（基督徒）不能自以为相对于别人在爱邻舍上会做的更好，而实际上，我们更多的是在人人彼此相顾、甚至在日常生活行为之中，是带有问题的、不正确、自私自利的[......]。我们往往会有高看自己、自以为是的危险。这是一种非常危险的自我持认[......]"。

者用另外一种中肯的表述——在帮助的行动中并不会不看出来。因为这表现出来的究竟是出于一种共同的人性的或者基督教特有的动机，这在外在上都是看不出来的。帮助的使命与任务，也就是在服务事工中所带出来的，基本上在其它的机构也是能够做到的。"这就是说，"帮助的行动即便在神学意义上也不是必须具有特定的基督教特殊性的。"[308]

5.3.5 去除个人旨趣

为此还有神学上的一些要点必须提及，尤其是赫尔伯特·哈斯林格尔（Herbert Haslinger）常常提及的：要是在基督教帮助的行动之中有什么特别之处的话，那么就在于不按照个人的喜好通过帮助（例如不是自我表明基督教、确定自己的身份、不是一直总是在于自我强调服务事工的身份或者宣教）真正地关注到具体特定的危机与需要，提供真正的帮助。[309] "服务事工深

---

[308] A. Ch. Albert (2010), 16, 80 f.

[309] 哈斯灵格尔指出 H. Haslinger (2008), 167："在服务事工中询问或者推动'特殊的基督教特性'——至少在其已有的理解中——这是不允许的。在服务事工中已有的'特定的基督教的'声誉[......]乃是明确的为其内在的、自我的旨趣，[......]从服务事工得到'为自己'的意义，可以看出，这是在服务事工中为要明确自己的需要或者自己的表现[......]。要是在上帝的呼召中世纪服

切关注的事情，那就是使得人成为人。（使得人活得像人！）。而且他们的需求能够满足，从危难得以解脱出来，或者从生活的可能性之中得站立，在危难与压制之中得到自由，这是服务事工的基督教本质所在。服务事工乃是以耶稣基督为榜样，使得危难之中的人能够得到帮助，而不是额外给危难之中的人讲述关于上帝的事情，或者通过服务事工实践的额外证明以求证明自己是基督教的实践。"[310]

随着这一神学上反对服务事工机构的尝试的依据，本身也反对通过在世俗帮助行动得到特殊身份，也一样必须解除纯粹神秘性的专业的、机构化-实际层面，也就是认为社会关怀机构是"帮助的'另外'一种形式"。[311] 格哈德·雪华（Gerhard K. Schäfer）认为："从表象的层面上来看，服务事工与社会服务并没有差别。"[312] 克劳斯·科尔（Klaus Kohl）强调："服务事工

务事工有某些'特殊性'的话，那就是为危难之中的人提供帮助，而且不需要任何的前设条件。因为设置前设条件，才提供帮助，这在服务事工之中是不应该有的。"究竟这样有问题的服务事工实践之中以求自己的旨意的谬误还有多大影响，斯坦德勒尔-马可（St. Flessa/B. Städtler-Mach (2001), 56, ）指出："服务事工工作也是有这样的诉求与需要的，就是使得人们接受上帝与教会。"

310 H. Haslinger (2008), 168.
311 这是 2007 年底 40 届凯芝斯威特全体会议的口号。
312 G. K. Schäfer (2001), 19.

与其它的帮助行动是一样的，是能够相互替换的，可更替的。"[313] 所以，从独立的服务事工学科的角度而言，实际上标准的学科意义上的独立的服务事工，已经不存在。[314] 马丁·霍尔斯特曼（Martin Horstmann）认为服务事工本质实际上在实践之中已经几乎不存在了，帮助的行动根本就不是通过对有强加的帮助的额外的动机，因为从动机或者自我意义的层面上乃是"行动的深层结构"。[315] 这样的动机存在行动背后的层面，是基督教信仰，以及其神学上的的意义，这对于基督徒来说是明确的，也并没有争议。

约翰尼斯·德根（Johannes Degen）正确地批评了"服务事工身份特征无休止的争论"。[316] 他并没有继续沿

---

[313] K. Kohl (2007), 297. 在服务事工为基础建立的服务事工机构中的员工很清楚可以转换。韦伯（J. Weber (2001), 10,）也指出，在关于服务事工身份形像，首先是在主导性的服务事工机构之中或者教导的服务事工学科研究中，与其基础相离有多远，即便或多或少这也有为服务事工辩护的意义。不过他的观点还是清楚的，"对于绝大多数人而言，服务事工的身份形像只不过是在口头意义存在而言。"

[314] 参考 M. Horstmann (2009), 261.

[315] M. Horstmann (2009), 245、260.用阿尔伯特的话来说，A. Ch. Albert (2010), 233:"关于帮助的行动，实际上从其外在的表现而已，根本没有什么'普通大众的'与'特定基督教的'表现特征，而是在其深层隐藏的或者是通过不可见的层面才具有的。"

[316] J. Degen (2005), 240.哈斯灵格尔也是持同样的立场H. Haslinger (2009), 196。他对"无休止的努力，想要为服务事工划定界限、以求区别于其它的

着寻找服务事工身份定位的传统老路子，借此服务事工机构在现今的社会存在之中寻求自身的身份定位，而是转而寻求大众共通有效的事工服务标准，也就是对于社会服务机构及其服务的方式方法、标准，特别是在专业质量、人性化的交流能力、道德的明锐、非常高的认知力，以及对服务对象的友好态度。这些在于其它的服务机构尤其是在今天的社会市场之中是接受服务的人所期待的——也就是他们的所要的就是这些相对应的服务相关的要点。这样为服务事工寻求身份定位并没有走回排他的服务事工的身份寻求的老路，[317] 而且也能够同时估计到在当今社会之中其它的服务性主体的努力，在所提供的服务的质量，例如教育或者医疗看护等方面，并且在可能的情况下，使得这些社会与健康的政治框架中的条件得到不断改善，这样的伦理上的责任不仅是政治意义的，也是有着经济意义的。

社会工作。这样想要为服务事工获得自己明确身份定位的努力，实际上是毫无意义的。而其员工也会有过多不必要的压力，往往恰得其反。"

[317] 也有持不同的看法的——如同以上已经有所提及的——同工教会的或者教会堂会的服务事工，这些事工与教会的本质的基本形像（例如传道、崇拜已经教会堂会团契的建设）没有特别的关联，也没有什么样特别的身份特征。

5.3.6 宗教与属灵意义的服务事工

这里仍然要指出的是——当然即便在非特定的宗教机构中也可能提供的——有着特定的宗教意义上的帮助形式：比如灵命关怀（属灵的关顾）与人生意义有关的问题的辅导，例如在遭遇挑战性与艰难的生活境况、或者是属灵的医治的形式、或者是在参与团契时崇拜的经验感受、或者是在教会的处所为难民提供暂时落脚之处。这些现象可以用利奥·卡瑞（Leo Karrer）的话来解释："宗教的服务事工"。[318] 然而这不是教会服务事工的身份定位问题，或者是关于服务事工行动的总体结构特征问题（如果没有社会工作也构成不了"服务事工"），而是更多的关于在同其它的社会服务机构相对而言服务事工的形式与视野的问题。这里所思考的应该是，在一些世俗的、国家的医院中通过引进、推广灵性关怀的治疗模式，在尝试与推广灵命治疗融合其间的过程之中，这样的医学手段[319]也是作为特定的服务事工服务主体所关注的。

---

[318] L. Karrer (2006), 45.

[319] 例如在瑞士格拉鲁斯联邦医疗中心的内科首席医务官Prof. Dr. Kaspar Rhyner与灵命治疗医师Alena Jöstl之间的合作，或者与巴塞尔的精神病医疗

要点总结

- **出于基督教**动机的帮助不是一定要与出于其它动机**的帮助完全不一样。**因为爱邻舍、**同情、人与人彼此相互帮助**这是人性共通的。

- **在基督徒**爱邻舍所推动下的行动是世界上人的行动。这是基本的人性，**而并非是特殊的、由"宗教附加值"所决定的。**

- **在帮助的基督教神学**动机与帮助的大众共同的动机之间并没有明确的鸿沟，**而是有相关性存在的。**

- 要想为服务事工树立明确的身份特征的话，**唯有通**过与共通的整体标准的对照来获得：专业的水准、**社会与交流的能力、**创新力、伦理的敏锐性、**愿意**给予付出的意识与对服务对象的友好程度。

服务中心的首席医务官PD Dr. Jakob Bösch与精神治疗师Graziella Schmidt之间的合作。

- **也有特定的宗教与灵命意**义上的帮助形式：**宗教的灵命关**顾、**通**过宗教礼仪手段的给予治疗（**祷告、祝福、抹油、赦罪的宣告与**谈道）**的灵命治**疗的方式。这些就不是"**基督教的**"作为帮助的世界通用的形式。

5.4 服务事工中帮助行动的神学意义

通过以上已经阐述的内容，可以明确的是：我们在此神学阐述，明确地以创造神学为基础。也就是说，我们认为帮助的事工某种程度上是上帝——创造主对所造的一切人的伦理要求，而且也给予人特定的能力能够参与其中、使之实现。我们也进一步阐述了，在其方式方法与质量上，基督教帮助的事工并不能使自己与其它的普通世俗上、国家与社会大众所投身其间的服务机构的工作有着本质上差异。出于基督教动机的服务事工自己不能决定帮助事工本身的好与坏，也不能使得事工在给人的帮助程度上有什么不一样。《新约圣经》中有两段经典的关键性经文对此能够加以印证与说明：耶稣所教导的"好撒玛利亚人的比喻"（路 10：）以及耶稣关于最后审判的教导（太 25：）。在这两段经文之中耶稣教导人关于榜样式的帮助，而这帮助并没有特定的神学的动机为前提。就此关于从创造神学的角度来理解帮助在新约的叙述之中已经通过耶稣自己成为了自然而然的基础了。耶稣自己身体力行，已经非常明确地教导和表现出来，他从来没有要求人在提供恰当、正确的帮助之前需要又爱邻舍的充足的前提，要求人必须在提供帮助之前或者参与帮助的时候与他所教导、所彰显出来的上帝的国度的见证联系在一起。帮助就是所有大众、世界上人性共通的、人的基本存在的基础这样一个共同点。

5.4.1 处于"赦免的角度"与"负面人观"之间的服务事工

　　相对应的是在服务事工的探讨中有一非常强烈的趋势，那就是教会事工的动机与实践应该得到神学的阐述与提升。[320] 帮助的行为在完全属世、大众共同人性基本

---

[320] J. Degen (2003), 13德根提到"教会服务事工与慈爱事工中的属世的行动在特定的相应的神学意义上的提升与拔高"。克莱斯曼 M. Klessmann (2008), 189， 从教牧心理关怀批评角度上也指出："在教会服务事工之中，重要的灵性与神学诉求，在这个时代之中，仍然没有失效，对于我们今天仍然是有意义的。"

共通的需求与因素，似乎在神学上的没有什么太大的意义！因为至今为止服务事工研究作为一个学科原则上是从属于神学研究的，也大多是神学研究者所从事的研究，在神学上对其进行强化，显然是无可厚非的。与之相连的是，在属世的工作中一直认为应该有救赎与拯救作为其工作定位的基准，因为在帮助的神学理解上对人的理解总是负面与消极的。就此约翰尼斯·德根（Johannes Degen）早在几年前就已经指出，并且提出了他的质疑："在服务事工的基督教影响之下的背景一种总是重复强调人的败坏，理解人同时是罪人，又是'新'人。可是往往最后却没有停留在强调人作为"新造的人"的意义上，就是关于人的自由、希望与真诚。而是更多的强调应该得到帮助，也就是人性之中缺乏的本质。"[321] 这样提升意义的诉求的途径，在基督教帮助中是不合宜的。

---

[321] J. Degen (2003), 61. 戴贝尔对此也认同 K.-F. Daiber (2008), 106，戴贝尔认为："关于罪与恩典的教义，从实践的角度上来说往往只需要着重消极的人论"。如何能够在德语-路德宗传统之中的关于人的消极思想中脱离出来，诺斯克斯（G. Noskos）早在 1971 年关于服务事工的基础中写道："人的本质乃是上帝所造的，而却又远离了上帝、堕落、无力抗拒罪、并且落在毁坏的生命里；这种自我堕落的的力量乃是通过盲目的自高、无法自我约束、在焦虑、恐惧、疑惑、没有节制、嫉妒、纷争以及种种的自我欲望满足而导致的；在仇恨与争斗、没有饶恕与仇恨报复、独断专横与统治欲望、

　　几个在德语服务事工研究领域之中具有代表性的例子便能够说明问题。卡尔·海茵兹·比尔赖恩（Karl Heinz Bierlein）曾经写到，福音"乃是使得没有力量之人得到改变，能够得到站立（存在），并且有新生命的力量，使得其内在得到自由、获得力量，得以和好。"[322] 问题的根本在于：本质上人并没有力量使得自己获得改变。这是救赎论，也就是关于人与上帝的关系，人获得上帝无限的救恩，关键在于，在这一相应的情况之下，人获得了救恩。[323] 从实际的角度来看，归纳一句话，那就是人在这个世界上所做的一切事情，都是错谬的。人通过其内在与忧虑——也就是通过"从自己的内在"——会有许多积极更新的力量，比如回头看过去百年的历史中的社会政治的历史，就能够表明这一点。

　　卡尔·海茵兹·比尔赖恩（Karl Heinz Bierlein）所说的关于人的表述便一分为二了：其一，基督徒听了

贪婪与贪恋权位、嫉妒与嫉恨，还有通过观念上的偏见与荒唐的狂妄妄想，以及种种大大小小的恶性所导致的毁坏的力量" K.-F. Daiber (2008), 55f。对德语新教领域中关于路德宗教会服务事工研究的批评一直围绕着影响深远的传统教义上罪的理解，参考 H.-J. Benedict (2011), 35f。

[322] K. H. Bierlein (2004), 164.

[323] 比如，人在被压制的宗教观念之下，人的救恩的获得必须通过努力获得从罪的压制与捆锁之中解脱出来。

上帝再耶稣基督里的和好的福音（林后 5:17-20），并且相应的，（按照保罗所说的，由此在"基督里"成为"新造的"。）得到了新生命的力量，有了新的力量。因为福音的信息使得力量得以释放——应解释这个句子——使得原有的人成为有改变能力的基督徒，在社会与他人相处中有了积极改变的能力。而对于不是基督徒的人来说，也不在这个情况之下的，没有得到福音所给予的新的动力的，会被认为他们相对没有了动力，一直就是不能改变的人，从其内在自身无法生发出为社会的力量。比尔赖恩（Karl Heinz Bierlein）当然在这一表述中并没有说得非常明确，不过就此已经暗示了通过这一的神学的人观，一方面在社会行动中人是不好的（"从自身生发出改变的可能"是不存在的），而另一方面基督徒属世的行动（却只有内在生发出来的）从救恩论的角度上，也是与救赎一致的，强调了通过新的历练和新的能量！事实上，这是一个割裂的人论（人观），在人论上是被切割的：没有信仰的人显然是罪人，而且没有可能改变，而不能真正有为社会的行动。因信福音而在耶稣基督里和好的人成为了基督信仰者，成为了称义的罪人，而且成为"新"人，满有上帝的能量与力量，就此才有了服务事工行动的帮助。

显然这消极负面的人观——关系到信仰基督之人的能力得到明确的提升——在保罗·腓立比（Paul Philippi）：海德堡大学教会服务事工学科研究所的前任主任，在他的思想中也同样被强调。他得出了一个正确的出路"强的"（帮助者）与"弱的"（帮助的需要者）"单单通过人文主义的需求并不能一直持续拥有。[......] 为要表明这一点，需要有一种新的关于罪的基督教教义传统的表达。[......] 这是关于在人里面，罪使得人完全溃败，而在相对立的使得我们在所有的生命之中每一个领域得到带领[......]，并且使得人自己在这复杂的关系之中得以解脱出来，这也不是通过自己的伦理诉求，通过服务事工中获得的经验能够对其阐述明了的。[......]。有多久，人能够试问一下，害癫痫病能够活着？有多久能够坚持工作，而不是完整的？人能不能按照人文主义的行为伦理，或者他需要，为要承受这一切快乐的生活，也有着赋予给他的历练？要是人并没有从自己内在，或从自己生发的力量的话，那么人文主义理念的诉求是不足以使得弱者能够重新站立的。关于所给予的力量从基督论中已经有这样的表述，这是关于教会论之中的力量"[324]，也就是关于教会的教义。一个随着而来的设问：癫痫病医院中的看护员，如果不是有信仰的基督徒，自己并没有通过基督或者教会的团契而获得的力量的话，这力量是能够使得他能够与癫痫病患者长久生活在一起的；非基督徒的帮助者从其内在败坏的纠结中，他们能够这样在职业上专业的投入。基督徒的病患看护者在这样的情况之中，他们"喜乐地承受着"与癫痫病在一起，因为他们通过（基督论的与教会论的，也就是从基督与从教会团契中获得的）力量，非信徒的专业从业人员所不具备的，即便他们也依循着人文主义的持守，或者高超的职业伦理！[325] 这样的结论同样在莱因哈特·图尔（Reinhard Turre）的作品中能够看到："谁要是认为能够去掉上帝的帮助的话，他立刻会觉得苦不能堪，而且成为一个负重担的帮助者，甚至比较不可

---

[324] P. Philippi (1989), 216 f. (经由作者编辑 H. R./Ch. S.).

[325] 巴赫也认可新教-神学在人方面（信仰者与非信仰者）的差劲叙述 U. Bach (1986b), 131，他认为："我们都是完全败坏的存在，我们唯有通过上帝，我是蒙恩的罪人"。布兰德侯斯特 H.-H. Brandhorst (2008), 70,也认可这一点，他这样的表述："神学断定了我们从出生开始都是一样在头脑与心思上病变了，不能爱，也不能行善。"在以上第 5 章 1 节中我们已经阐述了，这样的一种理论与观点在神学上是没有意义的，在社会生物学研究与人论研究上也是错误的。

靠。"[326]　这样的说法甚至超过了那些认为唯有在信仰中的基督徒能够完全投身社会工作，因为人没有上帝的信仰，不管长或短实践都不可逃脱重担，而且成为不可靠的。

5.4.2 帮助乃"信仰的果子"

这一特殊的、事实上异化而且根本上非常深远影响的思想结构模式对我们而言是应该特别注意的：服务事工的神学反思即基本出发点并非是创造神学的、伦理的角度着手。明确的是，其首要并非指向世界的、人性共同的、人的行为能动性与责任感的层面。这思想的根本乃是从基督论-救恩论作为其核心的：其神学的焦点主要是落在人的罪性与得拯救的需要上，主要是关注到人无法获得自救，而是完全靠赖上帝在耶稣基督里的恩典。而因为在宗教改革时候就存在关于唯靠救恩的争论，也就是关于救恩是白白赐给人的特征，人唯有在信仰中接受才能得到救恩，这一直被强调，这就是"不依靠行为得救"，人在其蒙拯救的事情上没有主动参与的可能存在。要是人有好的行为，某种程度上给予邻舍的

---

[326] R. Turre (1991), 73.

怜悯的服务事工的行动，这并不是由于人借此能够获得救恩，而是完全来自于对蒙拯救恩典的感恩回应，这乃是信仰的"果子"。[327]

借此——充足的依据——每一个给予服务的、为社会的、人人彼此相互帮助的行动便获得了落脚点。而事实上宗教改革还提出了另外的可能性、真正，就是事实的价值或者任何其它的不是出于基督教的动机的帮助也是具有价值的。而这当然对于路德和其它的著名宗教改革家来说是比较难以提出的，因为他们都是在身处完全的基督教化的社会之中，而在那基督教社会之中所有人都理所当然是基督徒。宗教改革的神学论述于是便呈现给人一个影响，真正的帮助和真正的爱邻舍唯有从基督教信仰而来。[328] 这这样的结论却是——从数百年的实践经验的基础上得出的——是错误，而且没有根据的。[329]

---

[327] 参考 H.-St. Haas (2008), 304.

[328] 关于这一点，可以参考提奥多·斯特姆（Theodor Strohm）关于路德服务事工的神学基础 Theodor Strohm (1989)。按照路德，信仰的获得，乃是与上帝的旨意有关，使得人得到释放，脱离爱自己（superbia），转而得到爱的生命，这是被基督更新的人身上的标志（178）。"信仰——就是上帝在人生命创造的工作——乃是在爱里的工作（参加 5:6）。为要得到真正的爱，脱离那单爱自己的焦虑，需要信仰的爱，这信仰使得人与上帝相连，一切所需都是白白得到的。信仰者[......]就是[......]能够自由的服务邻舍。"（179）按照这一逻辑，得到相反的，因为其中已经说明了：谁要不是有信仰的基督徒的话，谁要是行出并非出于基督教神学动机的的社会

德国新教联合会（EKD）关于服务事工思想文集中同样阐述和强调了基督徒在人与人在一起的服务乃是信仰的果子，信仰给予基督徒爱的意愿与行动的能力："爱乃是因为信仰而得到完全的。爱却没有信仰实际上是毫无力量的，而信仰乃是信靠上帝爱的力量。"[330] 这里同样再一次表明一个不清楚的说法，当其隐含的意思是存在的，那就是关于帮助的割裂：一方面基督教通过其基督信仰实践了人人为彼此的行动、特征与力量，通过这一点，这乃是与那些从纯粹的人文主义的动机而来的帮助是有区别的。但是，另外一方面，并非出于基督信仰的实际中的对邻舍的爱却又是真实存在的。对此却被认为是失去价值、被否定的：他们应该在世界上危难的情况作为没有力量的来看，也就是作为力量失去中的经验，在服务事工的帮助的强大对立面来看，而有信仰上

关怀行为的话，他不是在基督里的"新"人。他仍然是"旧"人，是按照自己的、是爱自己的，并不能自由地通往单纯的爱，也就自己不能寻求帮助人的行为，自己不能实现，也就不能自由的毫无保留的服务自己的临时，这是何等典型的基督徒啊！

[329] 本尼迪克（H.-J. Benedict）在其"神学与服务事工中爱的概念"，这一论文中联系了奥古斯丁与路德的神学，阐明了这样一种完全出于上帝信仰、唯有源自上帝导引才有爱邻舍的神学概念，问题有多大（2011），27）。就此"爱邻舍完全就是上帝的爱而来才得以成立的，为要得到，邻舍乃是作为对立的对象，并不是自己的出于自己的意愿去爱邻舍，也不是出于自己能够去爱邻舍，而是作为基督徒因为上帝的爱而有了爱人的义务与需要而已。"

[330] Kirchenamt der EKD (1988), 17.

帝的爱的力量之中。这一说法，某种程度上是模糊不清的表达方式[331]，这必须得到清楚的说明，上帝的爱通过基督教的行动满有力量地呈现出来，这与那些没有信仰的人通过自己的力量行出为社会的行为是不同的，而是上帝自己的力量使得基督徒为他人的服务事工行动成为可能。这也就使得日常之中基督教的帮助行动从这样的角度上来看，是落后与过时的（德根，Degen），同时帮助的能力也就不一样，也就是某种意义上来说不是信仰者，甚至——在疑惑性的盼望，通过身份特征，这特有的基督教的帮助某种意义上，对照其它的帮助行动，就更加显得有光彩了。

5.4.3 需求与现实之间的差距

从一开始到现在已经阐述了不少的服务事工神学家在服务事工研究中的观念上有多么的落后与保守，而且总是竭尽全力在说明与论证，某种程度上来说，这些落后、老旧的服务事工神学在其论证逻辑中要表达其服务事工理解中，令人惊讶与感觉到不好意思的是，总是否

---

331 这些模糊不清与分门别类的叙述方式是非常典型的服务事工神学的一种理论，只是出于人人为彼此的、与人在一起的帮助的行动神学某种意义是是寻求得到扩大、阐述与提升。

定在非基督徒中的对邻舍的爱、给予人帮助的意愿与为社会的行动的价值。但这就恰好表明了必须论证的是，人——就是现在服务事工所涉及的人——基督论或救恩论的服务事工，也就是基督教救恩信仰为基础之上所建立的理论体系，而不是以创造神学作为理论基础，认为所有人有为社会行动的能力。这一点是时候该做出变化与调整了。

针对这一些守旧的——总体上往往也是纸上谈兵，无视具体实际实践工作的！——基督教服务事工理论——马丁·霍尔斯特曼（Martin Horstmann）对其所指出的有很大的意义，"在服务事工的需求与现实之间所存在的差距往往是巨大的负担。要询问的是，是否［……］能够不要一直总是宣传这种错谬的理念，这不仅仅是不现实的，而且也是神学上大有问题的。"[332] 霍尔斯特曼（Martin Horstmann）提的非常正确，应该赞同。[333]

---

[332] M. Horstmann (2009), 258. 就此施密特（H. Schmidt）也提出过同样的问题（H. Schmidt (1999), 141），他指出，在服务事工的一个问题总体上也是在服务事工研究学科的文献中，在服务事工机构的服务事工研究的自我理解上存在"高的神学质量与教会论为落脚点"的要求："服务事工的主体以及其伦理的反思某种意义上是教会的理想设想而已。而实际上其行动的主体大体上是其大多数的人，这些人或多或少与教会保持一定的距离。其伦理也不太被理会。"

[333] 这是 D. Gebhard 的成果，他一直不断批评服务事工书籍中的神学论据，认为这些是法律规条的基础结构，而潜在的对帮助有危害，因为他们在人

5.4.4 关于"和好的服务事工"

如果结合保罗在《哥林多后书》第 5 章 18 节中所讲的，也是特奥多·斯特姆所排斥的，而在现代却是至少已经得到大多数支持的积极的表达内容的话，[334]显然"和好的服务事工"的模式也存在问题的。如果按照新的服务事工研究学科的探讨，那就应该可以说："服务事工在和好的服务中建立，在其中上帝在基督里导引我们和所有的人，"[335]这已经如同一首赞美诗一样，如同是多种多样的标语的重复而又是大多数的赞同。

如果仔细思考包括的这一段教导的话，我们也会发现是非常复杂的，而且对于今天基督徒的社会工作来说也是有着很大的疑惑的。保罗解释在耶稣的降生、在世的生活、死亡与复活之中上帝赐下和好给世界：通过基督，人与上帝和好，在信仰之中领受了这和好而使得人同时有了实践使人和好的服侍（希腊文原文就是

与人之间划定的界限是不合宜的，而是帮助的服务事工行动通过神学的提升被期望能够承担更多，于是就更加陷入巨大的压力之中，一时难以解决。

[334] 参考Th. Strohm (2004) und (1989), 205–208. 其中便有关键性的短语："和好的服务事工"，同样的关键词也出现在A. Gözelmann/V. Herrmann/J. Stein 1998 herausgegebene Festschrift für Th. Strohm.

[335] H. Schmidt (2008), 57.

diakonia）使命。这一使人和好的服侍在保罗的教导中的与今天服务事工的意义上就是社会的、帮助的事工行动是没有太多的关系的，而更多的是指着使徒传福音的职分："所以，我们作基督的使着，就好像上帝藉着我们劝你们一般。我们替基督求你们与上帝和好。"（林后5:20）和好的事工、和好的服务事工在此值得也就是传福音，通过初期基督徒宣教士，使得非基督徒归入基督信仰，并且在于上帝的关系之中得到新的定位。这实际上是用不同的语言表达了保罗关于经典的传福音与宣教的异象。[336] 保罗继续解释到，谁要是在进入信仰与上帝和好了——那么，至少某种意义上——就是"新的创造"，成为"新造的人"（林后 5:17），其达到完全当然还是将来要成就的。保罗甚至也希望整个被造世界在时候满足的时候，一同等待上帝的救赎（罗 8:19-22）。借此整个世界将会得到上帝的更新成为新的创造。

斯特姆（Thomas Strohm）认为这和好是"在人里面实际的果效，是新生命，与上帝的旨意相称的"，是一"新存在"，是上帝在信的人里面成就的，并且借此使得基督徒"从过去、从罪恶低下、从过犯之中被解救出来，与上帝、与其它的一同被造的被授权建立新的团

---

[336] 参考 A. Hentschel (2007), 116–122.

契。[337][……]信仰者的责任就是[……]通过上帝在基督里的自我彰显而来的。[……]和好的服务事工（林后5:18）乃是最为根本的使命，使得一切的差异与分别在[……]宣教与社会工作中被消除。"[338] 明确的是：一个基督徒的责任并不是在所有的人在被造的时候已经便被赋予的能力，因挑战而被赋予的，在人们共同的为难作为道德的诉求被认识到，并且愿意提供帮助来回应。同样在旧约-犹太-耶稣的传统之中人人彼此相助和爱邻舍也不是作为义务。这还不足以清楚说明。斯特姆认为在通过基督的和好的救恩所显明出来的基督教给予帮助行动的责任才得以生发出来。也就是在此有了服务事工-神学的产生，过于夸张的基督徒洗礼之中被赋予"新存在的特性"而通过基督的存在作为"新创造"，从而有了基督徒社会托付的无限拔高，这乃是对信仰者自己走向"实际的转化"而有了"新的关系，并且是与人、与整个受造之物之间有了新关系"。[339] 而所有的明显都认

---

[337] 被授权成为新存在而作为新的创造，斯特姆认为这就是通过洗礼。Strohm (2004), 154。

[338] Strohm (2004), 150.

[339] 借此可以参考斯特姆其它相关的段落 Th. Strohm (2008), 341。基督徒得以被差遣、服侍的成立乃是在于"在终极论的角度上看，团契被授权成为了新的创造"。要问的是，如果从这样一种自我为中心、自大的神学作为人人彼此相顾的基础的话，有如何能够在此与其它的社会科学连接得出跨

为服务事工古老传统、服务事工只有与耶稣基督相连，而且所有的以往的、或者基督以外的都没有意义与价值——因为真正从爱而来的帮助唯有从基督、以及在他里面与之和好才有可能存在，而这只有人通过洗礼才能成为新的被造。[340]

就此，作为和好的服务事工的代理者这样的理解可以忽略，保罗在《哥林多后书》第 5 章 18 节中所说的是指着宣讲福音，而不是社会帮助，这是关于救恩信息的传递，而不是关于世界之中社会问题的解决。[341] 而他

学科的共同工作的根据来，这难道不应该考虑，通过特别的终极论被授权的理论应该被改变与除去，而难道不应该转而认识到应该投入与参与通常的、社会与专业化的帮助行动之中，并且进行反省吗？

[340] 上帝在教会之外也是临在的，不管是基督徒的信仰，还是非基督徒的人文主义，对于受苦难的评判标准是一致的，在社会的服务事工，以及简单的在这个世界之中的社会结构的人的形像，其间人生活、自由、公义与和平，如斯特姆所说的 Strohm (2004), 161, 155 f., 154 都是一样的。要认真询问的是，在这样一种夸张的基督徒社会使命神学叙述中，究竟要达到什么样的作用。基督徒基本上与他人没有根本性的差异，与社会、与生态问题之间"新"的关系，也不是在洗礼的礼仪之中确立了不同（"新"）的存在关系。而与过去的罪过并不是相对于非基督徒就显得更加有自由。人保持在机体上、心理上和社会关系是都是简单的人——即便他们是基督徒！斯特姆还继续说Strohm (2004), 152，基督徒也有"没有和好的痕迹"。至于索道圣灵的关系，也就是基督徒所接受而靠着他"有了和好的能量，改变的力量，使生命发生转变的"，在他里面基督徒的欲望已经在和好之中因"上帝的力量而被转化。"

[341] 和好的概念在新约圣经之中只有出现在保罗的作品之中。12 处是关于上帝与人的关系；唯有一处（即林前 7:11）指着人与人之间的和好，更加具体：是指着关系破裂的夫妻的复合。H. Merkel [1981], 645 f.

没有要求他的读者在人的救恩上能够为和好做些什，而这样能够成就的，按照保罗所说，唯有上帝自己的大能才能够成就，只有上帝自己才能在时候满足的时候，使一切的被造物同归于一。[342] 人在关于上帝救恩创造中的和好，唯有接受，因为他们不能做什么。即便回到保罗所说的在基督里的和好，这也不能作为基督徒世界社会行动事工的依据。[343] 斯特姆认为这就是和好的服务事工的代理，所以必定要推及到社会与环境生态行动，并且深信这是一个例子，人（基督徒）也是受苦的被造物，与别的受造之物一样叹息劳苦（罗 9:20）。而应该得到医治。[344] 而人的行动，按照保罗的救恩论，也就是永恒

---

[342] 按照梅尔克尔（Merkel）和好的主体完全是上帝自己，完全是上帝自己的工作。"人[……]只能接受和好；完全是被动的。"这就是保罗在《哥林多后书》第 5 章所说的和好的意义，这不是与服务事工、社会伦理为动机的行为有关！这释经因为被忽略，于是被误认为是所谓的和好的服务事工的理论基础所在。

[343] 就在保罗对和好概念的关系上，非常认真与严肃的，在所有的社会工作的行驶至中帮助行动的目的所在与上帝救恩创造的行动而有的帮助行动是有差异的，但是，当人们谈论到上帝和好的概念在保罗的角度中不应该运用作为人与人-社会的服务事工的基础，而认为就有着和好的服务事工。

[344] Th. Strohm (2004), 151。斯特姆写到："受造之物等候，和好的人以及受造之物在其恐惧与危难之中等候帮助，以求得到从死亡的奴役之下被释放。"这个思想与保罗相离甚远。保罗所期待的是受造之物得释放，单单在上帝的工作下，这世界被释放而成为新创造（罗8:20）。所以，这就非常明确了，环境保护的责任现今是基督徒中写道使命。在此被描述上帝的救恩、使得从世界中被释放并且与上帝、与世界和好，人与世界一起。一

的救恩来到，非常夸张的，也作为救恩的质量，对人救恩失去要求过高。[345]

相反在此关于世界与人在饥渴中的光景的描述：服务事工使得人从那"衰落在深渊之中"[346]、从"破碎的、不公义的和堕落在毫无意义的被压制的世界"[347] 中解脱出来。有许许多多非常伟大的人有投身与参与进入社会工作之中，例如投身于当代的医学、药学、心理学、技术或者是投身参与促进当代社会国家的发展之中，这却都不被注意。一个老套而落后的神学在服务事工帮助的谈论中所要的都是字面上意义的黯淡背景下的社会与环境问题。服务事工行动的神学上落后，一方面

一再者，我们要对保罗所说的提出质疑的是，世界别的受造之物叹息劳苦，是因为被造之物自己呢，还是更多的是因为人行动的缘故。正如保罗，以及因受他影响的有着巨大影响的正式的基督教教会教义传统，甚至直到今天也一样的——人的结局与死亡以及所有被造之物都不是积极的，而是作为属地的暂时存在的，乃是罪的结果之下的（罗6:23），而且是"最后的敌人"（林前15:26）（按照保罗的基督教消极的死亡的 联系在一起，参考H. Rüegger，[2006], 42–47）。

[345] Th. Strohm (1989), 179。斯特姆说："和好的服务事工，按照上帝的旨意导向了新的创造，指向被造物的更新。"这与保罗是一直的，因为他认为和好与就的得到更新进入新的创造，这是上帝的工作。一旦在和好的服务事工中引入这一目标，那么便会有错误理解其为人的行动的目标；于是便会在社会工作中对属世的人的行动的理念拔高，而产生误解。相反，林格灵（H. Lingeling）H. Ringeling (2008), 110认为："服务事工的伦理主题只是限制在'临时的'；'现今苦难'的去除（罗8,：18）的乌托邦也一样在现实之中是在不同之中的应对与改善而已。"

[346] Th. Strohm (1989), 205.

[347] Th. Strohm (2008), 341.

忽视与否认积极地人为社会而投身社会工作的可能性与价值，另一方面也自然产生自我矛盾。

5.4.5 "无宗教附加值" 的服务事工

一旦服务事工首要以基督论或救赎论，也就是以上帝在基督里的救赎行动为其基础的话，便让我们看到这样的危险，那就是抽象的、从具体的帮助行动的具体挑战中脱离出来——由此也就是使得实际上非常的脱离现实——其诉求的夸张也就无法避免。人与人的帮助行动也就被归结为 "超在意义上的的历史现实表现"。格哈德·雪华（**G. Schäfer** ）认为这也就成为了 "上帝之国希望的象征"。[348] 不过问题在于，要是人与人的帮助每一种形式与这样具体的情况没有了超在的意义的话，帮助的行动是否与这些帮助的给予、接受便得更好，或者是否在神学上是不合适的。[349] 我们真的赞同乌尔里

---

[348] G. K. Schäfer (2001), 23.

[349] J. Degen (1985), 13，这应该结合德根关于基督徒或者教会在危难中的社会服务实践的缘由与意义在神学上的探索，这努力在于，大多是的情况只是看到其意义被夸大，而没有更深刻的！德根正确地指出 Degen (2003), 35，帮助需求中有问题的后果，要是服务事工的帮助需求一直避开普通的人与人之间寻求解决问题的解释的话："服务事工的帮助本质也就会产生一个意义的拔高，这也就是使得寻求帮助的人在接受任何服务的时候或者在接受帮助的时候变得非常困难，因为这首先被限制在了具体需求的责任之

希·巴赫（Ulrich Bach）关于服务事工"没有有宗教附加值"的话。这就是表达了"谦恭的人的自我定位。耶稣行神迹的时候，是怎样说到人的？门徒们大多数情况也就是旁观者，他们也基本上就是和'百姓'一样感觉惊讶和惊奇。而他们采取行动了吗？在行五饼二鱼神迹的时候耶稣说：你们给他们吃吧。他们能做到的就是只是在小小的层面上，也就是只有少少的五个饼和两条鱼给五千人吃，并且吃饱，这就成就了不一样的事情了。如路德所说的，门徒所做的，就是通过'世界上的事物'；至于'附加值'他们却没有做。同样在变水为酒的神迹中：佣人就用水把缸装满了。当佣人明白他们所做的，他们并没有做过多的。而从水变为酒，他们并没有学会，他们也并没有被要求做到这一点。如果是这样的话，那么也就有了不一样的，[……]医生、护士、教师以及其它的从业者：我们所做的，这是我们学会的，非常 '世俗' 的。而这就是我们承担的服务事工！而任何'增值'并不是我们做的。'这'服务事工并不是我们通过或者转移到'耶稣的手'去实现。"350

中，而且也非常肯定的是，也就不能带有其它的目的。"

350 U. Bach (1998), 163 f.巴赫在此自己纠正了他 1986 年所认为的，服务事工必须完全从基督那儿获得，而且"其本质上与其它的社会工作是不一样的"（127）。巴赫以上的观点实际上是文德兰特（H.-D. Wendland）早在或者用艾博哈特·云格尔（Eberhard Jüngel）所说的，如同巴赫一样的立场："基督教会不应该自己"而应该同其它的社会、教会服务的事工一道，"没有救恩论（或者救赎论）功能或意义的表述或者被描述。基督徒为他人所做的，就这样做。如果基督徒想要在所做的社会服务中增加额外的意义的附加值的话，不单不会使得自己的工作变得更好，只会使之变坏。"[351]

我们确信：通过这一对服务事工中帮助行动的"神学夸张与拔高"的去除，会有解放的作用，使得带动帮助的工作更加具有职业化与自愿的形式；[352] 他在此关于服务事工学科研究的讨论有了非常有帮助的清醒的、务实的认识，而且一方面在服务事工研究学科与社会工作、以及另外一方面其它的学科研究之间的跨学科研究

1962 年就已经提出的，文德兰特在关于《马太福音》第 25 章的经文中所强调的，福音要求人所做的就在于为身处危难之中的人给予罪基本的人性的突出形式。，

[351] E. Jüngel (1987), 22.

[352] 从中得到释放出来的例子，德根 J. Degen (2008), 13,通过自己的经验指出，这是一种"语言的暴力"，"为的是在服务事工中的同事们的工作推向'特别的基督教的'方向。" 克雷斯曼在此也是正确的指出 M. Klessmann (2008), 193,，当他推动"反省服务事工，从中应该反思如何使得服务事工中的额外的负担减少。"斯坦尼特芝科（D. Starnitzke (2008a), 53 f.）却相反地认为，"要是完全忽略了这些特定的宗教或神学的前提的话，那就过于自由散漫了。而这样的事情在现今世俗化与多文化社会中深深的影响了服务事工。"

中本质上就更加踏实。这样可在服务事工与服务事工学科研究工作中，从未来的角度上同约翰尼斯·德根（Johannes Degen）的理解一致，服务事工"不再是非现实的、神学上完全超然的理念担负者，而是对现实持真诚的角度，寻求在其工作中的新精神。[……]这新精神不再是宗派枷锁或者持排他主义的基督教精神。"[353]

5.4.6 神学作为服务事工的主旨学科吗？

关于以上这一点，在实际工作上涉及到一个关键的基础要点，那就是时至今日在教会服务事工学科研究中的落脚点的问题，神学一直作为教会服务事工与教会服务事工学科研究的"主旨学科"。与此相对应的，在实际工作上就一直存在这样的现象，那就是教会服务事工机构长久以来一直由牧师来领导（而部分还将由牧师领导）。这一些教会相近的机构中的核心领导角色由牧师之外的人员来担任，在长久以来都是几乎无法想象的事情。而且由于服务事工机构由于其教会从属、作为社会机构的特别形式而存在，而发展中的教会服务事工学科研究作为宗教中立的价值而存在，并且相对于理想主义

---

[353] J. Degen (2003), 30 f.

的，比如限定为教会的实体机构，这样来发展形成自己的服务事工学科研究——自身机构发展对自己的研究领域——某种程度上自然而然的就成为了神学的下属学科。[354] 这尽管在服务事工的中心，也就是医疗、看护、社会工作、教育、心理治疗或者如同长期形成的服务事工的特殊形式，但是神学本身在专业的领域不能起主导性作用！

自身作为大型的教会服务事工机构的专业管理者：这样的任务一方面落在了神学从业领域的人员身上，而神学应该在有效与合宜的跨学科研究中能够起到好的质询作用[355]而被肯定[356]。阿尔伯特·米尔伦（Albert Müh-

---

[354] 郭特芝尔曼与赫尔曼便这样认为 A. Götzelmann/V. Herrmann (2004), 495：“教会服务事工学科研究在我们看来只能是有一个主旨学科：那就是神学！”因为基督徒责任的特殊性与社会、健康领域的相关机构只能在其相应的学科研究中进行反省。无数的相关学科来作为支持是必要的。首先是在神学给定的标准、批评和方向中才能使得教会服务事工学科研究与着一些相关联的学科研究领域有意义的结合在一起进行研究。”这里把神学看得过于广泛了！ 而基督教责任的全方位的特殊性，例如在服务事工体系下的大医院中，具体的、日常的业务方面——也就是说医疗措施与给予病患的看护——专业性应该是起主导作用！

[355] 跨学科研究不仅仅在于，把每一学科的特殊的要点与内容简单地汇集在一起，而是要做到使得每一科的边界能够得到清楚划分。若果没有这样的自我明确性，神学在教会服务事工的领域中就不可能真正使得跨学科研究起到积极的作用。

[356] J. Degen (2003), 129，德根对此完全赞同：“如果真要使得教会服务事工机构的领导与管理能力真正有效的话，必须清楚认识到，只是作为神学

lum）和约雅斤·瓦尔特（Joachim Walter）也非常明确的反对在教会服务事工研究学科之中神学作为主导性的主旨学科，尽管神学在社会工作学科研究作为教会服务事工相关学科来理解。[357] 这方向是正确的，但是还不够：事实显明了，教会服务事工学科研究作为跨学科研究领域与教会服务事工作为跨学科实际工作事务来理解，其中包括同许许多多不同的学科会有交叉（社会工作、看护、医药、教育、经济、心理学、神学等等），其目的在于使得每一知识的视角与专业的水准能够得到考虑。在为残障的青少年而设立的特殊教育培训机构

研究者的服务事工机构领导，教牧型的教会服务事工负责人或者协会的功能负责者很明显的是，他们总体上的领导力质量对于未来而言是不够的。"

[357] 这两位作者认为："很显然教会服务事工的实践可以与学术研究神学，或者更准确地说历史-回溯的理论建构而已。"并且他们还得出一个观点："教会服务事工实践要继续得到发展不应该只是从神学学科研究角度出发，这就是美式神学通与实践[……]脱钩的原因所在。是否被推动的学科研究的指引方针与教会服务事工学科研究的反省是否是可能的，必须同样提出疑问的是，如此长久作为学科研究的神学中的一个分支，也就是神学作为主旨或导引学科来理解。"这就能够得出一个正确的结论："在神学与社会学研究中重新定位教会服务事工学科研究"并且应该建议，"社会学研究同神学一道作为教会服务事工与教会服务事工学科研究的相关学科来理解"（A. Mühlum/J. Walter [1998], 278 f.）。约格尔也有类似支持的看法（A. Jäger (1992), 149)，教会服务事工学科研究应该是在神学系和社会学系之间作为"教会定位的社会学"。同样斯坦尼特芝科（D. Starnitzke (1996), 180 f.）也持同样的看法，"教会服务事工现在应该放在在神学与社会学之间的交叉学科来进行学术反省"，除此之外在教会服务事工实践应该放在多个不同的学科中来思考。

中，可以看到这一跨学科的交汇完全与在一所普通医院或者在一婚姻与家庭咨询中心的学科交汇是不一样的。在这三个不同机构中非常自然的会有（特殊）教育、医药和看护学科知识，而在最后的（婚姻与家庭咨询中心）心理学在跨学科研究的结合中成为最为首要的学科。但基本上可以肯定的是，"帮助乃是一个跨学科的现象，以上各种不同的学科作为在帮助事工领域的知识指导与学科额外的支持诉求都不能缺失。而是，所有的学科从它们不同的角度能够、而且也是必须通过不同的学科使得帮助行动的发展和明确主题上得到良好发展提供极大的帮助。"[358] 神学在所有各个情况中的功能与角色应该是在价值定位的角度上，也就是在伦理与人论的角度上，也包括在为人提供心灵关怀的领域中发挥重要作用。从专业机构化的教会服务事工中的实践工作领域角度（医院、养护中心、学校、咨询中心……）来看，神学完全不能作为主导性学科。

神学在教会服务事工与教会服务事工学科研究中的角色的相关性并不意味着，其间神学推动教会服务事工学科，而是在神学的角度上，应该清楚划分，神学自己

---

[358] A. Ch. Albert (2010), 63.

与其它的学科，例如看护学科或者社会工作学科研究，而且反馈的经验与问题，也在着一些其它的学科中带出来，发过去推动神学的反省。起决定作用的只是，神学并非作为主旨性学科。[359] 犹如克劳斯·科尔（Klaus Kohl）所指出的："如教会服务事工没有教会也能运作一样，教会服务事工没有神学也能运作[……]。而反之，神学在其间却为了上帝的旨意没有了教会服务事工却不能运作。"[360] 这一段引言的第一句当然只能在教会服务事工的专业化特殊机构中（看护养老院、医院、咨询中心……）是正确的。教会服务事工，如果按照引言中的

---

[359] 霍夫曼在思考在教会服务事工中的神学的功能的时候，从其论文的主题便可窥见一斑："根基？装饰？"。在教会服务事工之中神学既不是根基，也不是纯粹的装饰而已。神学乃是诸多学科中的一棵，它在教会内或教会外的帮助的行动中定性与指引、承担专业化与质量化功能。神学的功用更多的是，越是真正思考的，越是能够减少神学的国度夸张。霍夫曼看到七点：（1. 源头的考证；2. 在伦理基本问题上的行动指引；3. 宗教潜在意义的阐明；4. 生活方式的属灵启发；5. 企业化事工的伦理验证；6. 企业化行为的优先权；7. 维持教会服务事工机构与教会之间的关系），很明显，神学的作用首先在于属灵/灵性方面和伦理的定位上，某种程度上也就是在医院和养护院的工作人员的工作上发生作用与影响。而神学主导性功能在大的、扶助的社会与教会光顾机构之中根本谈不上。即便约格尔（A. Jäger），他认为神学在教会服务事工机构中扮演关系的作用，尤其是在企业的哲学和企业的伦理上有着决定性的作用，他也认为，在教会服务事工的机构之中神学的地位"在其中乃是起到灵性神学的作用。"([2008], 181)
[360] K. Kohl (2007), 302.

第二句所说的，在离开神学处境的一种定位中的完全不同的情况，这当然是成问题的。[361]

要点总结

- **基督徒在**时刻准备好帮助别人活着更有资格帮助上，**基本上与常人无异。**

- 给人帮助可以是出于信仰，**也可能出于**别的动机。**而**这些动机并没有优劣之分。

- **帮助的行**动可以是——同样在教会服务事工机构之中——位于完全人性的界限也不必是符合某些理想理念。

- **关于教会服**务事工帮助的神学上的夸张理解去神话化。这可以使得：为了帮助者、为了帮助本身更加合宜，也为了合作伙伴，**也就是使得教会服**

---

[361] 请参考以下第 5 章第 7 节。

务事工与教会服务事工学科研究在跨学科研究中能够与别的学科一同其作用。

- **教会服**务事工学科研究只能作为跨学科研究来理**解。神学在其**间并非作为主旨性学科。

5.5 专业化与致力于公民社会的张力之间的帮助行动

在各种不同的处境中，帮助行动所采取的形式自然而然会随着社会行为模式的变化也相应会发生变化。[362] 随着社会复杂性不断增加以及经济不断发展的时代，使得现代社会国家的构建在福利与帮助上成为重要的工作。由于就有了专业化、专科化、机构化和标准化为特征的四重发展过程。[363]

---

[362] 参考 N. Luhmann (1973).

[363] 按照卢曼的观点（N. Luhmann (1973), 32），现代社会有以下的特征：社会"可以构建机构化社会系统的环境，这使得帮助工作特殊化"而且发展出各个不同的具体门类。

5.5.1 专业化与专科化

随着专业学科划分不断更加细化，例如社会工作研究学、护理学、医药学或心理学，这些与帮助的事工有关的专业学科不断的发展与细化，使得面对各个不同问题的时候，有了解决问题与克服困难的各种各样不同的方式方法，使得帮助事工更加的专门化与专业化、在面对各样困难问题的时候，能够形成更加深刻的知识与理解，这使得不再是由某一个个体独立承担全方位的工作职能。相对应的是帮助工作不断地细化与专业化、也就是说，各行各业的知识与干预可能性的运作上就更加分工明确。这样专门行业专业化在帮助工作中的实现与推广使得人们需要特殊专长帮助的时候，能够运作得更加的稳妥，而且能够在所给定的可能性中提供标准化的服务。这一发展的反作用就是使得使命在日常相关的、准确定位的帮助技能上，在某些问题发生的情况中的无法完成、无法承担责任等情况能够尽量免除。准备给予提供帮助和对邻舍的爱于是便在其间获得不断有针对性、准确的支持，[364] 也就是在实现专业化的过程之中，相对应的帮助任务能够相对应得到完成。[365]

5.5.2 机构化

随着专业化进程的发展，其相随而来的就是帮助工作的机构化发展趋势。更准确地说：来自有帮助需求的人们在特定的问题框架下帮助事务由特定专业化的机构，例如残障人中心、老人院或护理中心来承担。而这些机构在针对特定相对应的问题提供专业化解决，而且其间能够给予专业知识的支持、职业技能在特定的框架中更加有效、有针对性提供服务。当然帮助工作的这一形式也有相对应的对立面存在：这会出现这样的状况，那就是接受这样帮助的人员需要离开自己熟悉的生活圈子融入进入一个陌生的机构；所进入的机构基本上是按照自己、特定的专业特别明确的服务能力，而主要是具

---

[364] W. Schmidbauer (1996), 25，施密特鲍尔认为："在我们有关伦理的阐述中，爱邻舍作为当下情感的表达，而不是职业形像。其专业化也带来危险，那就是不踏足应该由别人完成的事务。"

[365] 强调地稍微过头，不过多尔内尔（K. Dörner (2007), 67）很有启发的总结了这一核心现象："唯有现代这个大时代的人们才有机会，至少是超过平均水平的帮助行动不再是按照时代的给予，而是按照金钱的给予来承担责任。"

有自己特定的专业从业人员。[366] 这样就与普通日常生活氛围脱钩，原有生活节奏也发生改变，好比在设定好的、经由选择的生活情境之中存在，其间所有的人基本上都有相近的问题（例如基本上都有残障，或者都是老年人，或者是都需要看护。）第二次世界大战之后，随着经济的发展许多社会福利性国家建立起许许多多这样专业化的帮助机构。20 世纪下半页这些机构在方式与方法上，特别强调高要求的专业水平、专业帮助不断得到提高。

5.5.3 标准化

另外还有一个特别的地方：专业化的帮助，尤其是在特殊的、固定的机构，例如看护中心或者医院，在现在特别强调高水准、组织管理严密的、跨学科的合作机制，在帮助工作中通过学科推动标准化、尽可能在专业

---

[366] 在郭福曼（E. Goffman (1973)）针对这种帮助的形式所提出的批评中可以得出，这样的模式是完全机构化的概念。他描写这些机构就如同监狱、军营、宿舍或者精神病疗养院。它们具有以下的特征：它们困住一个人生活的每一个面；其生活就限定在某一个特定的地方，在某一个中心权威势力之下；机构的"入住者"都是同病相怜之人；所有的活动都严格计划好，遵循标准的规章制度，而且按照各个职能部门严格区分，被严密监督与监视；一旦进入这样的机构，人便与自己原有的生活社会环境隔离，而被迫进入机构中所要求的角色。

上给予专业知识的支持，并且能够不断规划与拟定有效结构化的项目。为要使得整个系统得以正常运作，所有参与其中的人都必须严格谨守自己的角色，在其项目中有效承担应有的职能。但尼克劳斯·卢曼（Niklas Luhmann）指出了帮助工作的这一种方式有可能存在的负面作用："通过社会帮助的项目量化必然会有没有项目化的帮助在后头。这会使得结构内甚至会有混乱产生，尤其是当没有项目明确行事方案的时候，"[367] 比如当处于临时生发的同情而愿意给身处某一特定时间中有危难的人提供某种形式或方式的帮助，而按照标准化的项目要求与划分却是办不到的。对于在看护工作中的人员，当他们不断在一个明确的工作项目面前，他们却不能够、也不允许给予立刻的帮助，虽然他们在特定的情况中看到某一个特定的病患的需要的时候，会有自然而然的同情感生发，于是某种程度上不断会有问题和挫折感产生。当专业的工作人员看到他们帮助的动机乃是整个帮助项目中的一部分的时候，以及他们能够学会这样准确定位，而且另外一方面加上标准化帮助项目有足够的灵活性空间，使得能够有自由的空间为不是项目量化、帮助的处境有关的行动存留的时候，这样的冲突才能得

---

[367] N. Luhmann (1973), 36.

到解决。[368] 因为唯有如此才能使得帮助的项目不至于落入人员的标准化个人主义，也能够考虑到具体情况之中的某一个特殊情况所在。

5.5.4 帮助的事务化与具体化

通过帮助的专业化、专门化、机构化和标准化在特殊化的机构中的完全机构组织项目的形式中使得帮助的工作内容变得极端事务化。约翰尼斯·德根（Johannes Degen）认为，"如同社会工作的专业化导致了帮助关系事务化，帮助已经失去了与其密切相关的'救助工作'的特点。实践上的限制和不同的学科专业任务决定了现在的帮助过程变长了。[…] 临时生发的怜悯之情 […] 必须必须经由专业动机的考虑与衡量之后才能进行"。[369] 但我们在此不能轻易引进其它错误的替代方式：在许多的专业帮助中专业定位的事务行动能够为同情、感同身受与怜悯之情生发之人，提供帮助使得更好的帮助需要

---

[368]斯坦尼特芝科（D. Starnitzke (1996), 219 ff.）也明确指出这一问题。他区分了服务事工的互动关系与服务事工的机构与社会有关的之间的差别。看到社会帮助不断强化其机构化，他指出，帮助的过程应该这样来组织，不管怎么样都应该竟可能为那是有需要帮助的人提供帮助，而且不排斥任何身处需要帮助情况的人。服务事工的机构化角度不应该排斥互动的途径。
[369] J. Degen (2003), 59.

帮助者。这样一种帮助行动的宗教或者理念上夸张的去除，以及关注帮助的专业水准能够使得行动更加有效率。"帮助带着激情以及不复存在了"，尼克拉斯·卢曼（Niklas Luhmann）这样断定。[370] 这显明了——帮助的事务性和帮助需求的接受——都是这样的。另外这对于在现代社会福利性国家中的帮助工作具有专业化、机构化和项目管理化从特殊的机构中，为所有需要获得相应帮助人能够提供帮助的确定与保障。因为在这样的背景中起决定作用的是，是否人能够获得帮助，不是却绝育某一个特定能够给与帮助的人的个人意图，也不是取决于"心的因素，或者是道德，或者是相对应的因素"，而是相应的专业能力相当的机构，"方法的传授与项目的呈现，通过这些[专业人士]在工作时间的临界处的运作。"[371]

5.5.5 帮助专业化的边界

通过专业化过程使得现今的帮助工作能够获得高的质量，这是毋容置疑的一个成就，没有人会轻易便能够完成工作。相应的这清楚的表明了，在可预见的以后几

---

[370] N. Luhmann (1973), 37.

[371] N. Luhmann (1973), 34. 参考 D. Starnitzke (2008b), 122.

十年里面在社会工作问题领域之中由于人口老年化和相应有可能的老年痴呆症，从而需要得到照顾的需求会不断增加，专业化与机构化的过程中会碰到界限。早在二十几年前约翰尼斯·德根（Johannes Degen）认为，"某种程度上就是把所有人的'普通'能力在日常相关的、会伴随的问题与它们的解决途径（服务事工继续发展中的'信徒皆祭司'理念）不可能简单的通过这些工作任务的职业化得到有效解决。[……]在社会工作领域中已经显出了职业化的界限。"[372]

这边界不仅仅是通过未来没有经费支持也没有人力资源，这些经费与资源为要使得不断增加的社会对看护、照顾与护理，以及能够持续不断的满足专业服务能力的建设。而且最为关键的是，这些需要帮助的人员的要求在专业的机构中，也就是在这些"主办方"中，他们在帮助的接受过程之中，并非是没有问题的。隔离的趋势与被隔离密集化，以及被限制的人生活需要、生活意愿的模式化，从家庭生活中的生活隔断以及他们在共同生活的参与巨大的受限制，这些都不是容易得到解决的。对此种帮助模式持严厉批评的代表人之一，社会心

---

[372] J. Degen (1985), 19.

理学家克劳斯·多尔内尔（Klaus Dörner）认为机构化总体上是"帮助的非正常化"："这些地区范围内的机构与看护中心是趋于非正常的。"[373] 他认为这些看护中心就是圈养模式。这一立场得到约翰尼斯·德根（Johannes Degen）的赞同，"这些活动场所模式在所有的具体情况中都是缺乏力量的，也就是说：至少导致了这些机构与看护中心特定的圈子的瓦解。"[374]

我们却不支持这样对看护中心的极端批评的立场。养护中心，例如可以说看护的居住形式在生活质量的角度上看是安全的模式，这是非常有意义的。不过相应的在全球化讨论中的"去机构化"[375]的概念，的确是越来越多。按照这个概念，有关的是帮助相关的人的可能不是专门的机构本身的减少，反之是给予相应必要的支持，尤其是在其具有自然社会生活环境的时候，借此人们能够尽可能在自己的家庭环境生活，而且仍然能够感受到其原有习惯的生活，而且能够融合进入其邻居的社会关系之中，并且在伙伴性的、民主的组织结构之中。[376] 去除机构化努力的目的就在于获得团契关怀的可能，

---

[373] K. Dörner (2007), 47, 23.

[374] J. Degen (2004), 206.

[375] 关于去机构化的概念，请参考 W. Jantzen (2003) 以及 K. Döner (1999).

[376] 格罗麦尔（R. Gronemeyer）对此的推动："帮助必须从其官僚式强迫中

公民社会的委身为邻里所作的看护工作，借此形成第三个社会空间。[377]

克劳斯·多尔内尔（Klaus Dörner）作为这一概念德国主导性的代表人，通过其在古特斯洛（Gütersloh）的心理病医院中的慢性病领域的去机构化的实践而获得了经验，[378] 有了这一的问题，"在这戏剧性快速增长的国民经济的总体帮助的需要，知识在这些帮助的部分的扩张，在国家—市场—市民—税收—交汇在一起的帮助，这些公民投身参与的第三因素。"[379] 而这其中尤为关键的是此前义务参与的先知通过专业化工作加以强化。在此看来这更多的是一种"帮助的新文化"，这就其间就是模式的转换：从固定的紧急领域脱离出来，从专业投入脱离出来转而公民税务系统，在其间是专业化的专家，公民自己在其间承担了帮助是责任并且为日常相关

再次解放出来。其只有关注一个面，而没有整体之处；其没有给予乐观关照之处，转而能够能够与危难之中的人同在，给予保护。也就是能够从帮助的野蛮中解脱出来，借此我们能够确定，回归到真正的帮助，也就是我们非常明确需要新的帮助的文化。" R. Gronemeyer，（2011）48.

[377] 作为第一个社会空间，那就是私人领域；而公共的空间就是第二社会空间；第三空间那就是邻里作为社会互助的"我们"的空间。

[378] 这些经验就呈现在 K. Dörner (Hrsg. 1998)中。

[379] K. Döner (2007), 55.

的领域提供支持与补充。[380] 这一点也得到提奥多·斯特姆（Theodor Strohm）的支持，他接受了托马斯·饶申巴赫（Thomas Raushenbach）的思想，对于现今——不仅仅在服务事工中——"一个新的社会中第二生活世界的相互依存，以及在现代条件下的人人彼此相顾，既在专家文化之外，又在专家文化之下。"[381]

要点总结

- **帮助在新的**时代中通过专业化、专门化、**机构化和**标准化的过程是明确的。**而就此机会也存在其间。**

---

[380] K. Döner (2007), 29, 39, 66f，185. 参考 P. Wissmann/R. Gronemeyer (2008), 124 f.，推动"帮助的新文化[......]我们需要帮助的文化，这文化能够与新的社会资源联系在一起，而且能够构建新的市民文化。"他们还指出，"单单这种需要，未来的市民的行动应该在生活的方方面面之中，离开国家照顾机制的固有模式"。同样本尼迪克也指出 H.-J. Benedict (2004), 77，从教会团契的服务事工从一种"社会的新文化"以及，"一种合作的个人主义，人们不必被孤立。而是在社会领域之中作为具有丰富意义的生活的继续。"

[381] Th. Strohm (2003b), 165. 斯特姆看饶申巴赫相对的，一方面 20 世纪在社会领域中专家文化的建立，也就是不断发展的职业化，而另一方面在不断随着同时增长的私人帮助模式在公共机构帮助系统之中的出现。

- **当关注到人的参与的**质量在其间，**帮助的事务化与机构化不一定就是不好的事情。**

- **帮助行动的专业化与机构化有其边界存在。在未来将会以社区团契关怀的形式使得人们参与进入公民社会的帮扶之中。**

- **所有人的能力的推动**，在日常生活相关的，跟进**聚焦的**问题中，这对于未来是一个非常妥当而又有希望的道路。

5.6 参与帮助为一切人的基本存在结构

20 世纪 80 年代克劳斯·多尔内尔（Klaus Dörner）便看到一个团结一致新定位的公民运动产生，其希望在于帮助的公民社会文化的建立。[382] 这样一种帮助的公民自发性的意义对于他来说不仅仅在于重新发现帮助的每

---

[382] K. Döner (2007), 55–63.同样科里（Th. Klie）看到在德国志愿者的参与方面能够表明志愿者的投身将是非常大的潜力所在。对他而言公民的共同承担社会责任的异象乃是中心社会政治行动的领域所在。（P. Wissmann/ R. Gronemeyer [2008], 134）

一种文化乃是基础的人论的存在：也就是每一个人本质上不仅仅需要获得帮助，而且也有为别人提供帮助的可能，借此使得生命的意义得到实现。多尔内尔（Klaus Dörner）写到："我们恨恶通过义务的方式迫使人帮助人，但是我们要是未能帮助人的时候，也是有愧的。如此基本上所有的人，至少在潜能上，终生都有帮助的需求，而且也希望有机会能够在帮助上有所作为；我们需要在行动中对别人有意义[……]因为本质上人都是需要得到帮助，又是有帮助别人的意愿的，这是人存在的基本。"[383] 相应的就有了帮助的新文化，那就是人与人彼此相互帮助：人有获得帮助的需求，也有帮助人的意愿。他们 "同样的眼光所及" 也就是他们所需要的。[384] 如果是这样，那么志愿者的帮助某种程度上，这不仅仅是一种义务，也是一种乐趣，借此获得生命的质量。汉斯-约尔根・本尼迪克（Hans-Jürgen Benedict）认为："有一种新的团结一致，一种合作的个人主义，其间人不必是孤立的。自愿的去帮助，是自我决定的而且带有

---

[383] K. Döner (2007), 116. Th. Klie (2009), 580, 克莱有这样的思想："人都是在成为别人有意义之中生活吗，而这意义也是本质上完全从关系的实现获得的。"

[384] Th. Klie (2009), 77, 科尔（K. Kohl (2007), 197）也有类似的表达："所有人都有帮助的需要与帮助他人的意愿，所有我们可以说人都有帮助需要-愿意帮助的本质。"

乐趣的，而且是创造性的生命意义相关的形式。我们为我们！不再是以天国为我们的目标，而是在地上意义的增长，在其间有限的细小生命，就是每个人都有的，联合成为一种新的人人为彼此的新形式。"[385]

5.6.1 允许与承认自身有帮助需要的困难

"允许与承认自身有帮助需要 "这一角度是有激发性的，[386] 至此会有误解，一位有帮助需求的人只是唯有在帮助的接受者和在帮助的给予者身上存在。这让我们看到，可以与乌尔里希·巴赫（Ulrich Bach）理解"教会作为病人的集体"联系起来。[387] 巴赫强调帮助，就如同自己愿意给予他人帮助一样，这乃是属于每一个人的存在。这两者都属于人性的健康发展：时刻准备好给予他人帮助，也一样——这也是有可能是非常困难能

---

[385] H.-J. Benedict (2008c), 148. 意义就是：帮助不是为了自己自己灵魂的得救，而是关乎此地、属世的所愿意做的事情。

[386] 这里已经触及到的是，因为不需要有帮助——如长久以来所认为的——就此奥思考的是，某人在病痛之中需要帮助。这更多的是关怀，人唯有保持健康，才能帮助别人，因为人的存在唯有在与人在一起，而且在为他者提供意义的可能。

[387] U. Bach (1986b), 128.

够学会的——准备好，意识到自己帮助的需求，而且能够真正接受来自别人的帮助。[388]

赫尔伯特·哈斯林格尔（Herbert Haslinger）指出了其中问题的症结所在。一方面他引用长久以来被认可的宗教社会学研究的结果，这对于许多人而言——非教会中的——教会服务事工行动乃是在公共社会之中承担的可承受的与信仰的价值所在。[389] 对于许多人而言，教会服务事工是好行为的概念，而且是教会的基督教的概念，他们愿意参与，他们之所以不少人自认为参与其间，乃是之上通过教会税的交纳已经参与了。[390] 但同时却又一个双重性的问题：其一，现今大多数的服务事工中的行动都是作为为他人提供帮助。可是，自身却尽可能的不作为需要帮助这样的角色出现。哈斯灵格尔（Haslinger）继续提到另外一个已有的问题：服务事工"缺位的接受"[391]。同时他也提到一个"代表的或捐助的

---

[388] U. Bach (1986b), 128. 巴赫认为能够给予他人帮助，这是人类的人性所在，对于人来说，这完全是事实。

[389] H. Haslinger (2009), 101–112, 特别是 102："教会服务事工是教会应当承担的，也是伦理意义中信仰的价值所在。"

[390] 按照布林克曼 F. T. Brinkmann (2004), 452，"描绘这个时代的每一个个体[…]好的[人的]行为是基督教的，因为对邻舍的爱，就如特蕾莎修女一样，不仅仅唯有教宗是基督教的表率，使得服务事工动机下的使命通过基督教宗教实践——而通过纯粹的服务事工使得基督宗教的本质得到体现。"

[391] H. Haslinger (2009), 108："人们企望高度的可靠性，而且在很大程度上

意识"[392]，也就是表达了人们愿意通过教会税或者在此地、在他处通过捐献来支持社会服务事工的开展，而基本上却没有直接参与帮助的工作实践。

这个认识是有问题的，因为他们就此将社会划分为强者与弱者、帮助人的与需要得到帮助的，而且在实际具体情况中更愿意作为生活上没有困难的人。这就会直接导致神学、人论角度中最为重要的问题产生，在给予他人帮助或获得帮助中，这完全是属于人的存在。[393]　就此教会与教会联系在一起的服务事工机构必须不仅仅看到自己的任务，帮助危难中的人们，而且同时也要探讨人观的问题，弱者、需求或接受其它人的帮助不是作为一个软弱的标志，而是正常的自然本性、人性的，这是在每一个人的生活之中在此、或彼皆有的。薛华（G. K. Schäfer）对此有这样的认为，"学习的过程，［…］自身

认为服务事工是教会的实践，而且认为这乃是为他人，也就是在危难困境之中的人所提供的实际行动。对于自己的问题却宁愿不要从教会的帮助行动中成为接受方。于是这就产生了双重疏远的问题了。一方面看到的是与危难之中的'别人'保持距离，因为社会之中所存在的危难问题，教会会给予关照，同时他们自己就没有看到在此帮助工作之中应该承担的、参与的责任所在。而最为关键的是他们与教会已经疏远了。［……］高度服务事工的接受那就是疏远的接受。"

[392] H. Haslinger (2009), 107.

[393] 胡贝尔认为 W. Huber (1999), 40："为要成为自己，每一个人都应该参与给予别人的帮助。"

帮助的需求不能被压制，而且接受帮助不是表面自己就不够刚强。”[394]

这也不是没有问题的，当服务事工——至少在瑞士是这样——与名声有关的，而且在对群众有给予帮助的期望的，他们往往会被认为是穷人（或者只是收入低的人群），被认为是边缘化人群。这就有了这样的印象，服务事工是给‘别人’，‘弱者’，给那些‘有需要的’，而不是给与所有人基本需求的满足，因为所有人都是一直反复有帮助与支持的需求。耶稣所教导的好撒玛利亚人的比喻使得服务传统的基础定位非常明确：有帮助需求的人基本上并不是穷人，而是自身通常对他人也是有责任意识的，只是他落在强盗手中，所以需要得到他人所提供的帮助。

我们所说的——也一样针对服务事工的机构——关于社会工作，这就是关于所有人的，需要这种或者其它的帮助形式，而且也接受帮助，这是恰当的。就此社会工作或者服务事工的工作本质上并没有划分强者与弱者、富人与穷人的差别。帮助行动为自己定位，而且在具体的帮助与支持的需求上，不排斥任何人。

---

[394] G. K. Schäfer (2004), 415.

5.6.2 穷人作为优先选择？

在服务事工的讨论之中相对应的长久以来一直认为、而且也基本持定的是，服务事工的投入从圣经的内容为依据开始，经过教父时代，一直非常明确的一个认识，那就是服务工作是服务穷人与弱者的。马提阿斯·孔拉德（Matthias Konradt）认为："基督教服务事工既然已经与耶稣所做的服务事工有着基础的关系点（参路 22:27），而且人与人彼此相顾是最为基本的（参太 25:40、45），这也就同时指出了——早在旧约中的社会法则联系在一起的、也是与先知对社会的批评相连的——以'上帝为穷人'为义务的。"[395] 这一服务事工投入的描述与表达，如果从服务的政治正确来说，从某种角度上几乎成为一个要求。但是，我们要问的是，什么是具体的？这对于服务事工所属的养护中心或者医院表示什么？是不是应该我许多的社会边缘人群，以及为低层的居民在社会帮助和病患在经济上提供支持？有没有

---

[395] M. Konradt (2006), 152. 关于"上帝特别眷顾穷人（上帝站在穷人一边）这在拉丁美洲的解放神学的处境下（H. Haslinger [2009], 385–391），而且在普世教会的发展与服务讨论之中得到巨大的反响，某种程度上这在 1968 年乌普萨拉所召开的世界基督教联合会的第四处大会上便可以看出。"（M. Robra [2005], 146）

特殊的"服务事工"？或者上帝站在穷人一边，这对于婚姻辅导与家庭辅导在教会的、服务事工的机构有什么样特别的意义？是否应该为收入较低的家庭提供更多的支持与服务？理解这些问题，所做的是应该明了，在今天中欧的处境中，一个已有的选择对穷人在实践的社会的、服务事工的工作任务中，这些标准究竟有多大的帮助。[396] 这一点也同时适应与服务事工机构所从属的全名的基本保障体系中的社会、健康保障系统。

公民的基本物质保障与社会安全保障这是西方社会长久以来一直作为国家政府的任务所在，而且在实践中也已经得到实施与推行。据此穷人获得政府的帮助；他们有获得帮助的法定权利。在圣经之中毫无疑问的关于给予穷人、寡妇、孤儿以及外来人群的关怀与照顾，作为基督教动机之中的人与教会一起一直不断推动，并且同来自于其它社会传统的各方面的代表人一道参与其中、给予支持，使得社会之中在物质方面又短缺的人群不再落入无奈与无助之中，而是尽可能使得不会有人陷入困境无法自拔。

---

396 哈斯灵格尔在关于我们的处境中为穷人的选择相应的，应该看到"在危难一边，视角发生调整"，这自然的不是在于，这样的理解的角度的挑战基本上应该是每一帮助行动应该有的，而且应该得到帮助的行动主体与接收帮助的客体的认识与接收。

从大的角度与整体的角度却显明了服务事工的讨论几乎是"上帝站在穷人一边"的复述，没有策略性的服务事工机构策略上或者相对应的社会政治投入的特别帮助的标准。我们注意到这是很有帮助的，社会行动针对社会之中苦难之人是非常重要的，在其间（社会的、健康保障的、政治的或者其它种种）人们生活的破碎与受伤能够得到关注。这是一种站在受伤者、受害者一边的表现与表达。[397] 当然站在穷人一边，这是尤其具有合理性的，但应该尽可能涵盖所有人，因为所有人都是受伤的，而且凡是受伤的都应该是社会帮助工作应该考虑的目标对象。借此便可以更加肯定的是，对于那些不是帮助文化伙伴的、同伴的文化，实际上也是最为基础的人论的概念，本质上所有的人都有接受帮助的需求，服务事工的服务内容不仅仅是为物质缺乏的人群与阶层而已，而应该定位为为所有的人。

---

[397] 克莱在关于受害与受伤者有具体的描写，而且他认为这是服务事工应该关注的特定人群。（Th. Klie (2009), 582）

要点总结

- 人总是愿意给予他人帮助的，**而人也同**时总是需要得到帮助的。

- **志愿者的帮助**，这能够作为社会生活之中有创见性的形式。

- 能够使得人自己的帮助诉求不被掩盖，**而且能够坦然接受来自他人所给予的帮助**，这是一个不容**易的学**习过程。

- **帮助行**动的牧师乃是在于发展出一种文化，**使得自己或者他人的所受的**伤害能够得到关顾。

5.7 作为教会基本功能的服务事工

帮助人的工作，以上我们已经看到了，这属于人存在的深层——属于整体、普遍的人性，而不仅仅是特殊的基督教或者宗教的人的存在意义而已。[398] 人从本质上

---

[398] 科尔对此有非常明确地强调 K. Kohl (2007), 197："帮助的事工这是每一个人本质与生活的表现，也是整体人性共有的。所有人都需要帮助也愿意

便对帮助有本质的需求，而且也愿意给予帮助，这是人之所以为人的原因所在，在社会关系之中真实存在的。而对此社会关系乃是具有给予帮助和接受帮助。两者相对应的是本质上人性的需求。根据神学的所持守的，这乃是上帝——人的创造主所给人的，在《约翰一书》中便叙述其为上帝爱的本质。[399] 从上帝，也就是从爱而来的社会本质，出于爱，人与人实现人人彼此相顾的帮助。在此共通的人论意义中，克劳斯·科尔（Klaus Kohl）认为这乃是人性共通的人论的意义上，一直就存在的，凡是人帮助，不管有没有带着宗教的动机，而且在这样的帮助中上帝作为一切爱的基础与来源。就此我们认为，"上帝也不是出于信仰的，使得人，通过人实践服务事工"[400]，即便人为社会的行动与表现并非是以理解这样的神学认识为前提的。

5.7.1 作为教会本质外在表现的服务事工

当以上这样的理解与领受一旦对于人、对于社会机构能够完全有效的话，那么也就尤其对于基督教、对于

帮助。[……]帮助的事工乃是最去人性的本质与表现。"
[399] 《约翰一书》第 4 章 8 节："上帝就是爱！"
[400] K. Kohl (2007), 12 f., 207, 270.

基督教会作为上帝上帝、一切帮助的基础，这能够得到相信与认同的话，在其间人因为得到信仰的光照，认识到个人乃是蒙爱的，而且人自己就无条件被接纳的，那么人进入教会之中就是蒙召为要实践人人彼此相顾的、帮助的共同的人性的本真。如此，能够在其间把圣经所见证的上帝见证出来，使得受伤之人，特别是通过实际行动、见证（福音宣讲的角度[401]，或者是奉献）、举行礼仪崇拜（崇拜、礼仪圣事）、带出团契的生活表现（团契或者服务的角度而言），而且能够在实践之中（从人人彼此相顾的帮助或者服务事工的角度）实践出对邻舍的爱。可以说，这是作为建构的本质外在表现的四种不同的视角，或者作为教会外在可见的标记。[402] 这四个不同的特征都是原发的、是教会的本质特征决定的，也是彼此相关的；而且它们"彼此评估、推动和深化彼此。"[403]

这就意味着，服务事工作为爱邻舍的实践行动——从教会的机构来看——不是额外增加上去的，也不是附

---

[401] 包括所有神学培训的形式。

[402] 德国新教联合会（EKD）的服务事工思想汇编也是这么认为的（EKD [Hg.] [1998], 17），哈斯灵格尔谈到，教会的四个"支柱"H. Haslinger (2009), 166 f.， 以及166–175。

[403] G. K. Schäfer (2004), 415.

属、作为次等重要的。赫尔伯特·哈斯灵格尔（Herbert Haslinger）在新近特别强调，服务事工不应该简单的认为是因为福音宣教而额外衍生出来或者额外增加上去的结果，他认为，要是认为唯有圣礼的举行是作为信靠上帝最为首要的表现的话，那是错误的，再者，服务事工这不不是纯粹个人因信仰而生发的私人的事情。[404] 要是持这样的看法的话，便会有错谬的宣讲、错谬的崇拜，因为要是认为服务事工是在信仰之上增加的额外的话，那么在神学与灵性上的的意义就会发生偏差，而是要明白这一样是教会的核心使命所在，其中在社会问题发生的时候，提供日常帮助，也就是服务事工，就是被给定的，为要使得危难能够得以解除。相应的可以得出：**人人彼此相**顾的帮助行动乃是属于教会、**属于信仰的本**质。[405] 信仰而没有爱邻舍，这就不再是信仰了。[406] 所以服务事工非常明确的是，这事工并不是次

---

404 H. Haslinger (2009), 237, 312–314.同样克拉尔（L. Karrer (2006), 43,）也强调，服务事工"并不是信仰的结果、而是信仰构成因素。"

405 H. Haslinger (2009), 237。 哈斯灵格尔根据《诗篇》82 篇，其间上帝据是运行在受压迫、被压制与受苦的人中间，他指出："通过服务事工的行动人能够是自己身处信仰的中心。在服务事工中最为关键的是，能够减除对上帝信仰的疑问：我们的上帝是真的上帝吗？"

406 信仰没有行动，使得爱死亡，尤其是《雅各书》第 2 章 14-26 节的内容

等或第二重要的，而是能够在神学上有一扇通往上帝的门，因为上帝就如同在《马太福音》第 25 章中"最后的审判"所说的，他与受苦的人在一起，而且在其间——通过帮助者，而且大多是帮助人的人自己没有意识到的——便人与上帝相遇！[407]

5.7.2 "导引功能的服务事工"之质疑

常常有人误以为认为服务事工所做的并不是真实有效、彻底的帮助，这些服务事工使得有帮助需求的人在他们的危难之中能够得到缓解而已，而这些具体的帮助更多的、其本质上只是能够借此通往上帝的爱、能够进入上帝的国度，或者能够在一切的属世的帮助之上获得永恒的救恩，这才是教会工作最为首要的。[408] 约翰尼

所强调的。但是在此却不能够得出相应反过去的结构，不能说：爱邻舍而没有信仰就不是真正的爱邻舍！信仰不能没有爱邻舍，爱邻舍却能够在没有信仰的情况下实现，因为帮助的行动乃是一个人类共同的现象。或者用科尔的话来说（K. Kohl (2007), 207）："教会没有服务事工，教会不是教会；但是服务事工没有教会，服务事工还是服务事工。"

[407] J. Degen (2003), 88.

[408] 德国新教联合会（EKD）就此便是古典的理解，在其服务事工思想汇编中，一开始便认为："'心、嘴、行与生活都必须成为基督的见证'，也就是说如同巴赫的颂歌一样。在基督徒为他人所提供的服务中也必须完全这样，这就是服务事工所要的。这乃是上帝在基督里的怜悯的见证，是上帝爱所有人的见证。"（Kirchenamt der EKD [Hg.] [1998], 7）这相对应的就是服

斯·德根（Johannes Degen）对此提出批评："不断重复的事情，那就是往往把动机与主题放在最前面，而具体的帮助行动却是相对次要的：帮助、服务事工作为信仰的伴随物，作为导引而已，借此能够达到'带出某种表现'的目的，是上帝工作的表象——从没有被接受或认为这事工乃是不可或缺的、直接的、有丰富价值的工作，只不过是具有导引功能而已——服务事工导引人们朝向更高的信仰与宗教的层面。这'导引功能的服务事工'往往会导引人认识到背后还有'更高的'旨趣，而且回到人身上，头、骨头和灵魂都应该是帮助的美好行为所关注的，也是中心所在。"[409] 而相对应的是认为，服务事工作为爱邻舍的帮助行动，这是教会有着丰富价值的基本功能所在，以至于与宣讲福音、崇拜和团契是一致的，其功能不仅仅在于简单的实证教会的其它基本功能而已。[410] 服务事工实践的与神学的意义就在其具体

务事工的首要工作在于为上帝做见证，而不是给予身处危难之中的人提供具体的帮助！

[409] J. Degen (2003), 54 (Fussnote 92).

[410] 教会四种基本的功能中的每一项都与其它的功能能够彼此互相印证。至此却在它们之间，每一项都具有同样价值的独立存在。薛华写到 G. K. Schäfer (2001), 24：服务事工有其自己的特定本质，当首相与却福音的宣讲和崇拜相连，而且使他们得到完满，所以应该同样强调，这转而也是对福音宣讲、崇拜是同样有效的，他们首相是与服务事工相关联，并且使得

的帮助之中，就在为具体的人在具体的危难中的帮助。而和兴就是完全明确的所面对的人，及其属世具体帮助的需求，而不是某些超常，被帮助中所带出的相关问题的神学理解、或神学理论。[411]

他们得到完满。服务事工绝不是仅仅之先其它的基本功能而已，而是相互的、互动的。

411 由于这一点，我们认为霍布格的说法（R. Hoburg (2008a), 19 f.）是有问题的："从神学的角度，帮助在其宗教的基础定位之中是超越'实证的特征'，也就是超过其纯粹的功能性帮助行动所能够达到的。在宗教的关系中，存在帮助给予者与帮助接受者之间互动的层面之外，还有一个第三层面，这在神学的语言中就是上帝爱的预尝或者恩典、和好与称义的成就。这一层面使得帮助情境有了新的，或者说意义中'可替代'的亮光，因为这是在创造生命中在蒙救赎需要的背景所在。[……]在创造的视野之中带出的是美善的行动，使得社会的动机能够转而成为'天国的投资'，而且接受的人也作为得到寻求天国宝藏的追随者（路15：），"当然完全能够说服务事工中的帮助行为带有寻求通过帮助的可能，就是通过帮助在具体危难之中的具体人，从而能够寻求天国奖赏，作为其属世美好行为的奖赏——事实在于，要是想要去除其动机成为"天国的投资"，而没有社会动机的附加思想考虑。这样能够保持帮助的需求位于完全中心的位置，而且真正认识到，不要将其作为问题过分解释，或者被压制（蒙救赎的需求、称义与罪恶的赦免、与上帝和好等等），导致使得其不作为主题，也不认为有帮助的企望。如果有人盗服务事工的医院接受一个割除盲肠手术，他所期待的一定是外科医生能够专业的角度准确的外科手术，而且能够专业上、社会能力上得到正确对待。人们在此，即便外科手术医生也是基督徒，不会认为首要的是考虑到天国的奖赏的问题，不会首先考虑到这个手术能够换取天国什么样的回报……！云格尔（E.Jüngel）的观点E. Jüngel (1987), 22再次提醒我们：基督徒为他人所做的，他就这样做而已。他不会因为自己有着某些宗教的附加值的意义考虑，使得自己做的更好，反之，会有压力。"霍布格（Hoburg）也这样认为这种意义的宗教附加值，或者神学的解释某些具体的社会危难问题，通过意义的层面，"蒙拯救的需求与和好"是一方面，通过'天国的投资'这样的奖赏作为人与人彼此相互关系中的简单化解释。

5.7.3 教会整体使命为处境

通过以上关于教会四种基本功能相互关系的论述与理解，可以得出一个明确的结论，服务事工在教会整体工作中不言而喻是与教会的整体生活必须完全联系在一起的。服务事工并非作为其它具体的某项事工的辅助，例如使得人借此得到导引进入教会，基本上具体帮助的工作内容，也是其它非教会机构能够提供的。例如，当教会的一位社会工作者为一位流浪者提供栖身之处、当教会的社会工作者帮助失业者找到一份工作、或者帮助某一失学者获得学习的机会、当教会中的志愿者为移民家庭的孩子提供作业辅导，那么这些帮助不一定的必须是在"基督教的"或者"教会的"框架之下出现。这些在其具体的帮助工作之中，其服务的价值已经实现了。[412] 故此这里重要的是，这些行动与教会的生活整体联系在一起，这些社会问题在所开展的具体工作经验之中就被教会的生活所真正了解到、而且在福音宣讲和崇拜中，教会之中的志愿者的工作或者探访服侍人员借此就

---

[412] E. Jüngel (1987), 22："服务事工的工作当然必须合乎基督教信仰的标准，而且能够完全体现；但是却不必须的，因为这是服务事工的工作，通过额外的基督教的特定基督教签名来使得这些工作具有合理性，这完全是不需要的。"

将它们带入教会，使得这些困难与问题能够得到有效解决。

对于在服务事工领域之中的教会专业工作人员而言，这乃是不可或缺的，它们的工作——即便是以完全世俗的方式呈现——在教会整体的托付处境之中来理解的，他们与教会认同，而且教会生活的服务事工层面同其它的教会的基本功能（福音宣讲、崇拜与团契生活）相互关联。唯有如此服务事工才能作为教会的基本功能，为要整合、一致化的教会的存在，承担构建性的任务，并且从中实践，成为真正的实现"教会的服务事工化"[413]，这也包括投身社会政治的参与。

这种教会或者堂会服务事工在教会使命、教会生活的整体中的连接会推动社会服务事工的工作人员接受基本的神学的训练和属灵的基本操守，为的是教会的服务事工的使命在专业上和个人与之相宜的能力和相信能够获得。从这一点来看，服务事工作为教会的基本功能本质上就与独立的社会机构（医院、看护中心、咨询中心等等）的工作区分开来。要成为其员工，并不需要特定的基督教或者教会的身份，因为这不是关乎教会的本质，而是关乎于服务工作相关联的工作能力，为要能够

---

413 J. Moltmann (1984), 36.

专业化的突进解决特定的社会、教育、医疗或者看护等等问题。[414]

在以上关于服务事工的讨论与身份定位相关的内容中我们已经看到，服务事工的代理人和服务事工学科研究中的学者认为，帮助的事工要是与福音宣讲的角度结合，才是正确的"服务事工的。"[415] 这是应该反对的。耶稣所教导的好撒玛利亚人在此就是最好的例子，其间他没有任何的拔高，或者任何神学的夸张，没有宣讲任何一句见证的言语，没有祷告，他也没有给那落在强盗手里之人祝福，他就是这样给予帮助，他所做的、所提供的就是那人所需要的。在这个比喻中就没有有关任何宗教意义的行动，而是对邻舍的爱而生发出具体的、属世的帮助。同样就在最后审判的比喻中也是同样的教导：同样没有任何出于宗教或者是属灵的行动，而是纯粹属世的行动和爱邻舍的具体行为表现。要是强调只有

---

[414] 再次又要提到好撒玛利亚人的比喻：好撒玛利亚人所显明的帮助人的美好榜样和店主既不需要具有犹太人的身份，也不需要与跟随耶稣的圈子的人有身份认同。

[415] 参考A. Noller (2003), 227："在服务事工中现在不仅仅是关乎爱邻舍，而且也是关于福音的宣讲。"而郭德（J. Gohde）看服务事工是能够达到社会最远的一个教会的讲道台（转引自B. Hofmann [2003], 233）。对他来说其理由根据在于服务事工的基础在于，被钉十字架的耶稣在对话中能够带出来，能够把福音信息带给其周围的人。（J. Gohde [2004], 54）

在宗教之中实践因爱临时的行动，那只能说这是特别的人的行为，并非普遍的。

5.7.4 服务事工并非福音宣讲

对于我们来说，这是重要的：人与人之间帮助的行为（不仅仅是基督徒之间）对于有信仰的人而言总是上帝爱的激发，上帝创造了我们人类，使得人作为被造物有爱与帮助的本质存在。但是，正因为这一点，我们深刻认识到服务事工的帮助行为并非是福音宣讲。当我们看到福音宣讲与服务事工乃是教会存在的相互关联的基本因素，这两者都是特殊的；它们既不是相互混杂在一起，也不是彼此分开的。由于这一决定性的信息，我们可以得出，服务事工不应该作为以宣教为目的而开展的。[416] 赫尔伯特·哈斯灵格尔（Herbert Haslinger）赞同这一点："通过服务事工的连接和宣教化的角度来理解，也就是服务事工仅仅只作为为了基督教会的服务事工，这会显得非常的荒谬。服务事工会成为无法想象的。这将使得服务事工在各样的关系之中成为不好的，因为危难之中的人有帮助的需求，为的是使得紧迫的压

---

[416] G. K. Schäfer (2004), 415.

力能够得到解决，这使得服务事工在帮助上增加了不必要的异化，以及使得与现实脱钩。"[417] 服务事工的目的在于完全使得人的危难能够解除，而且人的威胁能够去掉，他们的生活能够再次回归正轨。服务事工并没有额外拯救或者秘密附加的隐藏行事日程，也就是并没有设定特定额外的目标，为了基督教信仰要赢得人，使人成为基督徒或者为教会人数增加而开展的工作。[418] 因为教会的福音宣讲与代领人进入教会、接受信仰，而这乃是福音宣讲的任务，或者来自一个人的影响，教会团契邀请共同作用的结果。[419]

5.7.5 服务事工的特殊宗教、灵性形式

基于以上我们已经通过服务事工的圣经中的主旨经文：《路加福音》第 10 章和《马太福音》第 25 章而坚

---

[417] H. Haslinger (2009), 201.

[418] E. Hauschildt (2004), 317 郝绪尔德特就此认为，"在世界上服务事工如果要获得人们的信任的话，就应该向自己的顾客保障，服务事工并非为要推动宣教工作。"

[419] G. K. Schäfer (2005), 118 f., 薛华在此接受了郝绪尔德特的观点，这就回到原有施莱尔马赫（F. D. E. Schleiermacher）所认为的，教会的影响在呈现的行动与运作的行动应该区别开来。福音宣讲应该就是属于呈现的行动，服务事工就是运作的行动。两者皆有各自的意义，但是不应该混淆或者相会替换角色。

持服务事工的属世特征，而现在应该反过去来看，服务事工事实上在服务的形式上也有特殊的宗教特征，而且这毫无疑问也是基督教会在服务事工上努力的所在。关于这一点的思考我们可以通过代祷、祝福或者是关于人生意义与信仰问题的谈道，或者是关于在人生活之中的希望的视角为具体的例子来说明这个现象，这就是在忏悔或者是属灵医治形式上，这也是事实存在的。[420] 利奥·卡乐（Leo Karrer）看这这帮助形式为特别的"宗教意义的服务事工"，[421] 克里斯多夫·司徒博（Christoph Stückelberger）称之为"灵性上的服务事工"或信仰定位的生活帮助。[422] 这些服务事工的形式所表现出来的服务事工层面并非是教会存在中的服务事工的基本功能（例如宣道，或者礼仪上的角度）。这里相关的是特殊宗教的——但也不是排他的基督教的[423]——帮助，就此能够期望这一些能够在教会中得到推广。[424]

---

[420] 长久以来，教会——无论如何建制的大教会——抛弃属灵医治的实践，而且远离在神学上不是被认可的主题，灵恩的、五旬节的或者救恩论特别的团体。参考H. Rüegger (2008) und W. H. Ritter/B. Wolf (2005) sowie aus exegetischer Sicht G. Theissen (2008b)。

[421] L. Karrer (2006), 45，认为这是"宗教意义的服务事工"来克服生命意义的穷乏："宗教的服务事工回答了人们有关生命意义的问题，而且寻找希望的角度。"

[422] Ch. Stückelberger (2006), 197.

[423] 例如祷告、灵命关怀、祝福、属灵的医治等，在非基督宗教领域中，这

　　而这应该注意的是，这些宗教或者灵性意义的服务事工在神学或者灵性领域上不应该被认为相对于其他的教会事工就会显得更加有价值，例如完全世俗、没有宗教色彩、却能够负责任而且成功的看护病患、为寻求庇护的难民提供咨询或者为无家可归的人提供邻舍住处。同这些世俗的帮助形式并不是与宗教的服务事工相连以达到"正确的"、"真正的"服务事工。服务事工被定位为教会存在的基本特征，就是在与遭遇苦难、面临危难的人在一起，不带任何宣教意图，支持他们能够克服困难。这就有了两个层面，是否这样的投入相对于完全世俗的帮助（大多数人是这样的）更好呢，还是这样的特殊宗教的服务事工提供补充支持比较好。关键在于危难之中的人经历与接收了合宜的、也是他们所愿意有的、在其中他们能够自主的、以及能够感受到受尊重的帮助，他们在其间并没有感觉到任何的压抑，也没有因为他们的弱点而有任何不愿意的情绪。

些也存在，在耶稣的时代中便有。

424 意外的是，属灵医治的实践在许多服务事工所建立的、主导的意愿也不会得到认真接受，也不会有系统推广实践与反省。人们认为在正规医学中，没有什么医治的替代，同样在教会的服务事工中的医院也是这样。

5.7.6 关系与团契

服务事工作为教会的基本功能之一，可以有完全不同的各样形式表现：人与人之间给予直接帮助的不同形式，自我帮助团体的支持中、在邻里的互助之中、在目标团体定位提供咨询之中、在为社会能够有更多的公义的政治支持之中、在提供给教会帮助机构的支持之中、在于国际伙伴的为发展共同工作之中……[425]这非常相近的是，教会服务事工作为教会的本质与使命，有着两个最为相关的重点：一方面是人际关系，另一个就是人人彼此相顾的、相互依托的团契的形式。

约尔根·莫尔特曼（Jürgen Moltmann）特别强调这一点。他认为在工业社会之中人最大的苦难就在于遭受着社会的孤立与关系的失落。这苦难按照莫尔特曼的观点，是不能通过专业化的帮助手段的某种形式或者是通过附加的社会服务手段能够给予帮助的，而是唯有通过新的团契，通过"在社会割裂的边界上自我独立的团契能够构建起来。"[426] 这团契需要的是，强者与弱者、青年与老年、健康的与病患、本国人与外国人能够彼此、

---

[425] Ch. Sigrist (2009).

[426] J. Moltmann (1984), 21, 34.

共同相互参与的生活；因为，莫尔特曼对此相信，"为要能够使得所有的人为他者而存在（Für-andere-da-Sein），那么就必须是首先有着与他者在一起的生活（das Mit-anderen-Leben）存在"。唯有以友谊为基础是不足够的，而且使得帮助也不能完全实现。"[427]

这最后的一句话是极具挑动意义的句子；他所朝向的——正如大众所认为的原则——是目标。人不需要完成所有的事情，人只要提供所能提供的帮助，借此能够使得友谊的感觉得到发展。而这时通过参与会遇到其他的感受，例如有同情、满有尊重的伙伴关系。有着好的理由使得这句话能够引起人们的注意，这事实是教会的本质，从一开始就是，而且能够作为核心的、服务事工的意义：团契的提供，在有承载能力、人人彼此相顾的关系中，使得不同陌生人能够建立关系，而且影响其生活的某一部分。社会福利局是不能提供这一点的，而教会却有很大的可能提供这一点。"服务事工就在、而且通过救恩的团契得以实现，"[428] 莫尔特曼这样认为。

在此就可以得到和保留的是，教会，尤其是地方堂会在基本的、服务事工的任务上不再是立刻远离专门行

---

[427] J. Moltmann (1984), 21, 34.

[428] J. Moltmann (1984), 21, 38.

业的专家，而单靠自己开展服务事工，而是把专门行业的专家当做有能力的、积极的服务事工的主体。[429] 凡是存在之处，便会有某种程度的"教会的服务事工化进程。"，成为"一切信徒参与的服务事工"。[430] 服务事工团契的神学目标通过与以上所描述的专业化与社会化机构的去机构化过程而形成的公民社会的本质，而且通过公民社会行为模式，以达到现在意义上的团契的关顾。

马丁·霍尔斯特曼（Martin Horstmann）采取了与迪尔克·斯坦尼特兹克（Dierk Starnitzke）[431] 不一样的服务事工行动的三个层面，其间教会服务事工的实践能力，尤其是其服务事工中的从业人员必须明白与领受的：互动的、机构组织的与社会的层面。[432] 第一层是关于可实现的团契关系框架中人与人之间直接的关系；而第二层面是关于在组织结构以及在帮助的项目发展之中的具体工作；而第三层面的目标在于社会的参与、投入与委身使得人类生活的条件得到改善，而且正确的环境条件，使得相对应的社会支持成为可能。如果这三层关

---

[429] J. Moltmann (1984), 21, 37.

[430] 这是莫尔特曼 1984 年书的副标题。Moltmann (1984).

[431] 参考 D. Starnitzke (1996), 219 ff.

[432] 参考 M. Horstmann (2006) und (2008).

系是不可或缺的话，[433] 而对于教会地方堂会而言，在服务事工方面最具优势、机会最大、当然，这也是最大的挑战，首先就是互动关系的角度。因为，在地方堂会有着数目巨大的教会义工，这是教会服务事工巨大的潜能所在，也是其核心的贡献，而且借此能够担负构建在社会之中的帮助新文化。

要点总结

* 服务事工（作为人与人彼此相顾的帮助事工）**与福音宣讲、崇拜、团契一起作为教会的四个建构性的基本要素。**

* **教会的服**务事工，**即便在完全世界意**义中的帮助存在，**必须仍然保持与教会生活共同生活相互关联。**

* 服务事工并不是福音宣讲。**两者是彼此相关的，但是并非是相互混淆的。教会的服务事工定位自己在**

---

[433] D. Starnitzke (1996), 227, 斯坦尼特兹克讲到：“互动的、组织的与社会关系中的帮助在服务事工之中是不可分割、彼此相关的。”

于同人的危难、需要帮助，而不是就此需要额外附加宣教的意义。

教会堂会的服务事工在人与人之间的人际关系层面有着非常特别的意义，而且在可实践的、人与人彼此相顾的团契、在所有人不一样的生活的某一点能够彼此相顾、在一起。

6

帮助事工的定位点

人的每一项行动都需要有道德的定位。这就是自由的相对面，人在行动或停止都应该遵循的。动物在其行动之中一般是随意的、而且也不存在需要道德的持守（他们的行动方式与方法，与道德无关），而人知道自己自由的行动，应该按照自己的判断力来实现，也是就应该在行动中有自己的道德责任感。与这自由相对应的是有认知接受的义务，使得人能够在道德上有意识。[434]

对于人的行动总体有效的，从社会、帮助的行动角度上看有着特定的意义。如果是关于人在自己受到伤害或者是得到他者的帮助的时候，尤其会衡量、自我批评

---

[434] 人有别于其它的动物当然不仅仅是通过明白自己的行动应该有道德责任，也是通过自己决定遵循哪些道德价值、道德原则。黑手党与天主教会一样有着严格的规矩，只是道德内容完全不一样而已。

与考量所获得的帮助行动是否真的在具体的处境之中合乎道德责任的。

在这一章的内容中涉及的是关于帮助行动的道德定位点。通过社会伦理功能的探讨（第 6 章第 1 节）导入后面思考与探讨的框架与角度。作为所有帮助行动的基础乃是与爱、理解为人人彼此相顾的基本立场进行理解的（第 6 章第 2 节），而人需求的基本原则乃是诉求与义务的平衡（第 6 章第 3 节）。这都是所有社会工作应该考虑的。从需要原则而来的那必定尊重和考虑他人的诉求与自主权利。在帮助的关系之中一直在帮助需要者的自主独立与给予照付的义务之间存在着张力。而中心的问题在于在帮助的关系之中如何与权力相关的问题有着合宜行事方式。这就是第 6 章第 4 节现对于危险，帮助的行动一方面作为强者给予弱者的好意帮助来理解的，而进一步强调的是——至少潜在的——人人彼此相互帮助的另外反面：帮助者也需要帮助，而接受帮助的，也相应能够给予他人提供帮助（第 6 章第 5 节）。关于利他主义与利己主义行为的判定，在帮助的角度上也是有问题的（第 6 章第 6 节），引出一个实现，生活质量的意义乃是帮助行动的目标，就此就更加明确的是，生活永远是被限定的（第 6 章第 7 节）。在本章结束部分将会阐明，爱，或者人人彼此相顾乃是朝向机构化与权利华的必要（第 6 章第 8 节），因为唯有怜悯与权力一起的的时候，当社会中的弱者不仅仅获得施舍，而是也具有对帮助的法定正当诉求的时候，帮助才是可确定的，而且帮助的需要接受者才会得到应有的尊重。

6.1 服务事工的伦理——社会的伦理

6.1.1 在服务有帮助需求者中的伦理

看管与监护服务中的伦理对于帮助有需要的人，而且这帮助需求是不依赖与其它的。当人的帮助总体上在推动之下，道德责任感表明这同样适应与专业帮助更高要求的服务。能力意义上的伦理知识的拥有，个人行动的道德都应该严格的反省，尤其在与其它不同的做伦理决定过程之间所形成的对话，或者是发展出有责任感的行动策略，这在现今社会帮助领域中的专业化推进过程是同样需要的。[435]

就此一开始的时候就应该把一些误解清除掉，如认为伦理是关于抽象的、纯粹理论化所发展出来的行动指

---

[435] 参考 H. Baum (1996), 24.

引，而就如在一册烹饪书一样的比喻，只是在实践之中发展出具体的行动的"方案"，而且在每一不同的处境之中能够成为客观性明确的"转化"。[436] 相对应的能够使得服务事工的行动领域，不至于成为根据某一处独立的圣经经文中关于历史的、或者是文化的差异的启发，而直接运用到行动的过程之中去。[437] 这就会是律法—基要主义对伦理的谬误所在。尤其是关于对情境的直觉领会，以及对显明出来的问题的专业分析，这对于基本价值的背景与标准的深刻反省，这些都能够通过行为选择表现出来，这些可以被看做是负责任的，而且是有根据的。[438] 这样一种权衡考量表明了在所有的有关人员的共

---

[436] 安森（R. Anselm (2004), 173）非常有根据地指出，"伦理并非是在理论的浑浊空气中存在，而是其所在之处乃是在具体的冲突中的明确氛围。"伦理就此发展也不是通过完全决定性的诉求，总是为要获得个体正确的解决途径而已。其相应的"不是先知的情感，而是遭受压制者长长地、的释放的呼出气来，这是在其五花八门和历史定调中所获得的理解，而且这同时也是能够推及他人的。" R. Anselm (2004), 175.

[437] U. H. J. Körtner (2004), 244.

[438] 我们在此所触及的是一个整合的伦理-理解，在其间是直接反省角度中的意义，也是反省中的判断，这不管是由基本概念出发而推及到基督徒的在特殊境况之中的具体角度，这样一种从上到下的途径（top-down-approach）；还是相反的寻求意义的途径，从下到上的方法（bottom-up-approach），也就是从处境之中具体情况的角度出发，以求得到基本的定位与原则，这不管是去本体论的，即从基本的价值和原则开始着手，还是目的论的，从行动方式求证其结果。

同对话中是合宜的，而且在反馈之中能够得到可能的结构，这些结构有可能作用不同的行动选择。

6.1.2 作为寻求自我批评过程中的伦理

伦理在这个意义上并非是对一直存在的、固有的答案进行照本宣科而已，这些已有现成的答案必须提及，目的在于能够达到关于自己的行动的定位正确而稳妥；伦理更多的是反省、自我批评的接受过程和寻求过程，或者正如托马斯·科罗巴特（Thomas Krobath）所说的："伦理乃是还没有答案，而是正在寻求"，是过程伦理。[439] 在本章内容中就是要以此过程伦理的伦理寻求的角度来看待帮助行动的基本情况。

根据以上已经阐述的，尤其是在第 5 章中关于创造神学的立场的阐述，已经明确的是，在服务事工中并没有相对于社会工作而已经给定的"伦理的项目"。[440] 在基督教背景中社会工作的伦理并没有本质上与其它的定位标准有异的社会工作，有着相对应的伦理，而且这可

---

[439] Th. Krobath (2010), 571.

[440] J. Degen (1985), 97.当哈斯灵格尔 H. Haslinger (2010), 491, 说到，在服务事工机构之中有着一种神学的、或者是基督教信仰中的标准与方式方法天然的照本宣科，这很容易让人产生误解。

以作为共同人类的基础准则。[441] 柯尔特内尔（Ulrich H. J. Körtner）阐述的非常明确："上帝所期待的，而且从好撒玛利亚人比喻之中所表明出来的爱邻舍就显明在最为简单的人性之中，并没有什么必要的宗教关联在其间。基督徒的伦理可以、而且也应该从非基督徒的人性之美中学习其美好的榜样[……]普世共通帮助的伦理，推动服务事工行动的，不应该是在排他的基督教思想上建立起来，"[442] 这在新约中引起激烈思想碰撞的内容就是与此相对应的。

6.1.3 社会的伦理

在伦理学科讨论之中长久以来便有两种不同的伦理研究类型：其一是*公共伦理（大众伦理，Allgemeine Ethik）*，就是对基本问题的思考，这与寻求伦理的依据有关，其二是*运用伦理(Angewandten Ethik)*，询问的是各种各样领域之中、各个特定的行为领域之中的问题，

---

[441] D. Lange (2002), 205, 朗根对此是认可的："特定的基督教[……]不能在自己物质的、实际的（伦理的）推动中得到，所得到的知识其缘由与根据而已。"

[442] U. H. J. Körtner (2010), 165 f.

也就是所谓的专业领域伦理。[443] 相关的例子就如经济伦理、医药伦理或者是环境伦理。柯尔特内尔（Ulrich H. J. Körtner）提到服务事工领域中的伦理。[444] 从服务事工伦理的角度上来看，他的观点是正确的，"所显明的是，服务事工实践的领域与我们而言不仅仅是各样问题的特殊种类，在各样特殊行业面前，这些问题是与其它行动领域有差异的，而且也是从更深的角度看，某一方面来说，服务事工伦理问题是伦理反省中不受限制的类型。"[445] 服务事工伦理的概念却是不实用的，因为在服务事工行动领域中并不能指明问题的特殊种类，而这些问题却是基本上起决定性作用的，例如在公共医药伦理、看护伦理、教育伦理或者社会工作伦理中存在的。我们在此认为比较合宜的概念是"社会的伦理"以及相应的一种领域伦理，这伦理乃是与伦理问题相关的，这些问题就是在行动领域之中存在的各种各样的学科和社会、健康保障等专业有关的。在这个整个领域中：教育与伦理的获得作为道德的批判性反省基本上应该属于专

---

[443] 关于运用伦理的概念及其问题，请参考 J. Nida-Rümelin (1996), 2–85; U. H. J. Körtner (2004).

[444] 参考 U. H. J. Körtner (2004), 242.

[445] U. H. J. Körtner (2004), 248.

业专科的任务。[446] 这其中有一个区分，在新近非常受关注的主题：也就是伦理，就在社会领域之中的，原则上要么是讨论个体或者个人伦理，也就是从两个人之间不期而遇的层面，或者是社会伦理的，也就是说从整个社会的角度来看。伦理的问题，就即便是社会机构作为媒介的层面在为集体的、专业的结构中机构伦理责任的意义中得到反省，这些也会左右伦理的决定，可是往往被忽略——就在运用伦理之中！[447] 托马斯·科罗巴特（Thomas Krobath）提到一种"伦理的机构盲目"[448] 而且通过与安德莱丝·何乐（Andreas Heller）一起提出了"伦理作为道德反省必须得到组织化。"[449]

---

[446] 在社会与健康保障领域中各种各样专业与专科的学科之中，在过去几十年中毫无意义的医药伦理发展出门类众多的、各种各样的领域伦理。基本上医药伦理的划分与多种定位使得其他的社会领域也融合其中；例如节本医药原则接受的思考T. L. Beauchamp/J. F. Childress (2001)，在医疗教育方面R. Bonfranchi (2010)。而首先是在社会工作领域、社会工作教育学领域之中职业领域中缺乏一种性的成体系的不同领域伦理的学科标准，某种程度上如运用伦理J. Nida-Rümelin (1996)，A. Pieper/U. Thurnherr (1998) 或者 M. Düwell/Ch. Hübenthal/M. H. Werner (2002)，这些书所提到的。就此应该注意的是，社会伦理（理解为在社会结构层面上伦理的反省）某种程度上基本与社会的内容的（领域的）伦理不同，这就与我们讨论的有关！

[447] Th. Krobath (2010), 546.

[448] Th. Krobath (2010), 547.

[449] Th. Krobath/A. Heller (2010), 19.在此有关的是"脱离个人伦理作为主导，并且脱离排他的为机构的伦理反省的描述的对象，为此导引与管理，并且不断增加的机构过程中的开放性与伦理探讨的结构性"（Th. Krobath/A.

6.1.4 反驳

在社会机构中（医院、残疾人中心、养老中心等等）进行伦理反省，"引出结构中的伦理"，[450]，就此人们会从现实的途径就此提出两个反对的看法：其一要问的是伦理作为批判性反省，行动与实践的道德是在先的，在一个机构中的员工，以专业热诚投入对人有同情感的帮助，这样从主观内在动机出发，提供帮助的员工们，是受到什么动机推动与导引。这某种程度上说，可能是病人，因为员工——有意识或者无意识——在内部更加期待被认可，而由此偏向于有可能的伦理，自身专业道德行动有可能进行伦理的寻求，这事先是不存在的。

而另外一个就是，伦理方向意味着共通起作用的、实践中已存的伦理道德，在每一天的日常的常规中往往会被打乱，这就是浪费时间的错谬。因为"最为困难的因素，同时也是最为重要的因素：时间。反省需要时间[……]深思熟虑的决定需要时间。可是现在，原则上时

Heller (2010), 14）A. Heller/Th. Krobath (2010) 当他们在指出，直到 "一个伦理决定过程与其培育过程中，机构主体的伦理意识不能达到这一步。" 这是正确的。（Th. Krobath/A. Heller (2010), 14）

[450] W. Heinemann/G. Maio (2010). 这是该文集的标题。

间在我们机构处境中往往就是变成时间压力[……]机构伦理的决定过程就这样会变成拖拉、缓慢的决定。" [451]人能够利用的时间，也就是需要某种帮助的特定时间点，这在专业化机构中要求有标准化的帮助机制，这对于具体的人来说，在其个体的与在其具体的情况中，应该加以考虑，这应该是对于任何一种帮助、干预来说是最为根本的。有的人在其间已经获得某些帮助，要是有人能够及时抓住时间的话，及时采取行动并且仔细加以聆听。这样一来为时间操作过程中伦理的反省在社会帮助领域之中作为一种文化，得到人们认真接受，主要是其中的人能够抓住时间，而且给予支持，为的是帮助的对象能够得到帮助，这首要因素还是标准化专业与机构化运作机制在于自身的灵活性。

要点总结

- **在能力的意**义上伦理知识的获得，**就是**对自身行动道德的深刻反省，**在于其它不同的伦理决定**过程的对话中得到形成，**并且**发展出

---

[451] Th. Krobath (2010), 563, 570.

负责任的行动策略，这属于社会帮助的专业化内容。

- 伦理乃是所有参与问题的人共同的、**自我批判的反省**过程。

- **当**伦理能够得到有意识的组织的时候，伦理**在社会或者服**务事工机构中**才能得到**贯彻。

- 伦理反省的过程需要时间。伦理就此作为帮**助的文化**，人们就在这时间中认真领受它。伦理保护人面对危险，**作**为帮助的客体，**最**为首要的是在自我具有灵活性的标准化专业**与机构化的方**针中得到确定。

- 这就可以得出**一个**结论，**在内容上，**基督徒**的**伦理与社会普通大众伦理没有大的差异。

6.2 爱作为最基本与最超越的意义

帮助的行动与社会的伦理有其根基，而最为首要的根据不是在各样的价值、标准、行为守则，而是在于一个决定性因素：爱。没有爱就不存在生机勃勃、丰富多彩的生活，没有了幸运，也没有了幸福。根据圣经，上帝就是爱！（约一 4:8、16），而且爱也是一切生命的根本，是整个创造的基础。上帝因为爱而创造了整个被造世界，而且赋予人有他的"形像"，赐给人有能力去经历与感受爱，而且他自己就向人表彰出他的爱。这一解释与信仰的角度是一致的，而且是一切人的基本所在。基本上非基督徒、不可知论者或是无神论者也一直得到上帝的爱，而且被给予爱的本质。人所活出来的爱并非是来自于新约，而是所有人生活作为被造存在的基础，而且这爱存在所有人的团契之中，超过宗教与文化的差异。

6.2.1 爱为根本

爱不是道德标准规范，绝对不是在其它价值理念之下的，而是最根本、或是最基本的价值，作为"最基本的前设与最基本的价值信念，这乃是重大的、理性的基础，也是与本质经验紧密相连的。"[452] 它的存在比理性标准、原则更加深层，而且通过感同身受与同情的可能左右我们原发的领会，[453] 也就是通过同情的领受。[454]而这其中的爱却不能被更换为现代-市民意义中的情感氛围，我们所接受的，正如我们从一个具有同情之人身上所能够感受到的。在伦理语境中的爱意味着更多的是最为基本的、明确的，从对方能够明确感受到的人人彼此相顾的—具有感同身受的基础所在。爱使得人具有时刻准备好、毫无保留的帮助来使得相对应的接受方能够获益——即便没有同情为前提，也可以简单的就从人性之中生发出来的。所以爱在最为极端的情况中，甚至不排斥掉敌人，我接受一个人作为我人与人之间的帮助对象，甚至有义务感拯救他的性命。

---

[452] 爱是超越伦理行为的人类行动（能力）F. Mathwig/Ch. Stückelberger (2007), 49. Nach U. H. J. Körtner (2004), 247, ist Liebe eine transmoralische Orientierung menschlichen Handelns.

[453] C. Meier-Seethaler (2005), 83, 麦尔-哲哈勒指出，"每一个道德的领受与每一个道德的行动的真正的基础就是感同身受与同情。为要实现团契的人人彼此相顾的话，纯粹的理性的条约式的伦理是不够的。这需要一个温暖的根基，爱就是作为最为首要的因素。"包姆（H. Baum (1996), 127, 144）同样认为友善与同情乃是自社会帮助领域之中核心的伦理的动力与前提。

[454] H. Steinkamp (2007).

阿罗伊斯·包噶特内尔（Alois Baumgartner）指出，在圣经之中所教导的爱邻舍，今天就是"与人人彼此相顾的概念作为与爱相连的概念。好撒玛利亚人对邻舍的爱如果使用当代的语言概念那就是爱。在他里面浓缩了发生果效的好感。[……]我们就从看到的是在其中圣经的比喻所带给我们的爱的理解，与人人彼此相顾和爱的概念是完全结合在一起的。"[455] 哈斯林格尔在此强调服务事工是完全通常的，乃是"为身处危难之中的人提供彼此相顾的行动"。[456] 这对我们来说是非常有意义的，爱的概念从神学的角度来看，不是交付，而是持守，就是在此实现人人彼此相顾。[457]

在基督教传统中认为服务事工就是以爱的双重命令为关键的伦理基础："你要爱主，你的上帝，尽心、尽性、尽意、尽力爱他[……]而且要爱邻舍如同自己。这

---

[455] A. Baumgartner (2001), 102。 （编者认为在此有两个相近的概念，也就是人人彼此相顾与爱的概念的意义相近的运用）。Ch.Schnabl (2005), 154 认为：人人彼此相顾的概念"在爱的概念中所变化出来的，其间个体的伦理与爱邻舍都是同属同一个伦理范畴，这些都是结构与机构中的现象。而人人彼此相顾在犹太-基督教传统的教导之中乃是中心的信息，不管是在社会领域还是政治领域都是这样的。"

[456] H. Haslinger (2009), 367.

[457] W. Lienemann (1998), 8, 定义人人彼此相顾为"能力体现，有意愿与他人一道完成任务、实现目标，也为他人，使得他人也有同样的机会来实现。"

两者是诫命中最大的。"（可 12:30f.）这爱的诫命并非是排他的基督徒；这所有的宗教与文化形式之中或多或少都有着这些内容。[458] 这并不是说，基督教在为社会行动的定位中心的概述，而其它的价值与标准就完全排除在爱的概念之外：没有更高的诫命！在这爱的诫命中实际上所有应该考虑的诫命也涵括在其间。[459]

6.2.2 在基督教伦理中爱之诫命的意义

迪尔克·斯坦尼特兹克（Dierk Starnitzke）就此指出，如果可以指出基督教伦理中的特殊之处，那么就是以爱为核心、爱超越一切，从爱出发而衍生许多道德的诫命与相关的禁令。就此便存在一个尝试，企图在悖论的道德律法中寻求定位，也就是在所有道德细节问题的持守，这些道德细节是一直、而且任何地方都要定规相关标准。[460] 斯坦尼特兹克（Dierk Starnitzke）写到："这

---

[458] 艾黎希（J. Eurich (2010), 42）指出，这基督教爱的概念在非基督徒身上也是能够看到的，这是最为基本的。

[459] 《马太福音》特别强调这双重概念，即便如此，也结合一个启发："这就是律法与先知的总纲"（太 22:40）

[460] F. Mathwig/Ch. Stückelberger (2007), 59, 这两位作者从《哥林多前书》第 13 章得到启发，认为在爱中起到决定性作用的，也就是"原则化与坚化被打破。所以，它乃是基本价值的调整，能力、基本价值回归其核心，而且结合情况采取与之相称的具体灵活方式。"

爱的诫命在新约的传统中作为决定性的内容与其它重要的内容作为信仰的伦理。往往会存在一个超常的解释框架，其间其它的命令与行为规范也应该得到理解与解释。[……]或许在基督教伦理中会有这样天真的主导思想，误认为有了这一主导的命令，其它的伦理原则与律法义务就可以弃之不顾、甚至废弃。这种通过某种或隐或现的方式去除其它的行为规范，而认为这样的一种超常、占主导地位的爱的诫命的解释途径是正当的话，那就必定让人产生怀疑了。[……]如果爱的命令作为伦理的主旨所在的话，那么其它的伦理规则在这样、或那样的情景之中、各样的境况下和个人的判断下，会有不断的变化与调整的。明确的行为规范标准在规范伦理的意义中原则上是没有的。[……]而基督教伦理的基本根基，在爱的命令中所关注与归纳的，明确的思想、基本态度，这些与各个个体的接受情况有关，而另外的人，不管是基督徒还是其他人，皆有不一样的情况发生。[……]当询问到特定的、同时又是开放的基督教关于帮助的解释模式的时候，可能会有以下这样的表达：'帮助，不是对自己，而是对另外一个蒙上帝所爱的人，所做的就是应该是做你愿意你邻舍做在你身上的！'什么对具体的情况是有意义的，那就是帮助所向的，这些都是应该在福音的自由中不断按照具体不断做出新的决定。"[461]

福音的自由包括了开放、合作中的对话、与当事者一起负责任的寻找解决方法方案、不认为基督教服务事工解决方案、伦理问题的解决途径会优于其它的，其它的论证逻辑也是爱的具体化，不至于把其它的论证依据简单排除在特定的基督教伙伴关系之外。

6.2.3 多层面的人观

在此之中一点必须非常清楚地厘清的是：帮助的行动，伦理上定位为在爱的价值定律之中，这并非是区域完全废弃掉其它的，包括其对立面，或者需求，而是认识到具有多个层面（整体的）。人的身体上与精神上、认知与社会的、宗教灵性意义的与文化身份定位的，这都是属于人（的存在）。对人的身份特征的多重角度失去开放与敏感性的话，这对于爱，对于对立面都是不公允的，如果不能正确合宜地认识与接收这一点的话。所做的，也就不能真正是真正所需求的帮助。

---

[461] D. Starnitzke (2008c), 134, 136 f.

要点总结

- ，**社会行动**所有道德前设定位，**爱是基础**这**乃是能**够触动我们通过感同身受与同情而有**的感受**

- 爱并非是情感的氛围，**而是人人彼此相**顾、团结一致的动力

- 爱的诫命是基督教伦理的中心。**是伦理的主旨所在**，从这一点开始，**其它的原**则按照情**况得到解**释、**得到具体的**协调

- 在爱里面，**人以及其需求是多个**层面的（**整体的）：身体、精神、认知、社会、属灵与文化**

6.3 人的尊严：需求与义务

帮助行动的基本定位确定在爱中的根基之上，这就涉及到人尊严的概念乃是根本所在，与人的心中所呈现

的需求与关注[462] 相比，尊严是在其上——或者更好的表达：每一个帮助行动都应该定位在为了人的尊严这一伦理原则的基础之上。并不是人的尊严这一原则一直是可以有讨论的余地或空间的。通过其对立面的立场，（例如安乐死：在主动帮助人结束自己生命的道德合理性的问题上），人的尊严为依据。[463] 不过人的尊严在此是在标准之下的"基准"，[464] 如果对所有人都是有效的话，借此所有的社会工作将会得到合宜的评估。

6.3.1 绝对化与相对化之间的人的尊严

每个人拥有自己、不可剥夺的尊严这一原则有着非常长久的历史，自从古希腊斯多亚学派、到古教父时期就已经确定下来的，在启蒙运动时期使之更加稳固，而随着对那些在第二次世界大战之中的战犯的处理，这一点更加得到具体落实与实现，而且毫无疑问这也是人类文化的重要成就。基本不允许一个机构，在其形象上有

---

462 赫尔勒（W. Härle）结合福格尔（B. Vogel）的观点，阐述了人尊严的要素。W. Härle (2010), 18 f.

463 H. Rüegger (2004), 64–72.

464 N. Knoepffler (2004), 13–16. "基准"也就是，按照这一原则不能值得就得出应该采用的具体措施，而是这作为一个标准的水平线，借此其它的行动能够找到准确的定位。

任何对人的尊严有不尊重的意味。通过批评，一个交易或者一个岗位如果今天是有违人的尊严或者违背人的基本人权的话，现今在任何政治立场上都是会受到谴责的，而且这样的谴责是在法定程序上必须执行的。

不过，不可忽视的是，在社会的任何层面上都仍然存在这标语式对人类尊严呼吁，相对应的在相对化的运动中对尊严理解也产生影响，这也是明确的。[465] 瑞士福音联盟对此正确的指出："越认为人权在社会中得到承认、得到关注是不言而喻的，越是继续通过各样的基本不尊重人权的经历的视而不见的话，那就会越发更加使得权益保障的需求与最基本人权宪章的践踏的敏锐性消失。无视人的苦难与不公义，使得人的尊严应该得到无条件保护意识消失。"[466] 除此之外还有更重要的是，就在社会帮助的领域之中和社会机构之中，这种敏感性的持守，以及人的尊严的概念在未来也是必须不断得到强调，以发挥其重要的保护功能。

---

[465] 皮科尔特别指出这一点。E. Picker (2002)。
[466] Schweizerischer Evangelischer Kirchenbund SEK (2007), 7 f.

6.3.2 规范的尊严意识

人的尊严在传统的意义上是以规范的原则，并非是人在经验之中获得的，并非是通过知识的接受或者衡量的，人能够持守的，这只是通过神学或者哲学上的发现，得到描述与认可。[467] 人的尊严并不是能力、职务或者生活条件的结构，而是完全不需要任何前设条件的价值与诉求，每个人都拥有的，只要是人，便具有这人的尊严。[468] 格奥格·科勒（Georg Kohler）这样表达他的观点：人的尊严"使得人在会受到伤害的[……]诉求而寻求得到关注与寻求人的-自我担负责任的个体，使得人不再是动物。'人的尊严'并非科学事实也不是科学小说，而是最后的价值，是先验的，而且指向世纪联系在一起的现实之中。"[469]

---

[467] O. Höffe (2002), 52.

[468] D. Gebhard (2004), 222. 格布哈特的认识是正确的，人尊严的概念在人的身上所能够看到的，这不是现实经验中获得的。这可以看出的是，尤其重要的是，凡是人在病痛、受苦或者"不被注意"的受折磨，我们就能够与之一同感受到其间的苦痛。就在这样的情况之中，与人的尊严一起被赋予的诉求，这样的"不被关注的"人的诉求，应该得到安慰，应该有人给予帮助，因为同为人类，应该无视任何人不可剥夺的尊严，应该得到关注。

[469] G. Kohler (2001), 21.

　　神学上关于人的尊严理解，按照圣经的内容人的尊严与人拥有上帝的形像联系在一起（创 1:26f.）。[470] 而在哲学上对此的理解，以马内利·康德有着重要的贡献。他认为人乃是具有道德能力的、具有绝对内在价值的理性本质存在，是超越所有的，也是别的价值所无法比拟

---

[470] 在此必须明确的是，这一思想在圣经之中只有少数的信息。（参考T. Roser [2004], 232）而且在圣经本身还没有谈及所有人平等的价值与平等的权益诉求，例如男与女的平等问题。在旧约之中从人具有上帝的形像便转而讲到人的犯罪堕落（参创5:1、3；9:6），而在新约之中，首先是在保罗的作品之中讲到人在罪中的堕落。"只有成为人的上帝的儿子耶稣才开始把上帝的形像带回给人。从基督论与救赎论的角度上帝，人的尊严意义上的上帝的形像是没有的，而是人唯有被称义的人才有。"（Schweizerischer Evangelischer Kirchenbund SEK [2007], 32）而且因为人唯有作为基督教的信仰者才能得到称义（关于这一点可以参考贝克尔关于保罗对称义的理解J. Becker [1989], 376–394, v. a. 385, 387, 389 f.）所在在新约中人拥有上帝的形像这是基督徒的特权，而不能得到所有人尊严的概念的神学基础，也就是得不出所有人都是平等、一样的概念。（参考W. Huber [1993], 152 f.）罗志或格布哈特的理解与此不同，（T. Roser (2004), 234 f., oder D. Gebhard (2004), 221–223）他们认为保罗称义教义对于改革神学有重要的贡献，使得关于人的尊严、人的权力能够得到讨论，因为人的尊严的理论依据，从事实逻辑角度上是基督教信仰者的特权。这样的观点的问题所在，正如斯特姆所指出的（Th. Strohm (1993b), 211），他认为，服务事工"在一个运动中，这运动就是上帝在基督徒所发起的，而且借此上帝的形像的更新使得人的尊严再次给予原先堕落的人。"这里所认为的就是人拥有上帝的形像，以及由上帝的形像而来的人的尊严以及被毁坏了，而通过再次的获得现在基督教传播就使得人能够重新获得，故而参与了服务事工的工作。非常明确要反对以上的看法——即便是基督教的角度——要坚持的是：服务事工的工作并不是要使得人那也已毁坏的上帝的形像、人的尊严得到恢复。而是正如所有的社会工作伦理上帝所强调的，人具有不可或缺、不可剥夺的，不断是基督教还是非基督教，信的与不信的，发起的，还是借此得到的，在帮助的各样行动之中，这一人的尊严必须得到尊重。

的。他认为："人就是自己存在的目标所在，而不是可以被使用、被利用的。"[471]

再次会受到批评的是，如果要能够在伦理定位上非常有帮助，人尊严的概念太过抽象。不过要回应的是，基本没有其它的基础伦理原则在文化更高的层面上如同人的尊严这么有意义和影响。另外，如戈尔德·泰森（Gerd Theissen）所强调的，人尊严的概念对于服务事工探索乃是位于中心的位置，因为它就是神学探讨中关于人具有上帝的形像相对等起作用的概念，而且在长久世俗化与多元化的时代之中，人尊严的概念可以做为服务事工共同的理论基础。[472] 人的尊严，正如在相关的神学、哲学与权力背景中的概念，至少有以下四个方面的基本意义：

- **每一个个体生命**对得到保护的诉求，**以及其身体-灵魂一致的**，**在基本的需求上皆有**寻求**自由的**权力，

- 应该拥有人权

---

[471] Kants Werke, Bd. 4 (1968), 428.

[472] G. Theissen (2008a), 111.

- **自主的**诉求，**也就是在自我**责任感中道德的
  自我定位

- **而在所有的**诉求中，**人作**为个体得到最基本
  的应有的对待

每个人都有这四层不同的诉求，就单单因为是人的缘故，这不依赖出身、种族、宗教、社会地位、能力、年龄、性别、健康状况以及生活情况。即便是一个犯法的人、即便是一个囚犯、即便一个住在平民窟中的人、或者是地位比较高的人都是毫无条件的有这样的尊严，没有任何附加的前提，而且在任何情况下都是不可剥夺的。

1948 年 12 月 10 日通过的《联合国人权宪章》的第一条中："所有人生而自由、在尊严与权力上一律平等。"这明确的说明人权，所有人在尊严与权力上一律平等。[473] 因为人的尊严是人权建立的基础，而且这就是

---

[473] S. Rolf (2007), 159：在人的政治与权力的人的权利中得到保障，这在欧洲的人权法院中这是明确的，人的尊严决定了人具有起诉的权利，因为这是人的本质所决定的。而且这也是深深不可侵犯的，如果人权收到侵害或者损伤，便有起诉的权利。法律形式中的人权为人权提供了法理性的保护。而这两者是不同的层面：人的尊严不在行动的领域之中，而是在存在本

一切人"生"时便享有平等的尊严，而且这是本质的尊严或者说是与生俱来的尊严，或者说是先天赋予的。不过这却会有误用、损伤、割裂，当人与人之间发生反人性的行为的时候；不过即便受到损伤的尊严仍然保持这人的尊严的价值与诉求，这是每个人都有的，而且每个人都应该尊重它。

人的尊严作为最基本的权益、诉求，人与人之间存在的，但同时也是具有责任的：也就是这一人的尊严对自己重要，同时人也应该尊重别人的尊严，因为别人的尊严与自己的尊严同等重要，并且要具有自我责任意识的方式来对待。这个角度就是"负责任的尊严"。"它也是这样的一个尊严，人通过自己的生活方式来使之有价值，不过，也应该担负责任，不能够失去任何人的尊严。"[474]

人的尊严这一标准的、人人皆有的理解在无条件的、固有的尊严或本质尊严的意义中这是与其它通过任何一种方式作为前提条件的尊严是不同的，这是与"获

身之中[……]对人尊严的尊重[……]这是超越的，正如我们在《诗篇》中能够读到的："人算什么，你竟顾念他？使人算什么，你竟眷顾他？你叫他比天使微笑一点，并赐他荣耀尊贵为冠冕。"（诗 8:5f.）我们就此知道人的尊严与奥秘有关，这是我们被给赋予的！

[474] O. Höffe (2002), 54. 霍夫区分了固有的尊严与担负责任的尊严。O. Höffe (2002), 53f.

得尊重"或者"威风"不同的。最后我们也要谈及，当我们某种程度上——在社会的意义上——谈到权威——或者美学意义上——有着尊严感的仪式，或者——在道德意义上——在运动中获得表彰，或者是关于临终之人得到有尊严、体面的照顾。[475] 这里所说的是关于所谓份额下的尊严，需要有一定的前提条件，可以获得的、可以赢得的，原则上是通过人的行动才获得的，所以也是变化不定的：在有的情况能够实现，有的情况下却是不能。

可以说，人的尊严在现代与原有的古典的、无条件的标准意义的理解越来越不同，而是越来越趋向有条件的、有前提的人的尊严的理解。

6.3.3 相对的尊严理解

人的尊严这样一种相对性的理解，一方面通过哲学或者心理学的角度上进行反省，这是看法就是认为人的尊严就是人才能够得到的，相对应的前提是：某种程度上是认知的能力、自尊、自立、自主或者是能够主动参与而获得的能力、关系。尊严这就显得是特定的道德状

---

[475] 参考 N. Knoepffler (2004), 26.。

况：人的状况。只有那些获得位置的人才能够拥有，通过这个逻辑而得出位置的尊严与生活得到保护、人权的诉求。持这样看法的人中有名代表有约瑟夫·福莱希（Joseph Flecher）[476]和彼得·辛格尔（Peter Singer）。[477]

人的尊严的这种理解在著名的老年病心理学家保罗·B·巴特斯（Paul B. Baltes）的观点中可以看出，在他各次的演讲与所发表的作品中，他一直指出，痴呆是"失却了许多基本的能力，例如确定方向、自我理解、身份和社会的关系的或缺等等，自我的或缺，本质上是人的尊严决定的。[……]在这一事实面前，存在一新的、令人害怕的挑战：人尊严的维护在人最后生命的几年里。[因为]健康与有尊严的老人有其边界与限制。"[478] 2006年巴特斯在另外一篇文章中就直接讲道老年痴呆症使得人的尊严不断被剥夺。[479]

在这些反省阐述的同时也有反对的看法，没有从现实的具体情况进行反省的角度作为研究的出发点的观点。持这种观点的学者认为，尊严与生活的质量没有关系，而生活质量受限制，例如因为残障、因为患上慢慢

---

[476] J. Fletcher (1979) 关于福莱希的观点，可以参考 G. Collste (2002), 110–119.

[477] P. Singer (2008). 关于辛格尔的观点，可以参考 G. Collste (2002), 123–129.

[478] P. B. Baltes (2003), 17. 这文章的英文标题就说得更加明白了："延续长的尊严：尊严获得，还是尊严的丧失？"

[479] P. B. Baltes (2006), 95.

恶化的病、因为需要人的看护与照顾或者老年痴呆，这些都不影响人的尊严本身。基于这一点，我们提一个例子，在瑞士得到联邦法律与警务委员会支持的一个专家委员会从 1999 年开始便研究主动帮助人结束生命的工作（安乐死），这个工作就是在于为那些决定主动接受死亡的人提供帮助，那些遭受巨大患难（病痛）的人，为的是就是"人的尊严[……]能够得到保护。"[480] 这随着有一个相应的名称，称为"在尊严中死去"，所理解的就是为要能够帮助那些决定主动接受死亡的人在恰当的时间、自己的决定、放弃生命的决定就在可怕的尊严失去之前能够确定。

这样一种以健康为条件或者以生活质量为条件的尊严、自主和独立夸大的的理解，以及从其它的情况中脱离出来，使得人不至于受罪，这作为有尊严的理解，令人害怕，而且年老的、患重病的和残疾人，以及他们的亲属不再承受过多的压力。毫无疑问这也会导致一个危险产生，医生与护士——正如在过去几年这样不断所表现的！——被那些他们信任的人授权而去杀人，他们的生命不再是没有条件的人的尊严保护之下存在。

---

[480] 引言来自 H. Rüegger (2004), 14.

人的尊严原则相关的就是保护原则在此也得到证明，凡是我们一"没有看到"、"艰难"受苦或者与有人给予支持有关的，保护原则都必须被强调。[481] 就此法兰克·马特维西（Frank Mathwig）和克里斯多夫·司徒博（Christoph Stückelberg）赞同人的尊严"是基本，而不是获得，即便在脆弱的存在者身上也是一样的。"[482]

6.3.4 尊严包容性理解的获得

标准的、无条件的人的尊严这一原则在任何一种社会伦理中都是最基础存在。要是因软弱而在此错误行动与表现的话，那么也就会使得帮助的行动不可避免的滑向错误的方向。我们在此看到鲁道夫·威特（Rudolf Weth）所说的任务，他支持与生俱来的尊严，即便是在患病、受苦的人身上，即便是在社会理念中并非具有足够的生活所需的人身上，这人的尊严也是神圣不可侵犯的，而"服务事工与神学的首要任务就在于此"。因为"服务事工带有这样的认知，人的尊严神圣不可侵犯"，

---

481 W. Härle (2010), 25, 哈勒强调："什么是神圣不可侵犯的人的尊严，那么[……]首先明确的是人，生命不能够得到正确对待的，那些由于的受到威胁，不能够有成长的机会，或者有错误的，这些都应该反对与弃绝。"
482 F. Mathwig/Ch. Stückelberger (2007), 55.

[483] 因为如果投身于维护人的尊严和人群，那么人的人性就得到保全。[484]

我们面临的挑战又是关于人的尊严那新的"包容的"理解，如基本定位方式上的获得，这样一种理解，其相应的结果会是受苦痛的人和失去帮助与照料的人，通过其它种种的并不会使得尊严消失，反之，对于人的尊严在其地上的生活、世俗的、有终点的和受伤的结构也是从属其中的。[485] 唯有有尊严的和人格化的理解，也就是即便是严重残障的人、患重病的人、有健忘的人，或者这些在遭受着临死苦痛过程的，人的尊严就是社会

---

[483] R. Weth (2001), 295, 300.

[484] 参考 Schweizerischer Evangelischer Kirchenbund SEK (2007), 71.

[485] W. Huber (1999), 42, 胡博在此认为有一种持续不断的角度更换的危险与挑战："人生活的意义会朝向以健康、漂亮、有工作能力和强大。健康、残障和死亡就会被边缘化。[……]这样一种社会二分割裂的人与人的图像，我称之为人的奥林匹克模式。这是寻求一种没有瑕疵、年轻、担负能力强的胜利者形像；这在本质上是男性为主导的模式。基督教信仰所带给我们的是另外的一种生活模式。以色列的人观，耶稣所接受的，而且继续传达给人的，也在他的生活实践之中活出来的，完全接纳那些被边缘化的人和收到伤害的人。并且激励人，真正接受自己的有限之处和不一样的人生。[……]不应该吧病患、残疾人和老年人当做社会二等公民。就是关于受伤害与人的有限性更加明确的是，所有的人——与年龄或者性别无关、与国籍或者宗教无关、与能力或者收入无关，所有的人都有同样的尊严。这样人的图像我愿意接受——我反对奥林匹克是的模式——我接受的是耶稣的人的模式。"

伦理中人的最基本。[486] 就此也就会有从古典的、标准的和无条件的人的尊严的理解滑入人的尊严通过某一条件的、在经验之中的因素来决定的理解，这样的情况又会再次出现。因为"人的尊严所在之处，就是承受工作的能力失去之处，因为这尊严将会与特定的、有条件尊严连接，而在此尊严背后是其它的，会使得所期望的受阻碍，倒退。人的尊严，就是一个奖赏——但变大的时候——是人的一部分，不是赚取而来的，人的尊严就如这样被称呼，因为它必定会估计到他人的尊严。"[487]

6.3.5 帮助作为帮助需要者主观存在的尊严

从帮助的工作在人的尊严的原则中进行反省所带出来的，有着以上已经讨论内容的四个方面，人的尊严所作用的对于社会行动有四个重要的角度：

- **从个体生命得到保护**的需要出发，**在可能性、基础性的基本需要得到**满足，**得出**这样的启发，

---

[486] M. Schibilsky hat 1991，斯比斯基在一关于人的尊严作为服务事工的挑战的伦理的文章之中写到："所有的地方，凡是人以圈圈子的方式把一些人圈出去——那儿我们的划分就是有着极大的问题的。" M. Schibilsky （1991）225. 这特别是关于人的尊严的尺度，也是在帮助的行动在我们所运用的。

[487] W. Krötke (1998), 130.

就此有三个不同的点：1.**往往最为首要的是帮助需要者个体的支持在其**间，以求相随而来的问题情况能够得到解决。2. **每一帮助的需要和每一帮助行**动总是在一个大的社会框架中进行的，其间（**社会**伦理的）**各**样的因素是一起发**生作用的**，这就使得最基本的人性的需要有可能不断得到满足。3. **目的在于一个人的生命得到保护，以及其身体的、精神的一致**，这些应该得到重视，这就是那些主题与问题在其生活**整体中能**够得到关注。这主观的衡量是通过与**所面**对的人能够在互动之中得到的，**而**专业的**人真能**够在外围了解而已。

- **从人权而来的（或各**样的权利！）得出一个帮助与社会政治的理解，**帮助不是一个个体志愿的、慈善发**动，或者是私人机构来承担而已，而是在社会国家的环境条件中，在其间获得支持的人作为权利的主体寻求相应帮助的诉求，这不是落在课题偶然行动的任务之中（或者甚至是有错误的！）成为别人的关爱者这是必须的。

– 出于对自主的诉求，也是出于对自我责任意识的明确，便会在帮助关系中的权力问题的推动自我评判。帮助者应该与其他领域的专业人士一道，彼此相互支持，而不是对帮助提供支持的发号施令而已。就此人尊严的原则是对帮助的家长作风趋势做出修正，所谓家长作风的趋势就是把帮助接受者仅仅看着是帮助的客体，而不是给予支持，同样帮助的参与者在其生活之中也是具有自我责任意识，而且一直需要得到问题解决的途径与方法。[488]

---

[488] 对此贝德福特-斯特姆正确地指出（H. Bedford-Strohm (1999), 54）：

－ **出于个体**对基本关注的诉求，这就有了一个核心的启发，**有的人在**艰难的情况中自己已经得到了帮助，在他们的活动中经历了，**他们真正的被当做整体的人存在被看待。**赫尔曼·包姆（Hermann Baum）**提到一个非常重要的点，他认为：**"**客户应该能够感受到，他不是作**为一个病例被处理，而是在其**间整个人的尊严得到尊重。**"489

"人尊严的思想被认为是对帮助特定文化的重要修正，这些特定的帮助文化认为其他人是帮助的客体，从而形成一种家长作风。人的尊严得到重视，也就是帮助的需要被真正看做是主体[……]通过帮助剥夺人的任何一种方式都是与人的尊严标准完全不相宜的。"

489 H. Baum（1996），120.马提阿斯·孔拉德也有类似的看法。M. Konradt（2006），145,特别是根基《雅各书》第2章8-11节这是关于如果对待社会之中的弱者，必须让他们满有尊严的形式对待他们。

要点总结

- 人的尊严是最为基本的诉求，应该得到尊重，所有的人都是有着同样的尊严，这尊严是无条件获得的，也就是神圣不可侵犯的。

- 人的尊严包括四层诉求：对生命得到保障、人权、自决权利、个人人格得到尊重。

- 即便是患病、痴呆的，在他们个性发生变化、完全需要看护与照料的人也一样拥有不可剥夺的人的尊严

- 帮助的行动必须是尊重人的尊严的，对于有帮助需求的人的尊严，包括他们的四层诉求，都必须得到尊重。

- 人的尊严推动帮助的接受者作为自己生活的自己负责任的主体，而在其间他们需要得到支持来解决问题。

6.4 尊重自主与照顾之间的帮助

自我决定在自我负责任与行动自主的意义上，现在——是正确的！——具有高的价值；"在近现代中它作为伦理定位的轴心或核心。"[490] 这一原则，一个帮助需求者真正的有了自主，这是人尊严的中心内容，而这尤其是在医药伦理中有着特别重要的意义。[491] 人的尊严使得——应该得到正确地理解——作为对他们来说是陌生的目标的方法。他们使得人不再作为纯粹的帮助行动的客体；它更多的是看到自身的诉求，帮助的需求者一直总是作为自己生活中的主体。帮助至此不仅仅是合理的，也是善，为的是合乎接受者的意愿。即便在接受帮助中的人没有判断能力、或者也不再具有着能力来自己做出自主的判断与决定，这仍然是有效的，他们也应该是主体。一个人失去自主能力并不影响他那与人的尊严相伴随的不可失去的自主诉求，[492]这样反倒使得提供帮

---

[490] M. Zimmermann-Acklin (2003), 65.

[491] 这自主原则在医药伦理中有其经典的表现，就是推动"知情权"，病人对所有的医疗手段有预先知道，这样的合法要求。

[492] 一份由瑞士医药科学研究院所公开的医药伦理指导方针中关于治疗与照料老人、有看护需要的人（2004 其中 Pkt. II.3.1 写道："对人权与自主权的尊重诉求这毫无保留的适应所有的人。自决能力受限制，就是随着年龄的

助的有义务，这就是要能够对服务的对象能够有着臆测的意愿判断，并且尊重帮助的对象的规则。这就必须发起与所有的行使权力的形式。

6.4.1 权力的反省

现在还不清楚的是，帮助的行动偶尔面临危险，但是却已经能够看到了统治的败坏的形式，而且帮助在各样相对应想关系中受到牵制，这是受到权力的影响。帮助所在之处，就是某一个人在另外一个人的臂膀下，并且通过干预的状况得到好转，而接受者并不是自己帮助自己。这在每一个不规则的人与人彼此相顾的实践，而且这一情况基本上未能得到调整，甚至不能被认真了解，也没有深刻的反省。[493] 首先在此有问题的是，权力在帮助的关系之中没有得到正当的看到，也没有与道德规范结合起来。[494] 提奥多·斯特姆（Theodor Strohm）提出假设："服务事工废除权力。"[495] 这当然不是理所当

增加往往会发生，而且一个人独立或不独立，这些都不能应该对其尊严与自主权的尊重。

[493] H. Rüegger (2010), 73 f.
[494] 根据杨尼希（T. Jänichen (2011), 139 f.），就是对于教会和服务事工也一样，每一个权力运行的兴衰都是存在的，也有的是不可见的运作之中的。
[495] Th. Strohm (2003a), 152.

然的事情。[496] 这不应该一厢情愿！因为这权力同样能够承担帮助的任务。[497] 重要的是，在漫长的教会传统的背景中，同样有着权力的形式和虔诚被掩盖。而不是被相信，服务事工与服务邻舍是机密联系在一起的，而也该不再任何的权力之下。现在凡权力存在之处或被提出之处，都应该保持自我批评和强调责任。

这样的一种自我批评式非常必要的，因为服务事工如同任何一种社会支持的形式一样，按照胡博（Wolfgang Huber）的说法都有目的，"帮助别人，使得成为自己"；[498] 一个人尽可能靠自己的脚得以站立，在自己的生活中自己负责任，按照自己的理解来构建——即便是他也需要从他者身上得到帮助。这样帮助行动的

---

[496] T. Jänichen (2011), 134 f. 杨尼希肯定："在理论上可以想到的是，因为生活世界中可经历到的界限，这是哈巴马斯式的'没有权力的交流，这在基础上是完全系统化的、通过对话实现的社会关系，而单单没有强迫的强迫就是最好的理由了。"

[497] G. Theissen (2008a), 90 森写到："帮助一直就是一个不均等、不对称的关系。帮助者相对于被帮助的人有更多的权力，不然就无法提供帮助。同样的观点斯托贝格（D. Stollberg (1991), 240）也肯定，帮助"完全开放的来说，而且同样有着折扣的结构中统治的意义。这是被承认，而不是加诸的。这使得某种程度上帮助的需要比尊严更容易发生改变。对权力与统治的害怕，[……]到承认与接收。"

[498] W. Huber (1999), 40 (经过作者编辑 H. R./Ch. S.).

目标只有是在于自己的权力给予支持，使得接受帮助的人有可能在帮助中自己决定。问题不是，是否帮助应该通过或者没有权力的运用——没有权力是行不通的。决定性的是问题更主要的是，是否所出现的权力事实上能够开展服务，管辖另外一个人（power over），或者相反的，使得人得到权力，作为自己而活着（power to）。[499]

6.4.2 家长式的照料转为自主定位的辅助

　　机构化的服务事工（或者如以前人们所说的：机构的服务事工）具有——如过去社会帮助工作中具有的——一个很长传统的理解，而最好是自主的照顾实践。帮助者知道，什么对于帮助需要者来说是好的，而且自己决定，怎样得到帮助。家长式帮助模式已经存在很长时间了，而且深深影响了照顾，这照顾的概念自从 20 世纪 60 年代以来便已经提出。"那如同家长式的、有着基督伤痕的和监督与约束的这些运作机制就是这个概念所

---

[499] 图尔（R. Turre (1991), 72）的提醒仍然是相关的："帮助者必须得到警告，他们的帮助不是要盖过管理权。帮助非常快能够实现，从上到下，使得帮助需求者的尊严得到伤害。[……]在教育、看护、促进和照顾中我们有着一个很长的传统，那即是通过权威的方式来回顾。我们还是受到这传统的影响。"不过也可以确定的是，在今天许多的服务事工所提供的工作中，通过"批评的反省，使得帮助所提供的能够满足需求，而不是简单给予而已。"(I. Karle [2004], 195).

指的。帮助的现代模式就应该是专业的和合理化的，在帮助的一面和成熟的自我决定，这就是帮助可解释的权利，这是另外一面，需要得到支持。"[500] 而随着而来的就是关于救济与关怀的概念，这是社会学的专业讨论的。从救济转为社会帮助。[501]

其一，在新的服务事工的讨论之中，这样的自我批评的工作通过有关权力的问题，而且从家长式的救济文化，特别是需要调整的，而且自身在服务事工的实践相对应的结果，正如德根（Johannes Degen）是强调的。他主张一种从未成熟的救济中走出来，[502]并且实现模式转换，行动的帮助伦理，为有帮助需求的人，转而朝向帮助的合作的理论。[503] "救济的时代已经过去了"，德根认为，"人不应该在未成熟之中。他们要利用自己的能力，凡是这不能到达的，咨询与导引，简言之：帮助的模式到来了。他们愿意有真正的可能，做决定的可

---

[500] Ch. Schnabl (2010), 113.

[501] 类似的是 19 世纪，作为基督教概念的"爱邻舍"或者"怜悯"通过探讨"人们的团结一致、彼此相顾"而发生转化，现在不在使用带有等级的理解，而是转而使用"福利性的"。"

[502] J. Degen (2003), 20.

[503] J. Degen (2003), 20. 参考 U. H. J. Kötner (2010), 157。他们推动"从传统的机构服务事工转化为合作的帮助模式，自我决定，而且相应的资源能够最大程度发挥作用。"

能。"[504] 这意味着：原来服务事工中的帮助伦理已经到头了。原有的"为文化"（Für-Kultur）必须去除，要营造"一起的文化"（Mit-Kultur）。一个新的服务事工的帮助概念将会是必须以辅助的途径，使得个人能够自我独立决定，关于那些愿意得到辅助的，需要辅助的，这都可以自己决定。[505]

通过辅助的概念就得到了帮助的概念，其含义是明确的，也就是救助的概念被取代掉：辅助，就是给予扶持与支持，而等级的与帮助需要决定发生变化，这就如同一些职业，领导的助手，并且使得领导的项目能够得以实现。[506] 这种关于帮助的理解，这是"从一种怜悯帮助概念中脱离出来，同时有着一个朝向专业化主体的转换。原有的帮助者就成为了助理，他们失去了自己专业的主导和个人的权力，为的是在危难的时候能够协助人——不是最终为人全部包揽什么——而是在他们的服务之服务自己的服务对象。"[507]

---

504 J. Degen (2005), 240.

505 J. Degen (2003), 37.

506 J. Degen (2003), 60-83；100-106.这一新的概念：帮助形式的自主定位，非常有意思的事与中世纪修院之中的服务事工是平行的，在其间修士认为他们所做的服务事工就是他们作为仆人服侍穷人或病人，而这些被服务的人被他们看做是他们的"主人"。G. Hammann [2003], 130 f.

507 J. Degen (2005), 237.

6.4.3 在独立中的自主

在过去几十年中，至少在理论基础上，不过也是已经有具体推广到实践之中的，那就是通过从原有救济式家长模式转换到在帮助之中接受服务的人自主的、而帮助者成为帮助过程中行为的助理，这一模式的转换有着非常重要的意义。自主的原则是社会工作的中心定位问题。然而从主导的成为自由-女性脱离男性的解放理解自主，而不是负面的、被动的自由，作为从预设前提、影响和依附中脱离出来的自由，[508] 借此得到新的导向与意思形态化。按照但以理·卡拉翰（Daniel Callahan） 在我们的文化背景中死亡按照自主与控制"几乎是狂热的质量"[509]而且有这样的趋势，每一种依赖帮助的形式都被看做是没有尊严的。

相对应的是在我们的时代中，妇女、尤其是持妇女主义立场的代表性人物与关怀的伦理、为自主与独立进行重新的定位，而且确实认为，自觉唯有与依附性连在一起才存在，因为这是人生活之中两个不间断的基础，而且独立于或者指导他人，这是人存在的决定性标志。

---

[508] 自由在此首要的意义是没有互相干扰的。
[509] D. Callahan (1998), 18.

510 自主是相对于"关系中的决定"511 或者"在独立中的自主"512 而言的。

　　这里就给帮助的行动提出了挑战，从帮助的需求中独立出来，不能误解或者就通过从帮助中得到加强，而是所有的帮助应该减少独立性，推动其自我，使得已有的自愿能够得到运用，从而使得决定与行动的可能的多姿多彩能够得到推进。自主能够得到人们真正的接受，不再是指着自己能够独立生活，而是给予支持；在人们得到支持支持，自主才能够真正被接受，尽最大的可能

---

510 阿加西（G. J. Agich (2003), 96,）对自由的自主作出了简明扼要的评判："依赖乃是人存在的本质特征，而为要与容纳的社会安排，例如家庭、友谊、团契的协作，使得自主的人的存在放在第一位的话，独立自主应该重新解释。依赖就此本身并不是问题，而是在自主的抽象概念中作为负面的自由。积极的看待的话，然而，自主实际上带着独立与依赖的辩证的关系，这是在社会中有独立所决定的。依赖必然会导致停止去除或者消除的普世皆有的问题"。莫迪也有着非常相近的看法（H. R. Moody (1998), 121）："非常粗浅的解读依赖这使得我们无视共同人类的命运：我们都曾经依赖，我们还会依赖，而在此我们会有歧视的方式。成年失眠就能够说明我们对独立的理解是单方面的。[……]不断延续的自恋是独立的表现——包括没有干预的——带来巨大文化上的危机，那就是过渡偶像化独立与自立在我们生活的每一个方面，正如我们所做的。"

511 T. L. Beauchamp/J. F. Childress (2001), 61. 非常好的是在妇女主义伦理学家普瑞托利乌斯也同样提出了"关系中的自由"的概念。I. Praetorius (2005), 116–119, 47–49。

512 B. Pichler (2007), 78.

使得在可能性与边界的自我责任，通过非独立的和依赖性来实现。[513]

6.4.4 为实现"自我帮助"的帮助

自我负责任属于自主的真正接受，社会帮助已经在其专业化的影响中基本上在帮助的原则中定位为"自我帮助"的支持，[514] 也就是赋予能力的意义上，使得有帮助需求的人得到勇气，并且通过这些支持，帮助需求者自己的资源得到调动而且自己的能力在这个过程之中得到强化。[515] 自己的能力与自身的力量得到激发与调动使得人自己找的属于自己的解决途径，成为自己，并且在生活中与其自身的挑战进行斗争。能力的赋予激发力量，这在健康与在危机之中具有激发力量的功用，使得当事者重新站立起来。[516] 在此表示帮助不能单方面做得过多：要么是完全太过了，当接受帮助的人重新能够自

---

[513] 参考鲽 R. Baumann-Hölzle (2003), 240.，在现在后现代的社会工作的概念中也有类似的方向。维尔特认为（J. V. Wirth (2005), 57,）："后现代社会工作的实践理论与纯理论[……]如以上所说的，相互依赖[……]与自主[……]并不是对立的，而是辩证的相互依存，也是相互补充的。"

[514] H. Baum (1996), 118.

[515] 参考 F. Mathwig/Ch. Stückelberger (2007), 197–211.

[516] 这个概念当然我们是有存疑的，假如一个人患病了，如何能够使得自己因为得到激发而具有重获健康的可能呢？ A. Antonovsky (1997).

我的支持，自己能够站立起来，还不断继续提供帮助；要是部分的太多了，在例如病患者的康复医护，或者在残障照顾需要的时候完全独立这是非常不切合实际的。在这第二种情况中所提及的，就是帮助的目的所在，仍然有着自己的资源来强化自我帮助，而且只按照事实所需要的提供支持。[517] 这需要有帮助自我批评敏感能力的支持，能够敏感判断什么帮助是必要的，为的是能够支持接受帮助者的自我独立能力与自主，也能够知道什么帮助是需要放弃的，因为帮助使得有帮助需要的人不自立，而且这种帮助的需要完全是无休止的。这最后的一种危险在专业的服务中是特别多大，因为社会机构或者服务机构是通过其服务对象的帮助的需求成为合理的存在，而且不断保持拥有帮助的需求者，同时具有长期的顾客，这表示这些机构具有存在与提供相应服务的必要性。

有一种与帮助的原则定位为以求接受帮助者自助的立场，奥斯瓦德·v.·内尔-布莱宁（Oswald v. Nell-Breuning）曾经这样说："每一种帮助的类型以及与之有

---

[517] 在瑞士家庭联合会的 CURAVIVA，所出台的社会的宪章："使得老年人有尊严"中写到："年迈的人，需要帮助的老人，他们有诉求，他们的自我应该得到尊重。这通过有效的是，当他们不再有能力独立照顾自己生活的时候。看护与照顾应该作为看护需要者与其自我独立的支持资源。支持的目的在于通过帮助使得能够自助。"（[2010], 10）

关的团契的帮助，越是具有较高的程度的'有帮助'，当其能够最大程度能够不把帮助需求者看做是无助的课题的时候，那么就越发能够尽可能多的使得自助得以实现，而且给予机会，作为积极的主体，使得自己也能够共同努力脱离危难。[……]这就是常常被提到的次级负责的原则。"[518]

赫尔曼·包姆（Hermann Baum）在其《社会职业的伦理》中把帮助定位为自助的思想又完全推进了一步，而且看社会帮助在其间，乃是帮助需求者不仅仅变得有能力，能够自己帮助自己，而且同时还能够发现自己的能力，在特定的情况中也能够帮助别人。他写到："帮助的伦理在还明确写出来的帮助的伦理中有其衍生的，也就是能够达到的层面：从'被帮助'到因为得到工作人员的支持而达到'自己帮助自己'到'能够为别人提供帮助'。"[519] 在这样的看法中使得帮助成为人人彼此相顾的基本现象，而且进一步使得能够获得有意义的人生，越是参与进入这实践之中，越是通过相互彼此之间的左右，接受与给予的相互性就越发明显。

---

[518] 转引自 bei Th. Strohm (2003c), 145.
[519] H. Baum (1996), 152.

6.4.5 专业性与照顾

我们通过从以上描写了家长式照料到推动自主独立、自主的帮助与支持这样模式的转换，这就关系到社会帮助的理解——尤其是在其专业的形式。这便存在一个接受帮助者身上价值提升的问题，从座位具有趋向博士氛围的帮助的客体到自己主动接受与面对生活问题的主题。这样的转换在帮助的意义的理解上具有非常积极的基础性价值。

我们在第 5 章第 5 节中已经讲了帮助的专业化与机构化的对立面，也就是对于帮助寻求者来说，会在帮助中感觉到这也能够感觉到令人怀疑的具体化、机构化和人与人之间的距离感加大。沃夫冈·斯密德鲍尔（Wofgang Schmidbauer）就此指出，"在帮助者应该首先情感需要得到满足之处，专业化帮助的具体化与工作分工，这是一直存在着不断增加的完美化成为破坏性的危险的。"[520] 在我们以上已经提到的从妇女主义伦理的角度作为背景，就此步调又往回退回去，从因为的关怀概念在此得出的是照顾的理解，这并不是家长式的包揽照

---

[520] W. Schmidbauer (1996), 23.

料，并不是德语语境中的照料所表达的意思。[521] 这一关怀的概念尤其强调危机、人在其中一直作为在相互交织的关系中来理解的，而并不是简单存在作为独立的、自主的个体。在这也强调在这样所有人存在中彼此相关联的背景中，一旦发生危难，从认识论的角度上所有的人都会有着同情、友善、怜悯或者表达关爱之情，为的是能够救助落在危难之中的人。在这样相关性之中便存在这照顾、或者称为关怀的一种新的意义，这就是个人参与的行动，而且最基本的人性（心的层面）的补充，而不是作为帮助具体-冷静专业性，[522] 如同其在目的理性化社会管理（理解的层面上）就越发明显。[523] 推动了"专业性与照顾的两极化"，[524] 帮助并非是从上而下，而是从人平等的角度上看到需要得到帮助的人，而且尊重不可剥夺自主的诉求。

---

[521] Ch. Schnabl (2010), 114–116. 史那波指出，"照顾的概念？关怀的概念在 20 世纪 80 年代突然开始广泛使用，在卡罗·击立刚（Carol Gilligan）特别指出与之相连的道德判断特别的形式，特别是对女性有很重要的意义。"

[522] 在马特维西与司徒博的书中F. Mathwig/Ch. Stückelberger (2007), 272，对此概念有很好的分析，他们认为在19世纪下半叶，"在人人彼此相顾的互动关系之中公立机构化的形式便不断增加。'共同的事务也就借此越来越成为了（匿名的）官僚化工作内容。"

[523] 参考 Ch. Burbach/F. Heckmann (2008), 105, 88.

[524] Ch. Burbach/F. Heckmann (2008), 105, 89

在这样的关怀概念中照顾的理解便得到中心的解释与定位，而且真正接受照顾不是纯粹从帮助的专业性的角度来看，而是最基本的所有人在看待有多种多样的照顾的方式与方法——时多、时少。"并非特别的照顾，人在相互互换中作为认可、连接、看重或者是爱的表记，这是彼此之间基本的人的关系。"[525] 所有需要在一种或者另外一种照顾的形式，关怀通过另外的，而且带着必要的自我批评的敏感性不至于落入错误与偏激的独立理解危险之中，这并没有对每一个个体自我决定的否定，而是帮助人能够"成为自己"（沃夫冈·胡博尔，W. Huber），而且不断重复进行。

要点总结

- **人的尊**严使得帮助的接受者作为自己生活之中负责任的主体，**而且在其**间也有必要为问题的解**决提供支持与帮助**。

- **帮助常常大多数情况是与某一种**权力有着不对称**的关系**。这权力能够被认可，**能够对其进行检**

---

[525] Ch. Schnabl (2010), 123.

验，看其能否使得帮助需求者能够得到鼓励获得独立。

- **帮助自我定位**为帮助的概念首要的在于实现自我帮助。**帮助需求者自己的**资源也就借此发挥作用。

- 服务事工推动一个模式的转换：**从家**长式帮助他人转而成为与帮助需求者一道行动的合作伦理模式。

- 在这一新的模式之中，**帮助就被理解**为自主定位的助理：**帮助者看待自己不是主**导者，而是作为那些需要得到支持之人的助理。

6.5 帮助需求与帮助能力：互惠的角度

在第 5 章第 5 节中我们已经讲到，人的基础本质乃是作为社会本质存在的，也就是在生活之中人既有帮助的需求，同时也有帮助人的意愿。这两者都符合——正如克劳斯·多尔内尔（Klaus Dörner）所提的命题——这是人性的需求。[526] 这观点的进路有以下三层的意义：

– 一则与与作为陈腔滥调的对立理解（强的）有关的，也就是理解帮助者与（弱的）被帮助者，这两者都是获益的：**帮助者**，借此得到鼓励，**不必**隐藏自己需要的面，而是自己在最基本人人彼此相关、团结一致与之相关的来理解，他们也是需要得到帮助的；[527] **需要得到帮助的人**，就此也得到鼓励，他们利用与激活自己的资源，不仅仅使用在自助上，而且也能够利用来帮助别人，这样就形成了提供与接收的同工："每一个人都是具有

---

[526] 参考 K. DK. Dörner (2007), 116. (2007), 116.

[527] 格布哈特在此的的认识 D. Gebhard (2002), 222, 很有启发，"帮助人的人不是与耶稣基督相联系，与服务事工的榜样联系，以之为自己的定位所在，而是认识自己是'极小的'（太 25:31-46）。从世界的审判的教导之中，按照福音的理解，这是上帝恩典有关的经文，所有的人，都应该是帮助人的人。"

帮助需要的，每一个人也是有能够帮助别人的。"[528]

– 这样便得到以上已经所提的人观的认识，有帮助需要的人并不是作为有缺陷或者是价值会失却的，而是作为所有人存在的最基本现象。这是通常的一个人性的特征，给予别人以帮助；不人道的是，通常的、好的、满有意义的人的存在需要却未能得到别人的帮助。[529] 这也就是社会帮助的目的在于，使得人具有能力，成为自己，并且自己得以站立，这就如同法兰芝·罗真敕维格[530] 的话："没有站立，唯有缓慢的成为。"同样谁要是得以自己站立，那就是通过别人的得到有力

---

[528] M. Schibilsky (1991), 227.
[529] 参考 U. H. J. Kötner (2003), 309： "有帮助需要的角度互换就是不缺乏，而是人的生活满足的基本条件的与人存在满足的对立面。"
[530] 转引自 U. Bach (1986b), 12.

的多样的支持。**就是在我**们各个恩赐与亏缺

的千变万化使得我们成为人，**而且帮助**别

人。[531]

  — **最后按照以上的**观点，**帮助相**对应的人的需

要，**帮助基本是主**动、积极的。这样——为

自己的获得救恩的！——**心理学的帮助批评**

在上个世纪下半叶中，**其焦点落在于病理学**

的、自我欺骗的与夸大其词的帮助形式，**因**

为这会使得产生一种不断扩大的消极的帮助

评判。**委身与投入的帮助唯有从一方**发出的

话，**使得**给人立刻产生帮助复杂的印象，[532]

批评不整合的人性认识。**相**对应的便存在一

种看法，**帮助通**过另一个健康人的需要是对

---

[531] M. L. Frettlöh (2001), 147,有这样的思想：“服务事工并非是单方的帮助与照顾，并非是能够使得接受者获益而已。服务事工在彼此相互的关系中进行，就正如我们有着各自不同的恩赐与能力一样。”

[532] 参考 W. Schmidbauer (1986).

应的，**而且有益于**满有意义存在的实现，这就是一个重大的修正。

6.5.1 彼此帮助

格哈德·洛芬克（Gerhard Lohfink）认为帮助需求与帮助提供的互动关系能够在服务事工支持所发现的结果，那就是从新约的书信中得出基督教的、为社会的事工往往具有相互左右的目的：彼此接纳、彼此关顾、彼此劝慰、彼此带来好处，彼此热情相待等等。[533] 这样要求的接收者在此同时也就在这所推动的社会行动之中作为参与者与受益者。基本上不能够分享的，也就不会提出来。按照约翰尼斯·德根（Johannes Degen）所理解的"服务事工作为生活的艺术，首先是在相互生活供给上的帮扶与给予。"[534] 所以马丁·爱贝内尔（Martin Ebner）根据《路加福音》第 6 章 32-36 节的经文内容，

---

[533] 参考 G. Lohfink (1985), 116 f. 具体参考以上. 3 章第 2 节第 6 点的内容。

[534] J. Degen (2003), 14. A. Ch. Albert (2010), 139,同样强调，"互动性的教宗本质上是为了能够到到帮助关系的适切性，并且使得参与者也能够从中获益"。具体关于帮助关系的互动性，额可以参考本书的内容，第 6 章第 3、4 节中的内容。

[535]认为耶稣关于爱仇敌的教导，相对应的：耶稣强烈批评了他那个时代中社会中固有的相互对立的人伦关系，而且怜悯的圣经教导表达了社会贡献不带有互惠性。[536]

正如相对面所表示出来的，每一个人自己的权益在社会事工之中也有其意义所在的。人的共同生活唯有如此才能够是多姿多彩的，其间团契的成员在其中时刻准备好，彼此相助，而且所有为此给予的，当他们有需要的时候，也能够获得同样的帮助。而且还应该更进一步：真实人性唯有在生活在一文化之中，这文化推动人，并不是必须使得人一直强大，而是使得他们的受伤与需求能够在信任之中，其他人的软弱不至于受到利用，而是获得了愿意提供帮助者的帮助。[537] 在这样的帮

---

[535] "你们多单爱那爱你们的人，有什么可酬谢的呢？就是罪人也爱那爱他们的人。你们若善待那善待你们的人，有什么可酬谢的呢？就是罪人也是这样行。你们若借给人，指望从他收回，有什么可酬谢的呢？就是罪人也借给罪人，要如数收回。你们倒要爱仇敌，也要善待他们，并要借给人不指望偿还，你们的赏赐就必大，你们也必作至高者的儿子；因为他恩待那忘恩的和作恶的。你们要慈悲，像你们的父慈悲一样。"

[536] M. Ebner (2005), 82, 97.

[537] 这并不是容易的；在帮助工作之中的从业人员作为我·施密特鲍尔（W. schmidbauer）所断定为帮助症候群的一部分，并非较少"对公共的恐惧与对相互关系的恐惧，在其中参与者会时而刚强，时而软弱"（W. Schmid-bauer [1996], 27）。对此薛华（G. K. Schäfer (2004), 415,）也正确地强调："这是关于学习的过程，从中[……]自己的帮助需求不会被掩盖掉，而且帮助的参与也必定得到强化。"在帮助工作的从业人员中一直有这样明确的没有可能，自己的帮助需求表达得以表达出来，而且接受别人的帮助，

助文化之中有关的不是每一个人个体在帮助互动中必定会有互惠互利的相互作用。在一个事故中人得到一个完全不认识之人的帮助，那人是受伤之人完全不认识的，这不会使得帮助人的人会想到要从那帮助之中得到什么帮助。人可以在此说这是共通的人人彼此相顾的文化。每一个人人彼此相顾帮助的行动都带有这样的一种文化——间接地——构建一种期待，每一个落在这样危难之中的人都能够得到这样的帮助。因为人人彼此相顾是"通过潜在相互性的连接"，也就是"连接，这是在——应该是一种假设——相互关系得以被一起考虑"。[538] 生活能够事实上，正如德根（Degen）所说的，唯有当这样的一种帮助文化或者帮助的艺术存在的时候，就是使得这其中彼此生活中的相互关照所形成的帮助文化或帮助的艺术，这才能够是成功的。我们在以上第 5 章第 1 节中所看到，这样的一种生活的艺术基本上是与人的本质相对应的，而且也是进化历史所成功形成的。

这实际上在其间是一个中心的因素。这就是W·施密特鲍尔所说的帮助的症候群。（W. Schmidbauer (1986), 21）。

[538] K. O. Hondrich/C. Koch-Arzberger (1992), 14.

6.5.2 怜悯

用耶稣在《路加福音》中所说的话，这也是与"罪人"有关的，这根本不会违背这样的一种帮助的文化。因为"罪人"也是具有为社会能力的人。耶稣的话主要是指着界限情况的问题，在其间社会事工的相互性的原则明显的是没有带出的：尤其是面对对手或者是完全赤贫的借贷之人。这里带出了在帮助事工之中怜悯的要求，这在爱贝内尔（Ebner）的所提出的观点中得到，这事实并没有对相互关系的期待，而是简单的这样去做，因为在这其中这是作为人类或者上帝相称的，或者是这就是表现出相对应的人的意义所在。

这里有两点必须思考的：第一是关于耶稣提出在人与人有界限的处境下对仇敌的爱。在具体的个体事件之中，当人自己确确实实地知道在帮助的文化之中，对生活关顾的相互关系是事实能够存在的，无我的帮助并没有对相互关系的期待才有可能（Degen）。第二，耶稣所教导的话中有最重要的是：上帝的怜悯，因为这上帝的怜悯，我们才会有自己的行动与事工的标准，这并非是完全没有目的的：这是上帝的方式，为此我们被召唤，为要成为他有怜悯的、具有人性的被造物，就此我们发现，生活唯有在里那么的精神之中才会成功。支持我们看到爱仇敌或者给予一个完全不的懂得感恩、心干硬之人的帮助，间接的希望借此，这获得无条件怜悯的人自己能够发生变化，也就是说，原本心干硬之人成为怜悯的或者也是发展成为有帮助意愿的人，而且能够融入进入帮助的文化之中，使得从相互关系的基础上在人人为彼此的意义智障能够推广达到每个人身上。

6.5.3 传统帮助观念的修正

明确的帮助的相互性的思想乃是可以作为对传统帮助观念进行修正来理解，而此前有一危险，认为帮助作为帮助者给予接受帮助者的一种善行来理解，这是在强给弱、无残障人给残障人的帮助。正好相反的是，"每一个帮助者里面也隐藏着帮助的需要，帮助人的人在每个帮助需要之中：我们在何处能够使得这动态变得更加敏感，因为我们在给予与接收传统的单轨道中（有着强的帮助者，承担了对弱的帮助需要者的帮助工作）出来，转往一个过程，那就是朝向相互性：在给予的过程中，我也得到了，而且这唯有，这好像是接受的，实际上同时也是给予。"[539] 这一修正也应该适应在机构化的服务事工的领域中，例如在患各样病症的看护中心的入住者，如果企业的角度上说，或者从经济交换关系之中成为顾客，他们在看护中心之中，他们也就使得工作人员在其间得到专业工作的机会，而且也同时借此工作获得物质上的工资收益。[540]

要点总结

- **在接受**别人帮助的同时自己也能够帮助别人，这是属于完整的人性存在的基本结构。这一文化**是人道的**，**但**这文化能够帮助人在这两个角度中生活：**得到帮助的同**时帮助人。

- 这就要在专业帮助者中注意到对相互关系文**化的恐惧，在其**间所有人都可能时而强、时**而弱**，这是帮助症候群的中心要素。

---

[539] M. Klessmann (2008), 197.
[540] J. Degen (2005), 237.

- **新**约所推动的帮助的伦理，**特**别强调相互性：这是关于相互、**彼此的帮助**。

- 针对帮助的传统理论有一个非常有帮助的修**正**，传统的帮助的观念有一种趋势误认为是强的**帮助者**给予弱的有帮助需要的人，**修正就是要离开**这样的单向道。

6.6 利他主义与爱自己

在服务事工之中，尤其是修女（女执事）的母亲之家—服务事工的传统中，长久以来一直有着基督教帮助的理想榜样，就是完全没有自己、全身心的作为耶稣基督的仆役为受苦之人与有需要的人提供服务。这里实际上是传统保守的基督教市民中男性机构领导与德国的传统新约解经中妇女角色与父权主导的领导模式，于是就导致了服务事工与女执事（修女）的圣经概念中成为社会地位低下的、完全无我的给予他人的服侍工作。[541] 这一理念，所毫无尊重可言的，在修女母亲之家有义务，

---

[541] 参考以上第 3 章第 2 节第 8 点。

而且为了上帝的奖赏而工作的女执事有其古典的具体化，这就有了时刻准备好把自己个人的需求放下，为的是任何时候能够全身心服务他人。

这一基督教帮助的理念现在变得非常含糊不清。一方面，无可辩驳的是，这样一种服侍事工的理解，一些是通过修女的母亲之家的工作承担了大量的服务的工作。首先是健康与社会工作方面大大得益于这与服务事工传统，如果没有这一传统，根本无法想象。当然也应该承认，毫无疑问的是许多的基督徒妇女通过这样一种无我的奉献、给予的服务也找到满足与幸福生活。

6.6.1 帮助的心理学批判

另一方面，针对这样一种帮助的模式有着心理学的批评，这是不可忽视的，询问在这运作之中会有什么问题。对这样一种服务模式心理批评，最具代表性的是沃尔夫冈·施密德鲍尔（Wolfgang Schmidbauer）在 1977 年出版的销量最好的书《无助的帮助者：关于帮助从业者的心灵问题》。他的研究不仅仅特别关注帮助的基督教服务事工模式，而且也是关注整体的帮助从业者：医生、社会工作人员、教员、医院护士、牧师。而这都是与服务事工职业领域有着巨大关联的。

　　施密特鲍尔的研究相关的内容并非是对帮助工作总体的批评，也不是对病理学的污名。其关注的更多是病理学症候群，也就是在专业帮助者身上以类似的形式反复出现不同的职业病。他的批评主要目的在于得到健康的、重视人性化的帮助工作实践。[542] 施密特鲍尔批评的中心路线在于，有些帮助工作的从业人员在即的软弱、自己个人的问题和帮助的需求深深隐藏在所有时间必须准备、比如投身在帮助的工作的背后，为的是不必被发现。他们同时也害怕自己的伤害，就此他们自己关注在给别人的帮助上，而在其间得到认可。帮助就这样成为了毒品，[543] 成为自己情绪无助的保护的手段。[544] 施密特鲍尔在帮助症候群中理解"为要获得个人性格结构成

---

[542] 这里涉及到的是，"能够了解到在帮助者作为防护与帮助作为自己失却的行动"。借此"使得帮助不贬值，或者被轻视，而是能够得到释放：有创造力的、令人满意的。在大量的工作中得到推动与成长的可能"（W. Schmidbauer [1986], 222）。

[543] W. Schmidbauer (1996), 21：由于不可知的动机，对于'无助的帮助者'与需要得到保护者的接触恒伟了一种毒品。其他人需要他，成为一种上瘾的媒介，而且他自己无法戒掉。[……]药罐越高，这就使得帮助者在这一方式之中就越严重，导致严重程度，[……]甚至使人耗尽。"

[544] 本尼迪克指出（H.-J. Benedict (2008a), 27），"在服务事工中有着完全不同的自然的企望与空间，从刚强与权力而来的希望，从得到被人爱的希望，而对脆弱、怀疑与失去勇气的恐惧与害怕"。这企这会导致结果："要是服务事工从自己的诉求与能力的理想主义中抽离出来，真如它特别是从代表性的神学家所推动的，而且当它能够几次额转而替之的是以怜悯的心通过自己的有限性与软弱得以被发现。要是能够这样，那就好了。"

为没有能力、个人的敢接与需要得到表达，与明显的无处不在的、在社会服务工作领域之中不可抓住的表情连接。"这非常明确的是，"软弱与无助，公开承认的情感问题为由在得到另外一个人的询问或者是支持的时候，在相对应的自己这样的"污点"中的自我形象，为的是不必付出任何代价。"[545]

米歇尔·克雷斯曼（Michael Klessmann）写过一篇具有思想价值的教牧关怀的论文，推测大量已有的广为流传的实践，服务事工可以说存在着巨大的诉求，可以从心理学来看，无力感被压制，接受个人的"心理阴影"得到整合，也就是个人现实中的每一个角度，就是与个人理想的表现所不一致的，而且人比较愿意隐藏的，这一切都应该得到重视。这些在服务事工之中作为被掩盖的心理阴影，"1. 期望得到权利、刚强与主宰；2. 期望，自己被爱、被需要；3. 恐惧脆弱、需要、不安全、怀疑、没有爱、没有勇气等等，在自己的期望与行动中必须面对。在此必须回顾的是，所有服务事工按照神学-道德诉求的面貌得到清楚描绘（借此尽量少地接受阴影）。在服务事工之中人所处的等级级别越高，也就

---

[545] W. Schmidbauer (1986), 12, 14.

是距离实际工作实践越远。"[546] 克莱斯曼（Klessmann）
相对的主张，现实中被掩盖的角度仍其自然，而且与自
己个自我接纳整合起来。[547] 因为"人与以整合的阴影会
有得到保护，在其所希望的形像与现实之间表现出来的
之间的不同，因为他不需要长久保存其表现，而可以是
杰出的人，和可以最少的保存作为杰出的人。"[548]

6.6.2 爱自己

　　最后在这个主题之中有关的是对利他主义与爱自己
的合适定位，更准确而言：要真正认识到，在爱邻舍与
爱自己之间，在献身精神与自我实现之间，在帮助与自
己需求得到满足之间并不应该存在非此即彼。[549] 谁要是
能够找到自己，岁也就能够以生命服侍的方式委身；反
之也然：在自由中——以帮助的行动为例子——赋予给

---

[546] M. Klessmann (2008), 189.

[547] 这一修正在格博哈德（D. Gebhard (2002), 208）被描写为"特别的服务
事工的探索，如上帝所要的存在，给予帮助。"

[548] D. Gebhard (2002), 208, 193. （转移自克莱斯曼）从克莱斯曼所推荐的
这一心理学的角度，"服务事工巨大的需求来看，从其走下坡路以及借此
希望能够使得苦难在服务事工中得到减少。"格博哈特指出了同样的方向
（D. Gebhard (2002), 208, 193），"不完全性的强调形成一个重要的对在
长久传统之中的服务事工的工作人员过高要求的修正"。

[549] 参考该主题"自私还是利他主义？"A. Ch. Albert (2010), 125–133.

你一个"你"，也就 能够自己找到"我"。[550] 谁要是能够承认自己的所有的问题、软弱和伤害，将更有能力，去接受其他人连同他的各样的问题、危机与鸿沟。谁要是能够承认自己的帮助需求，并且接受陌生的帮助，将会更好地对别人有同情而不会滥用其权利去给人提供帮助。反过来让在帮助之中的相对的人在短时间之中学会什么里阿杰，人如何能够面对与应对自己的帮助需求。利他主义不必是简单的无我。利他主义可以是通过从动机而施工自己也获得幸福与快乐。相对应的是，"理他主义所表现出来的各种形式都是相关的，更清楚的是：牺牲自己、长久的关顾、理想主义当做组我表现，这是一个新的，更多的是没有同情感的帮助的精神状态，从一个工作案例到另外一个，只是通过统一的社会政治目标来带动而已，但是同时也是控制中能够减少的工作参与与投入，某种程度上在市民积极主动或者新的社会运动中分离开来。"[551]

要有心理健康与生活喜乐，唯有帮助这能够在任何情况中当从爱自己与爱邻舍的两极分化中得以解脱出

---

[550] 蒲吕勒尔-雅根特弗尔（G. M. Prüller-Jagenteufel (2005), 203）指出，人人彼此相顾能够是另外一个人获益，唯有那人作为人生活着，"就在自我超越其自我包括能够找到。"

[551] K. O. Hondrich/C. Koch-Arzberger (1992), 25.

来，才能拥有。耶稣所教导的是真的，爱邻舍如同自己（而且不是取代掉自己，太 22:39）。基督教服务事工的危机应该在于，作为传统的基督教服务事工的帮助的理解是与爱自己背道而驰的修正。[552] 迪尔克·斯坦尼特兹克（Dierk Starnitzke）针对这样的一种服务事工式的命令的类型是这样说的："去帮助，就以你真实的自己去帮助，并且注意到其他的人是上帝所爱的人，而且要这样做在邻舍身上，如对自己也是一样的相对应的！"[553]

在利他主义与爱自己之间并没有完全对立，它们更多的是相对应的关系使得有可能实现完整的人的存在，就在人同时是个体又是与他人有关系的，并且在这种关系之中能够找到自己固有的使命，人能够和他人、为他人就在所有的差异之中能够成为自己。[554]

---

[552] 格博哈特正确地指出（D. Gebhard (2002), 100），"圣经中被人误认为自然而然的爱邻舍与爱自己的关系在服务事工，不能够在继续下去。"

[553] D. Starnitzke (2008c), 136 f.

[554] Vgl. G. M. Prüller-Jagenteufel (2005), 208. 就此表明了"得出给予与接收、自私主义与理他主义在固有的关系中存在，为的是能够获得成功的帮助关系。"（A. Ch. Albert [2010], 137).

要点总结

- 当在爱邻舍与爱自己之间，**在奉献给予与自我价值实现之间、在帮助与自我需求得到满足之间能够保持合宜的平衡的话，帮助才能**够保持作为健康与有创见力的行动。

- **新约爱的诫命所要求的，爱邻舍如同自己，并非是消除掉自己。**

- **理他主义不必只是无我**

6.7 帮助达到成功的与有限生活的可能

社会帮助有着多种不同的形式——每一种形式是按照问题的情况，通过具体的帮助以求能够为之找到解决的途径。为此便有了各种各样的学科与专业领域与之有关：从医药、看护、心理学、社会工作、教育学到心灵关怀等等。我们再次通过上面已经引用过的沃夫冈·胡博尔（Wolfgang Huber）的表达来描述服务事工的任务："帮助别人，使他成为自己"，这就是所有不同具体帮助任务的目的所在，使得人能够在其生活之中有可能成为自我负责任的，而且在特定给定的环境条件下得到最好的生活。这一目的是生活质量的概念联系在一起的。

6.7.1 生活质量

这里不是关于生活表现的量化，或者有可能关于生活价值或者生活没有价值的判断。每一个人生活的正常尊严提供了这样一种基本判断，并且仍以人的生活都是以此来表现其价值，能够正确的得到保护。生活质量作为服务事工或者社会工作的目标更多的是表示，人落入艰难境况的时候，他需要帮助，以求其生活能够尽可能得到改善，也就是能够达到尽可能的高生活质量。

生活质量从多个角度上来看是一个相对的概念：它表示一个度，这就是总体上既不是最低的、也不是最高的值，而是任何地方都是处于无过无不及的中庸状态之中。而且它所参照的就是给定的环境条件，经济的、社会的、健康状况的或者文化的方式，有一定的边界与范围。在原则上能够从帮助的角度在给定的条件下尽可能的乐观的生活质量。这就得出，必须及时提供帮助给需要帮助的人，当人在不确定的生活条件中（例如健康、政治或者经济），这些因素有可能使人无法正常生活，而且大多数情况也是身处其中的人自己无法解决的。

最后，生活质量也是一个相对的度，这并不是简单的依附客观的前提条件，而是从主观自我状况的评估的指数。[555] 所以人们评估一个残障的人，按照所学的、按照有残疾的生活，他们的生活质量原则上会高过局外人对他们的评估，这些局外人没有如同他们一样的残疾。按照亚历山大·迪尔特芝（Alexander Diertz）的说总体上生活质量作为一个超常的理论构成，"机体的、心理的、社会的和灵性层面结合在一起，而每一客观的生活条件（尤其是健康状况与'功能性能力'，以及能力，与日常生活有关）也作为主管的评估，这些条件（从生活满意度的认知层面，以及从幸福度的情感层面）"。[556] 社会行动主要的目的在于能够给予任何情况形式之中的人提供支持，使得其生活质量得到改善，或者使得其生活水平尽可能得到提高。

---

[555] 按照迪尔特芝（A. Dietz (2007), 91）可以是"在为客观生活质量与其对生活智联的主观认识之间的差异性而存在的。"现实的研究表明"非常明显在外在的生活条件与主观的生活质量之间便没有紧密的关系。有这样的现实：'不满意的两难'，人们会有负面的自我判断，即便他们有着乐观的客观指数，以及'不满意的悖论'，其间人有一个积极的自我判断，即便存在不好的客观指数。"

[556] A. Dietz (2007), 93.

6.7.2 面对生命的不完美

自从上个世纪中叶以来经济上越来越富裕，医药、制药与心理治疗在西方有着非常明显的进步，达到一个很高的水平。这对于保障人的健康状况有巨大的贡献，世界健康卫生组织（WHO）自从 1946 年便宣布在此后人的健康的水平将大大得到提高，以至于使得人们有一完美机体上的健康、精神上的健康与社会幸福感的加强，不只是解决健康的问题或者是残疾的问题。在这开始也不断发展了现代的锻炼与健康的文化、心理健康、普通人的幸福感在此前提添下不断得到提高，生活质量也不断得到提升。曼弗雷德·吕特兹（Manfred Lütz）谈到着一些现代健康得到提高的相关概念，甚至人们以获得健康为生活的目的，这的确已经成为"健康宗教"（Gesundheitsreligion），这在现今世俗化的时代中甚至已经取代了原有基督宗教的地位，成为使人"得救"的途径。[557] 健康在今天某些国际法律文本与一些学科研究者看来，这已经是属于人权。[558]

---

[557] M. Lütz (2006). 吕特兹非常尖锐地作出了总结："这带着我们进入这一的趋势，然后说：'生命的乐趣就在于健康，尽力充沛与美丽。其它的你们队徽放弃'。当今天考虑以什么放到祭坛上的时候，敬拜以及

现今，食品的健康应该是最受重视的事情，流传极广的一个信念。[559] 可是基本上没有人考虑到这样的价值观对于多少人却是巨大的灾难，因为，实际上有许多人没有完美机体的、没有健康的心理、社会幸福感也没有，甚至他们身患慢性疾病，或者心理疾病或者身体残障。他们就应该生活在较低的生活水准之中？相对应的是我们看到比较有帮助的、不是从健康作为判断标准，不是将其作为一种能力的表现，"在病痛或者残疾中生活，甚至死亡都能够是生活的一部分，能够整合在一起。"[560]。

从老年病的角度中看到这样的，老年人基本上能够自己照顾自己，目的是能够有成功的老年（successful aging）。什么是成功的老年，这是很有争议的。我们按

通过通过各种各样使人流汗的罪的牺牲，那就是健康！我们先辈建造了主教座堂，我们建造医院。我们的先辈膝盖下跪，我们是身躯下垂。我们的先辈拯救他们的灵活，我们拯救我们的身材。在基督降生之后 2000 年德国的健身俱乐部的成员（459 万）远远超过天主教会主日的礼拜的人数（442 万）。"

[558] 对此可以参考 Ch. Erk (2010).

[559] 对此的批评可以参考 M. Lütz (2006), 26–31, und J. Eurich (2011).

[560] D. v. Engelhardt (2010), 11; 冯·英格哈德特（von Engelhardt）尖锐地指出中非常有问题的生命标准："希望健康，但是健康与残障是相随的；尊重自主，同时却失却人性的回应[……]；个体的不完全与社会的团结一致和超越的完全性是想联系的。用另外的话来说：生活的艺术（ars vivendi）当做生病的艺术（are aegrotandi），帮助的艺术（ars assistendi）与死亡的艺术（ars moriendi）乃是相互伴随的。"（D. v. Engelhardt (2010), 21f）

照学术权威，例如保罗·B·巴尔特斯（Paul B. Baltes）的观点，"成功的老年意味着，所努力的，尽可能多的达到，并且尽可能少的遭受老年人作为消极与不受欢迎的歧视对待，"[561] 然而这样理解什么是有意义的生活与存在，这一理解是非常有问题的、人性的、哲学与神学都没有深刻依据的。而这个观点也表明与社会帮助行为的市场服务定位也是不合宜的。格哈德·薛华（Gerhard Schäfer）便持与之相对反的观点："服务事工应该是实践之中成功生活的实现。其间是关于成功生活的图像不是完美，即便是关怀破碎、并且有接受有损坏的事实。"[562]

这样的一种澄清乃是帮助的友好生活文化的中心所在。不完美、受伤害与有限都属于人存在的构成部分，不会因此而使得失去价值或者失去尊严，而是作为挑战与危机，对其应该努力使之到达满有意义与"成功"。生活的意义任何情况都应该是在包含这些不完美与受损害之中才能找得到。[563] 生活作为有损坏的加以克服，这

---

[561] P. B. Baltes (1996), 62.

[562] G. K. Sch 鋐 er (2001), 24.

[563] A. Dietz (2007), 88, 迪尔特芝肯定这一点："疾病与苦难属于有限的人的生活，而从那儿开始也指向成功的生活。"

也是一方面从承受能力与幸福获得的接受与和重视，这也就是社会工作的本质所在，除此之外这样的基督教的立场与认识应该得到激励。[564] 多尔特·格布哈特（D. Gebhard）肯定这一点："当代的危机与挑战存在于欣赏与关注任何已有的不完全与任何会出现的人性存在中的不完美之处。"[565]

6.7.3 反对"成功生活的专断"

要问的是，"成功的生活"作为社会或者服务事工工作的目标，这是否是合适的？针对以上所提的现代流行的健康的理念，坤达·斯莱德–弗伦姆（Gunda Schneider-Flume）劝告应该放弃之中"成功生活"的观点。她的观点认为这是一种"成功生活的专断"正如她所说的，尤其是在慢性病的持续存在的角度来看。"要是把健康当做成功生活的条件来看的话，那么对于身患慢性病的人而言就意味着完全不可能感受到成功的生活，而相对应要是以此作为以成功的医生的定位的话，他们也会觉得是失败的，因为他不能彻底医治好疾病。或许应

---

[564] 这样的观点尤其从老年病学的角度上来说具有重大的意义。什么是成功的老年，同样即便在有着有限与损害的经验的时候仍然能够有着承受能力与幸福感。引用 H.Hüffer（2011）

[565] D. Gebhard (2004), 220.

该牢记祁克果（Sören Kierkegaard）的警告，'帮助开始与帮助者的羞辱'病人与医生从成功生活的专断之中脱离出来，而且帮助病人与医生能够接受人的衡量有限的理解，在健康与医治疾病上是有限的。"[566]

当持认帮助的行动在其所有的不同的类型中一直有关的是，在框架中所存在的，最主要的只是直到找到一个合宜的度来限定成功生活的边界，这样做的目的在于坚持：在被限制、带有损害负担的生活也能够"成功"，也能够是有价值与有意义的人生，而且同样能够深刻的体会人性。帮助的工作就此就够做到谦卑的和有价值的，非常现实的接受已有的有限并且在此满有盼望、积极投身其中去寻找解决的途径，使得问题更加容易得到解决，而且能够使得世界上一直有着同样问题的人从中也能够获得启发，如此人——就是完全在现代关怀的意义之中——尽管问题还是有可能继续存在，但是带着乐观的生活态度，能够主动把握与寻求自己的生活。[567]

---

[566] G. Schneider-Flume (2004), 94.

[567] 这个观点是何雷科与思泰所编织的书的标题：当不再有事做的时候，还有许多的事必须做。A. Heller/K. Heimerl/H. Stein (2007)

要点总结

- **帮助行动的目标**是使得人有可能得到成功的生活，并且得到尽可能高的生活质量。

- **帮助行动的目标**在于看到何处有可能使得生活之中有妨碍的边界得到克服；**凡是不能克服之处，能够在已存的有限中得到最大可能好的生活。**

- **人的生活能**够成功，**或者在已有的有限之中，在其**间不完全性与不能克服的损坏。**因**为不完美、受伤害属于人存在的**一部分。**

6.8 个体与社会——怜悯与公义

基督教服务事工在数百年中理解自己最首要的是作为个人为另外一个个人通过怜悯所推动的爱邻舍的行动，正如主耶稣所讲的好撒玛利亚人的比喻中所传递的慈善行动。这样偶发的慈善行动不需要有特定的机构或者结构体系，而是在于帮助与帮助需要者之间直接的接触，而且对其间所发生的危难做出正确的回应与行动。

这就是从早期教会开始，便存在帮助人在一个团契之中或者团契与团契之间的危难得到克服，这样一种负责任的领受。然而这样一种服务事工实践视野中有着教会内肢体之间彼此相顾的基督内的彼此相顾。[568] 基督教教会应该就是作为人人彼此相顾的团契的榜样，在其中所有的人都共同承担责任，而且知道什么事情是从何而来，了解其原因，什么又是生活中所需要的。[569] 这就大略如同为社会的责任通过其结构式的环境条件，这是早期基督徒作为罗马帝国少数派的人群。这里就需要宗教改革时期相对应的对此理解的变化，其间世俗的义务（这是被看做是基督身体的表现，也作为基督教教会的一部分）中有一个特别的照顾穷人的任务来理解。

---

[568] 这一种服务事工并非仅仅局限在教会中的肢体之间而已。（参考 G. K. Schäfer/V. Herrmann [2008]，141）

[569] 非常好的指出了其它的团契如何为在耶路撒冷的教会（徒 2:42-47,4:32-35）提供物质上的指出与帮扶（更准确的说，团契在物质上的分享，也分享彼此的缺乏，第一个教会的现实是在道德上的理想的榜样，而且按照流行哲学已有的解释，这是理想的社会的最初情况。（J. Roloff [1981]，89-91; 请参考第 3 章第 2 节第 6 点）。艾贝内尔（M. Ebner (2005)，108）认为初期基督教会乃是"柏拉图式的为团结一致的社会。"不过应该指出的是，初期基督教会既不是有意的，也不是有真正参与政治的可能，根本就能够从自己的信仰出发在教会的团契之外积极参与罗马帝国的社会政治。

6.8.1 社会的与政治的服务事工

出于基督教动机的帮助有一个理解上显著的发展，以及教会服务事工在当代民主社会国家的出现中有其重要的发展，在其间公民作为整个责任的共同担负人。在新教的服务事工的讨论之中，例如海因兹·迪特里希·文德兰德（Heinz-Dietrich Wendland）他以"社会服务事工"的概念来阐述自己的观点，他认为这并不仅仅是在教会内的服务事工任务，而是"一个爱的服务事工在人的'普通'社会存在，这是被给定的，历史社会条件，就如以前也是这样。"[570] 社会的或者政治的服务事工承担了多层意义的任务。

首先应该明确的是，在一个复杂的、工作参与的社会中帮助在许多的情况中不再简单的作为人与人之间直接的帮助。我们从好撒玛利亚人的比喻中看到：现在看来好撒玛利亚人所作的就是抢救（Erste Hilfe），而其它更多的工作措施那就是要通过警察的手来办，而且叫救护车才能够为受害者提供专业的照顾。这不可缺少的人与人之间的帮助至始至终都重要，但是现在需要有服务内容的补充与支持，这些是在社会结构之中形成的——

---

[570] H.-D. Wendland (2008), 280.

在我们所举的例子中：通过公共的手来进行保护与抢救。或者当一个人失业了，他不需要因贫困而得到邻居的经济，而是在社会保险制度的结构中，他能够通过自己此前已经投放的失业保险来获得经济的保障。这样一种结构模式不是作为个体对邻舍之爱缺失的补充，反之这是集体化的邻舍之爱或者集体化的人人彼此相顾。"人现今应该知道，爱也是在结构中、而且通过结构在起作用。"[571] 所以政治参与使得国家强大与社会结构的加强，能够推动人生活的自由、尊严与人人彼此相顾，这本质上也是属于服务事工。[572]

6.8.2 治疗的与预防的事工

政治服务事工应该得到认真看待的第二个因素是，富有意义的事工并非是第一（预防的）之后进行，当一个危难的情况发生的时候，立刻尝试采取行动（医

---

[571] Th. Strohm (1993a), 129. 故而德国新教联合会（EKD， 1998， 18）强调："爱必须在结构、通过结果发生作用。所以基督徒有义务，在教会之中，也在政治服务事工之中致力于人与人彼此相顾的社会。"

[572] 欧洲教会 1994 年所制定的"布拉迪斯拉法声明"强调这样的意义：服务事工应该强化其政治影响，在其中服务事工能够发展出新的方法，使得人们所关注的事情能够得到关注与解决，使得人的尊严受伤害或者人的异化与团契的异化能够停止。

治），一个问题不会一出现就消失。[573] "服务事工一直是不断通过'引起人注意'来推动并且提供修复的服务，使得没有怜悯的经济商业或者政治系统来承担为受害者所需的。而相对应的存在完全的服务事工，这是伴随在预防之后也有医治的服务。借此政治的服务事工，正如其危机的原因所对应的。"[574] 政治的参与在国家或在国家的层面上都是完全本质上属于服务事工，如为个体情况所提供的具体社会救助一样。

6.8.3 团结与法律

第三点看到社会的或政治服务事工的角度是，早在旧约之中便已经有这样的角色存在：这也就是帮助的行动从主观同情和怜悯而生发出来的，这是人类共同的人道主义文化，但这还不够，尊重人的帮助的帮助的需求可持续的与尊严这就引出了"基督教（美德伦理）中对邻舍的爱、怜悯与合法保障的诉求。[……]现在以法律的形式以保障对需求的合理诉求，福利却相对应的是独

---

[573] 关于帮助的、预防的服务事工与医治的、政治的服务事工的差别，可以参考 P. M. Zulehner (2003), 63 f. 在政治的服务事工中"并不再是受害者出于中心，而是要明确提出如何防止再有受害者被害，这就通过机构的的调整。"

[574] Ch. Stückelberger (2006), 200.

立于给予者的'良好意愿'。"[575] 自愿发起慈爱动机的帮助的行动如果是因为爱而偶发的好行为，同情或者怜悯所催发的，那么帮助的工作就业很快会在帮助中的行动变弱，而且不能够确保。出于自由的对邻舍的爱使得怜悯在必要的时候能够给予帮助，"必须转向诉求的权利通过社会法律国家中来承担保障的义务。"，这样一来便会产生这样的后果，"呼吁给予帮助的接受者就这样[……]不在于第一动机发出者——或者是最初直接看到需要者个人或团体，而是社会的与国家的结构，机构与'官方'——从住房管理绝，到社会局、劳动局、一直与官员、表格各种各样的规则与原则。"[576] 法兰克·克利斯曼（Frank Crüsemann）在此是正确的指出，但认为"服务事工相对于其直到现在出于基督教对邻舍的爱通过直接的行动使得社会弱势得到权力，并且借此使得不断得到承认的诉求能够得到满足，这样的传统动机必须还要加强。"[577] 因为团结一致的目的在于通过内在的坚

---

[575] F. Mathwig/Ch. Stückelberger (2007), 271. K. Müller (1999), 26, 29 und 32。其中便谈到节约-蜡笔对帮助理解的推动，"怜悯到法律"

[576] W. Lienemann (1998), 16.

[577] F. Crüsemann (2003), 42. W. Lienemann (2006) 76, 强调："志愿者的帮助应该得到合法化；慈爱应该得到机构组织化。但不是借此发生变化，一方

固性转化为在法律形式下的机构化存在，[578] 没有这一点也就使得一个得到授权的人无法对此作出正确的行动。

但这却表示，作为公义为目标的大系统中的社会政治服务事工与微观系统的，或多或少是偶然的、自愿的帮助、是慈爱的服务事工，这两者形成两个不同的反省，在此之间是不同的帮助行动的模式。[579] 所以这并没有替代的；公义与怜悯乃是所有社会行动的彼此相互关联的基础所在。[580]

面乏力是志愿者道德上基本的需要。服务事工在一个缺乏公义的社会中是非常重要的，而另一方面通过基督的教导所关注的，就饿余额之中的角度应该成为服务事工共同的基础。"（参考 H.-J. Benedict [2001], 357）

[578] A. Baumgartner (2001), 105。　德国新教联合会的服务事工思想汇编中强调这一点："帮助的义务作为无帮助之人的法定诉求。唯有帮助者与寻求帮助之人的伙伴关系能够实现。（Kirchenamt der EKD [1998], 38）因为唯有通过对帮助的法定诉求使得家长式–等级式福利结构才能够真正是穷人从中得到帮助的保障。"（H.-J. Grosse Kracht [2005], 113）

[579] Vgl. H. Pompey (2005), 163.

[580] 参考T. Jänichen (2004), 120. Nach K.-D. Kottnik (2004), 128。　怜悯也是作为公义的动力，这是一种都是在前的也是并存的。这共同起作用的也是非常重要应该接受的是，作为服务事工的历史，按照本尼迪克（H.-J. Benedict (2008a), 19）还有延伸的历史，"其从公义的乌托邦所得到的，怜悯的机构化与借此在两个已经解决，或者在个体之间的"。本尼迪克强调："服务事工的特别对我而言并非是基督教爱之行动的一次性表达［……］服务事工的特别更多的是在使得怜悯与公义联系在一起。"

6.8.4 在社会国家中的服务事工

社会服务事工的第四个方面是，服务服务唯有在我们今天这个政治处境之中才能够具有意义发挥功能，但它能够被容纳进入社会国家的框架之中，这才成为可能。约翰尼斯·德根（Johannes Degen）早在二十几年前就已经说过，而且仍然是有效的："没有一个基本的社会国家实际的伦理的肯定的话[……]那么现在的服务事工就无法理解。服务事工的社会国家纳入也就不是作为令人讨厌的危难帮助者看待"，而是应该欢迎的。"而这不缩减的为社会国家的继续发展共同承担责任，这应该作为基督徒尝试的一部分，在这个社会中实践服务事工。"[581]

要点总结

- **帮助的工作在人与人之间互动的层面上（慈爱的服务事工）应该在今天的社会条件中得到补充，通**过政治的投身与参与致力于人权的社会

---

[581] J. Degen (1985), 99 f.

结构（**社会的或政治的服务事工**）

- **社会的服**务事工寻求通过推动社会公义与人人彼此相顾使得在危机中的情况能够得到阻挡。

- **自愿者的帮助**应该通过法律的保障成为对帮助诉求补充。**法律使得**为有需求的、**自愿者的慈善工作得到保障**，独立于上帝的旨意。

- 服务事工乃是当代社会国家的一部分，**而得到接纳**，**并且开展合作**。

7

帮助的市场——在竞争之中爱邻舍

在帮助行动的历史中发展出了许多不同的类型，如其帮助具体工作所带出的。这多样性一方面是由不同的问题一起决定的，这些问题需要得到有效的帮助；另一方面是与社会和政治环境条件联系在一起，其间社会的服务工作任务得以开展。而现在因为工作领域不断的细化以及不断增加的所有社会各个领域，包括帮助职能的复杂性，首先是其专业化与机构化的形式，改变从来就没有停止过。在这些改变之中有一个，针对社会服务领域，尤其是在服务事工机构之中现在便有一个新的发展与变化的过程，对此也最具激烈的争论的，那就是所谓的"社会的经济化"。[582] 这这一点并没有对教会或者教会堂会服务事工产生巨大的影响，因为在教会或者教会

---

[582] 关于这一点，可以参考 K. Döner (1999) sowie H. Haslinger (2009), 146–161.

堂会的服务事工中主要是通过其数量庞大的自愿者、义务的同工来开展工作，而首先造成巨大的冲击与影响的就是机构化的服务事工，以及其医院、治疗看护中心以及救护站。[583]

7.1 社会的经济化

什么是社会的经济化，如果比较简单的看，可以从以下三个发展情况来看：

- 许多的社会机构由于是属于原发的私人机构，其自身经济来自其经济雄厚的资助人或者是赞助团队。出于爱心的动机使得工作能够开展，这能够承担出现危机时的赔付。经济的支持使得这样帮助成为现实，通过自愿者无条件的付出：一方面通过大量的奉献或者是馈赠，另一方面通过专业的工作（例如天主教修院的成员或者新教的女执事），她们甚至也没有自己的工资，而且他们的呼召

---

[583] 其间不能够忽视的是，包括教会堂会的服务事工也一直不断在经费的合理性以及有关合算的角度，从可用的自愿支持的角度上。再者在地方堂会所开展服务事工的工作领域越来越多外来的资金的入住，因为从经济的合算角度上不断进行成员裁减，这与经费的压力也是密不可分的。

就是为要实践爱邻舍。尤其是 19 世纪下半叶随着大觉醒运动与国内宣教运动的发展，便准备了这样的基础条件。[584] 随着时间的推移，社会福利型国家得以建立与发展起来，公共的社会机构越来越多承担起了为社会与健康领域的服务工作的责任。社会帮助就从以前通过私人自愿的给予转而成为了每一个公民的权利诉求，通过这一点使得服务事工从法理与政治的层面上得到保障。相对应的是公共事业部门的工作任务，其间必然需要经济上的支持。这表示以前通过私人赞助的机构便转为公共国家机构来接手进行管理，也就相应获得了公共财政的支持。[585] 自从最近以来社会机构不断发展形成了自己的社会服务市场。医院、看护中心、养老院通过私人企业注资与参与，被看做投资机构来参与

---

[584] 苏黎世州的福音派联盟的形成就是对此能够进行说明的一个例子，H. Meyer/B. Schneider (2011).

[585] 在瑞士这样的国家社会公共机构接管了原有的教会服务事工机构的情况远远超过德国，因为德国的服务事工机构由于有强大的国家支持，按照从属负债的原则，德国新教教会服务事工机构是六个最大的私人服务联盟之一，所以德国的新教教会服务事工机构还继续发展。（J. Degen [2005], 231）

其推动发展的工作，因为这也是能够盈利的。就此也就越来越多的机构、服务主体成为公共与私人共同经营的机构。[586] 这样的情况推动了社会工作，迫使服务事工机构与市场保持一致，并且不得不通过在市场竞争的条件中以多种多样的具体情况来衡量。[587] 这样就有了使人担忧的地方，什么样的社会服务工作在给定的情况，例如经济能够得到经济的支持。而且，国家取代了原来社会政治的预算拨款支持，社会领域中的税收部分也是通过市场机制来进行评估的，[588] 而在社会政治领域之中的国家也不再是作为市场的对立面来理解，而是作为社会的模式原则进行

---

[586] 参考 T. Winkler (1998), 246.

[587] J. Eurich (2010b), 12 f. 艾黎希认为这里呈现了"社会经济之中唯有在特别的市场经济活动的规律，在许多的交易的区域之中必须反对一种大概而已的市场，这非常具体，定价也是按照国家[……]或者是按照约定的。"

[588] 按照赫尔曼（V. Herrmann (2007), 65）这还不是强调经济的意义作为在社会机构的调整上是完全新的，因为与经济问题有关的问题已经在社会机构之中早已经有联系的。决定性的"使之发生改变，在社会政治运作模式往往总是与市场经济因素有关，市场与竞争成为了规则，使得一个机构发展或放弃，这此前只有通过政治的决策。" J. Rüegg-Stürm (2009), 91，对此有着相似的判断。

政治上的整合。[589] 在这样的情况下在社会机构的领导层角度上不断会思考经济的问题。社会的经济化的程度越来越大。[590]

- 除此之外还有一个发展：上个世纪下半页以来在经济领域上有了巨大的发展。可利用的公共资源越来越多，社会福利性国家支持服务行业的工作的力量也就得到扩大。社会机构与服务的工作也就能够更新或者改造，公共社会的经济支持非常丰富，而且原有的赤字与亏空很大程度上由国家承担。[591]。经济突飞猛进却已经过去了。在经济高速发展结束之后，所有的领域都必须节约。费用意识的财政预算也是在社会与健康机构之中是非

---

[589] 艾黎希（J. Eurich (2010a), 35,）特别坚持这一思想："关于社会领域之中经济思想的扩张导致了经济与社会之间的差异消失。社会成为一种经济形式。"

[590] 施瓦特兹（W. Schwartz (2010), 24 f.）认为自从 20 世纪 90 年代中期以来，这一点在德国发展的特别明显。关于服务事工领域方面对经济合理化广泛存在质疑，哈斯灵格尔（Haslinger (2009), 152）对此指出，基本的"服务事工实践按照市场经济模式通过获利为目的的广告得到实现，这从神学的角度上来看不存在好与坏，这是通过国家教会税提供经济保障。"

[591] 路舒克（W. M. Ruschke (2007), 141）描写了这样的情况："在服务事工之中多年来不需要讨论缺钱的问题，因为在经济大发展与繁荣的时间里，这一点不需要担忧，社会领域，同样服务事工也得到巨大的盈利。[……]可以接受新的任务，因为盈利所得的资源需要使之不断被盘活。服务事工并不是不涉及经济的，在费用上的支持，也需要得到经济的支持。"

常关键的，必须总是考虑到经济的价值。

- 两个以上所提的发展共同作用，使得社会机构的领导模式也发生了变化。在私人慈善支持的模式中长久以来，这些社会机构往往都是由一"家长"来担任，而这如同是一个家庭一样，管理各样的家务，并且全方位负责所有的事务。而在公共管理节制参与进入之后，家长的管理也就是结束了，比如一个社会机构在分配与采购上都是经由各个独立负责的部门来负责，革新的模式实际上就是企业管理的模式。今天一个医院的领导或者是一个养老院的领导实际上就是从事经营管理的工作。其义务就是使得社会的或者教会服务事工企业化的机构能够在社会市场之中存立，通过革新、质量的保障、费用的调整与可持续的治本经济在竞争力上通过获得顾客的满意的获利。这一发展在经济领域之中，又是是专业化的管理，意义不断加大。

这所有的发展都表明了，今天作为社会的经济化或者作为社会市场的形成。[592] 可以明白其原因的是，这样的发展在引发一些与之有关的代表性的神学、社会、医药或者看护这些学科的教授们的怒气。如此的关注经济的，却没有看到社会的中心：在危难之中的人们？人的尊严与需求在危难的情况之中却成为了经济感兴趣之人祭坛上的牺牲，而且伦理的上，这些经济的关注面被过渡拔高了，这不危险吗？不是经济不能作为社会的压力吗？这些思想不断被提到，不断能够听到。[593] 多而特·格布哈尔德（Dörte Gebhard）看不断增加的基督教帮助实践的经济化，以及在服务事工与服务事工研究在日常之中作为关键的主题，其间的参与者分成两大阵营：经济化的赞成者与反对者。[594]

7.2 在经济产业处境中的帮助行动

现在要避免先入为主，社会的或者是服务事工的机构能够——同时也作为飞地（他国境内的属地）——一个社会里已经真实的现存的经济产业环境条件之外发挥

---

[592] 这一的社会的经济化是不可忽视的，这就表明了这样的现象作为"社会的工业化"，科里就是这样认为的。（参考 Th. Klie (2009), 590）

[593] St. Flessa/B. Städtler-Mach (2001), 35, 这两位作者便认为，服务事工机构的领导层定位在经济之上，或者作为相对管理技术的管理人员，他们一直出卖掉了基督教的价值。

[594] D. Gebhard (2002), 256.

作用。[595] 哈尔伯特·哈斯灵格尔（Herbert Haslinger）正确的警告说："一个脱离经济相关的'理想''纯人性的'服务事工已经不现实了，而且也没有一个理念，而是一个虚构的偶像。"[596]

问题并不是，是够在社会机构的角度上计算经济的因素，而是在其间应该如何做的问题。一个社会机构越大、越是其社会福利国家的社会网的联系越加强，那么其责任就越大，不仅仅在帮助需要的角度，而是在社会作为一个整体的角度来看，其工作经济专业化的实现以及经济上能够良性的运转。

---

[595] 约格尔（A. Jäger (2006), 172） 对此讽刺，他认为服务事工长久以来其领导层作为一种"古老 68 个人的自留地并且不断传给自己的继承人"，"爱邻舍的付出，出卖福音与违背人类的基本规矩了，这是什么问题啊。"

[596] H. Haslinger (2009), 160. 以很好的理由，郝绪德特（E. Hauschildt (2004), 314） 指出，服务事工工作一直在市场情境中存在，就此例如分配"物品"，也就是社会的服务工作。同样德根（J. Degen (2005), 229）认为这是一种"从经济产业的相互关联脱离出来，这是自我欺骗。"

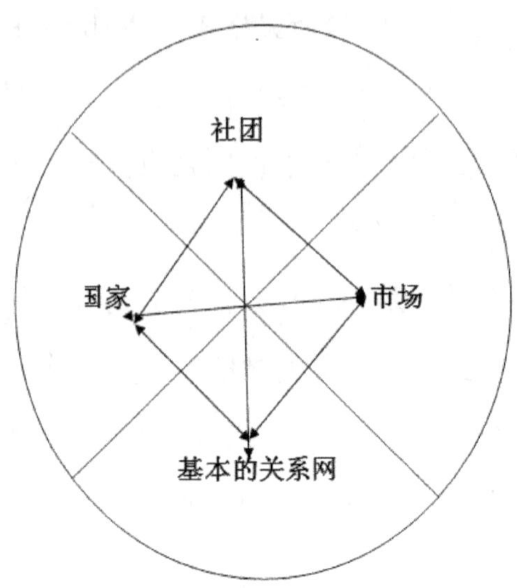

主体	机构	功能逻辑	中心价值	系统要求
社团	各样的机构（工会、党团、环境协会、人权协会等等）教会（教会堂会与整体教会服务，包括其服务事工的代理机构）市民的联合会（团体。机构、基金会等等）	成员、感兴趣的人或者是代表	人人彼此相顾与活动	理解
市场	企业与公司	通过媒介金钱进行交换（买与卖）、提供与跟进、竞争	自由与福利	利润
国家	议会（合法理的）管理（专家）法律从业人员，以及其它的多个不同的职能部门	法律、资源的分配、武力、等级机制	平等与安全	官僚
基本的关系网	家庭、朋友圈、邻居	从属、义务、没有利益为目的的互动	给予与接受	共同

这所有四个层面都是重要的、也是在复杂的帮助，构成以自己的方式、共同起作用。现代的专业化与帮助所提供的分类细化都是属于这一复杂的过程的。帮助在许多的情况下以职业的形式或者职业化的帮助开展工作。[597] 换句话说：帮助的行动——也包括这些出于基督教动机——不可避免的会带着市场活动的特征，而且在经济产业框架中，企业的领导按照经济的法定方式方法，并且以专业的方式与方法进行考虑与操作。这不是需要感觉惋惜的，而是现实所要求与决定的。[598]

克劳斯·多尔内尔（Klaus Dörner）持有这样的观点，在社会的领域之中和市场的领域之中总是一直相互伴随的是，主导性的因素在该领域之内总是会不断发生调换。多尔内尔——看到在德国的情况——在 1880 年到 1980 年之间社会工作所发做的已经太多了，他看到

---

[597] 参考 U. H. J. Körtner (2003), 307. 也参考 W. Schmidbauer (1996).

[598] 哈斯灵格尔自己（H. Haslinger (2009)）便有无数的理论反对服务事工的经济化模式（H. Haslinger (2009),151-158），却不得不认为："仅仅的法律形式在服务事工中的考量，这不仅仅是不可避免的，也是必要的和可取的。"（H. Haslinger （2009),159）弗雷萨与斯坦德特乐-迈克（St. Flessa/B. Städtler-Mach (2001), 25）也看到在好撒玛利亚人的比喻之中的行动，也是在比喻的教导中也提到了托付给店主，这就是店中能够使得受伤的人得到看护，而且也是付费的（路 10:35），这是一个较早的例子支持帮助的过程之中，经济条件也应该一起考虑。

了那时代之中相应不同的重点："在这样的背景中有其合理性，当我们再一次看到社会的经济化曾经给社会的优先权，我们就明白了。"[599] 其间社会政治的目的只可能是"在社会的经济化发展趋势与经济的社会化之间应该有着同样的重要意义。"[600]

就此——正如约翰尼斯·德根（Joahnnes Degen）所强调的——教会服务事工的圈子里对"社会服务经济化的末日预言"持批评的立场。因为市场经济情况所带来的挑战如果得到恰当的认识的话，它们就不是简单的拒绝所能够解决的，[601] 或者是它反映了在服务事工之中经济的差异。[602]

7.3 经济的任务与界限

经济的任务主要落在何处呢？经济乃是——正如其

---

[599] K. Dörner (1999), 19.

[600] K. Dörner (1999), 25.

[601] J. Degen (2005), 240.

[602] M. Rückert (2005), 314. 这样的问题实践上所带出的更多的是如德根（J. Degen (2005), 238）所看到的，教会系统化的趋势在更进一步的意义（教会相关的服务事工机构也应该得到考虑），往往会带着企业化的保留。哈尔斯（H.-St. Haas (2010), 22,）从跨学科研究的角度认为，"神学与经济的只是达到起步的水准而已，对于神学也应该考虑其他的学科。"这就表明了，在神学的工作中与经济"能在理解上有一个价值的肯定，而且相对应的不要以为经济只是物质的。神学往往看待经济是最为普通的，没有与神学成为对话的伙伴。"（H.-St. Haas (2010), 274）

希腊语词根的两个名词的涵义：oikos（家）与 nomos（法）——这事还的持家的艺术，生活所需的最佳的分配到特别的目的。非常简单地说，这是关于"紧缺的资源能够得到运用，尽最大的可能获得好的结果。"[603] 那么究竟什么是达到"最好的结果？"，应该为其提供什么服务，而且为什么要提供物质的帮助，这都是开放的。司提反·弗雷萨（Steffen Flessa）与芭芭拉·斯坦德特乐尔-迈克（Barbara Städtler-Mach）非常正确地强调，"推动经济完全脱离利益的推动。"[604] 而且企业经济的方法学基本上纯粹是工具化的特征，[605] 而不是仅仅定位置最大限度的获利之上。为何要引入经济的手段，这是社会或者服务事工机构所决定的。而经济上能够获益，这是每一个企业可持续保障的不可或缺的前设条件，这对于一个社会或者特别的非盈利领域的机构之中也是一样的。不然的话，推动不断更新发展与资助新项目的资源就不断折旧，无法更新。至于广为流传的没有

---

[603] 司提反·弗雷萨（Steffen Flessa）与芭芭拉·斯坦德特乐尔-迈克（Barbara Städtler-Mach）认为（St. Flessa/B. Städtler-Mach (2001), 41. ）这是"寻求，通过尽可能少的收入作出付出的工作，或者，尝试通过给定的收入调配最大可能的付出。"[603]（St. Flessa/B. Städtler-Mach (2001), 68）

[604] St. Flessa/B. Städtler-Mach (2001), 41.

[605] St. Flessa/B. Städtler-Mach (2001), 84, 90.

经过严格反思的理解，认为服务事工机构不应该获利，606 所以这非常明确会必定应该争论。"同样公共福利与服务事工机构也需要盈利，否者的话它们就无法在市场之中立足。"607

一个社会企业或者一个非营利性机构的领导——正如任何其它一个企业的领导一样！——担负管理的任务。在这一点上约翰尼斯·吕尔格-斯丢穆（Johannes Rüegg-Stürm）作为圣加勒尔管理模式（Neuer St. Galler Management-Modell）的代表，他的观点非常有启发，他认为盈利性机构与非盈利性的机构实际上是可以互相转化的，在要求、策略与标准的管理模式上这些发生变化，变有可能发生转化。608 要求式的管理定位为获得高

---

606 司提反·弗雷萨（Steffen Flessa）与芭芭拉·斯坦德特乐尔-迈克（Barbara Städtler-Mach）对此提出批评："服务事工与盈利，非常明确对于血多的服务事工的员工来说，这两个词汇是合宜的，那其背后就是火与水在一起，也就是不会有人讲他们放在一起。"（St. Flessa/B. Städtler-Mach (2001), 101）

607 St. Flessa/B. Städtler-Mach (2001), 72. 吕克尔特也同样（M. Rückert (2005), 313）强调究竟什么是经济必须独立，从服务事工的许多的角度上还无法理解："服务事工企业必须能够努力，能够赚取事实上未来的金钱，以便能够拥有储备金与购置属于自己的房产。"从服务事工研究的角度也从自身当然一个大的服务事工机构领导的经验，施瓦特兹的著作（W. Schwartz (2010), 26 f.）强调并且着重的提到："企业经济的大环境推动、迫使这一点。[……]企业经济的思想在任何一个领域都必须得到重视，如果我们不想在未来不被淘汰的话。"

608 J. Rüegg-Stürm (2009), 89.

效率，也包括为顾客提供需要使用的正确的、有用的物品与服务。标准化的管理为要使得企业的所有标准能够在规范、合理、合法之中，也就是要考虑所提供的事与物是够是有意义的和可以持续的，并且考虑是够所提供的产品或者服务工作的伦理标准是恰当的，并且使得机构与其中的员工明确自己的义务。在此标准的伦理的内容与反省作为战略式与要求上的决定因素，而且得到肯定。[609]

这里就有了这样的理解，这样理解下的管理中能够获取最大的利润，这并不是对伦理或者人道主义的出卖，反而是一个伦理与社会继续朝前继续努力的前提条件，为的是使得具体的问题在尽可能乐观的努力下，得

---

[609] J. Rüegg-Stürm (2009), 90.约翰尼斯·吕尔格-斯丢穆（Johannes Rüegg-Stürm）所认为的标准化的管理，按照约格尔（A. Jäger (2008)）所指的是在服务事工的内在、神学的中心轴的概念。他认为"内在的决定，这在日常下决定能够是完全负责任的。这使得以前的服务事工企业，能够以此方向为中心，而且在神学上也是负责任的。"然而约格尔（Jäger）认为："在内在服务事工企业之中的内轴推动一个神学能力与反省能力的高标准"。（A. Jäger (2008), 182）他在此让我们看到的是具体的管理的任务统一是神学的拔高，正如哈斯（H.-St. Haas (2010), 278）所说的："对于经济认识，正如神学家在对领导功能的转换上的接受一样，对此他们也是并没有得到完整的训练而做到完全准备好"。对于神学家，管理的功能在一个服务事工的机构之中被接受，这事实上就如此，因为他们就没有接受过这样的教育。经济学家、管理学家他们确实在社会、服务事工机构的领导功能上已经得到齐备的教育，已经准备好可以承担这种标准管理的任务，而他们却不需要先接受第二个神学的教育。

以解决的服务工作。这样的管理与这样的敏感性从属于现今不可缺少的每一个社会企业的推动力，使得能够正确完成其责任。或者用约翰尼斯·艾黎希（Johannes Eurich）的话说："在'经济-价值基础-专业'这样的三节关系中，不管是企业的经济有利益的核算，还是价值定位的事工的基础，还是专业的质量水平都应该在机构内得到考虑而且应该是彼此结合在一起共同起作用的。"[610]

经济的目的所在，除了达到最佳的已有资源投入使用与能够使得自身的设施能够可持续地运作之外，也有顾客与使用的定位与满意。按照约翰尼斯·艾黎希（Johannes Eurich）的观点，社会领域之中顾客的定位意味着能够接受帮助，自己觉得在其最感兴趣的事情上接受帮助，也是能够随着使得社会服务的工作能够尽最大的可能满足顾客的需求与需要，而且能够最合理地分配。换句话说：社会服务的工作应该最佳的在接受服务者的需要中能够最好的提供所学的服务，而不是按照机构的传统固有的理解，想当然的简单操作而已。[611] 通过这样的工作使得寻求帮助的人的主观存在感得到强化，

---

[610] J. Eurich (2010b), 11.
[611] J. Eurich (2010a), 37.

而且能够营造一个良好的趋势，那就是作为特定陌生的客体的帮助者能够非常好的配合。[612]

关于强化的顾客定位这就从中得出社会服务工作总体质量的革新竞争力。[613] 约翰尼斯·德根（Johannes Degen）却认为：“与这危机相对应的是，在竞争之中，所考量的是为要有更好的服务工作企业化，国家的管理以经济计划的方式，通过大量的规则和定额义务掌控与操纵社会服务工作的部分市场。期待在于，通过快速与持续的费用节约或者至少是限定，这都证明是幻想。唯有社会服务工作的引入机制的过程中的控制在这样的方

---

[612] 德根（J. Degen (2005), 234）特别强调这一点的意义所在：“这是必须的，当服务事工有与其本质相一致的以人为本的工作方式作为其第一目标所在，为的是一个潜在的顾客或者使用者的定位能够明确，为的是每一关顾的支持，能够强化人在对社会工作的向往。总之现在服务事工服务中的已有的发展过程中，其中同工定位作为侍应，玩玩也纯粹在机构的内部以及其所获得的作为自身的价值所在。”根据韦德迈尔（W. Widmer et al. (2007), 122）这是自己责任、竞争与人人彼此相顾与目标的结合，顾客在所有的社会与健康关怀中心的所有活动中得到推行。

[613] 参考J. Degen (2005), 232 f. 包括德国新教联合会（EKD）的服务事工-思想文集（1998）90与94条中所坚持的：“服务事工处在与其它的竞争之中，而且给它带来绝大的压力[……]必须为了社会的梦想[……]经济的梦想增加尽力，而且其上有着思想，正如能够为人提供更好的帮助，更加优越的条件。”提尔芝（E. Tietze (2003), 150）表达得非常简练：“竞争一直存在社会之中，服务事工在市场之中也是如此。”——韦德迈尔（W. Widmer (2007), 213）在再考虑到这一点的时候，他指出了非常重要的一点，“我们不再‘插手干预’。服务事工的挑战不再是数量，而是质量，在我们的服务工作之中的革新力量与可持续性。”

式之中，首先是所开展的事工的经费能够得到保证（定位在支出上），这一达到工作果效得到大大的提过的途径也使得工作承担者承的工作能够转移部分出去，竞争模式的优点也必定是有帮助。"[614]

经济学方法论的工具特征如果能够得到接受的话，就会明确的指出经济的界限：它自己不能确定经济政治的框架结构。而能够其决定作用的，一方面经济刺激系统，在某些情况会导致相反的结构。另一方面能够起作用的是部分的民间经济可以利用，健康与社会领域能够引进已有的金融资本。这已经有了已有的交易的空间，在其间社会机构必须运作，而且政治的结果，不是经济的决定。[615] 这里社会参与者只能有着形成决定的影响，如果能够参与政治的活动过程的话。这样在社会或者政治的服务事工的参与，这也是从具体的帮助实践所遇到的问题中整理出来的经验，这是作为环境条件改变必要的解决方案，这也是社会机构的使命所在。

---

[614] J. Degen (2005), 233.

[615] 参考弗雷萨与斯塔德特勒尔的观点（St. Flessa/B. Städtler-Mach (2001), 42）："民间资本一直是开放的，我们在特定的服务工作之中不再能够承担的时候，也就是不再这样准备的，我们来承担。这里结束了经济的领域，开始了政治。"后果就是，能够被提供的，也就能够成为金融资本。"所提供的讲座金融的条件中定位。"（W. Schwartz [2010b], 27）

7.4 伦理张力存在之处

然而还有不明确的是，从不断增加的社会经济化的角度上也有伦理的张力出现的地方。赫尔伯特·哈斯力量能够格尔（Herbert Haslinger）认为，在服务事工中经济化过程的模糊不清导致基本上无法解决的经济的合理化与神学标准之间的两难，这两难是服务事工机构必须学会面对的。[616] 这一看法使得情况会非常戏剧化。[617]

经济学家约翰尼斯·吕哥斯图姆（Johannes Rüegg-Stürm）给我们带来的启发，想的帮助的富人，在规范的管理任务之中，当这一点呗真正接受的时候，必定会导致伦理的张力阐述。从医院的领导的角度，通过竞争的定位与需求的定位之间的张力，他阐述了这一点。在一个示意图中表明了张力，具体如下：

---

[616] 参考 H. Haslinger (2009), 160 f.

[617] 这是建立在哈斯灵格尔（Haslinger）按照我们所衡量的新近的过分的经济化批评（H. Haslinger (2009), 151-158）。哈斯灵个一直非常坚持，他还是重复他尝试的一切批评，"经济的思想一开始便不能使人加以信任"（H. Haslinger (2009), 151），经济合法性的考虑是必要的，也是应该值得作的。（H. Haslinger (2009), 159）

竞争的定位	需求的定位
- 功能性的团契，定位在经济的合理性上	- 意义的团契，行为在文化-关系的合理性上
- 系统的定位 - 自己价值创造与行动所提供的为经济的成功与存活（每一价格）	- 系统的定位 - 个体的价值创造与行动所提供的为伦理反省的价值
- 个体利用的最大值作为"操纵的推动"与"成功的机械"	- 意义的奠基，为要获得可持续性，以求团契恰当的行动
- （受托的）权力与规则	- 正当与人人彼此相顾为规则

－ 权利与等级的操纵	－ **交流、接纳、尊重与志愿的忠**诚的推动
－ "经济的经济就是经济"	－
－ **参与者的功能和与工具化的趋**势	－ **意义、传统、尊严、超在的、身份的强化、归属等等**的查证

社会机构存在于除了具有非常明确的价值定位之外，也有需求的定位结合其文化-关系的合理性，在整合的角度上带出服务的工作；但是这并不是作为经济合理性的对立，而是在一个充满张力的、创造性的多极化、其中能够同时找到效率性与人道主义并存。这也就能够与德国新教联合会（**EKD**）的"服务事工——思想汇编"所推动的方向一致，必须在整体综合思考中与社会

构想和经济构想结合在一起，如何能够提供最大可能的好的帮助，以求达到最佳可能的条件。[618]

即便社会的经济化与一个自己的社会市场的张力出现的时候，而且带着自身的不明确性，从服务事工机构的角度上看也是能够坚持的是，迫使专业化、经济的-企业化的思想在一些角度上作为救恩的、有作用的事情的过程。[619]

总体而言，不可忽视的是，就是即便在社会经济化的情况之中一直有，就是在未来也学又有更多的社会、帮助行动的形式，这不会简单地按照市场的逻辑来看待：一直会有人投身于社会政治，[620] 作为同样归属的或者邻居来照顾有帮助需要的家庭成员与邻舍，[621] 作为志愿者或者义务工作人员在社会机构之中一起工作或者通过奉献在资金上支持机构。当所有四个领域：基本关系网、社团、国家和市场能够有效的共同起作用、并且能

---

[618] Kirchenamt der EKD (1998), § 94.

[619] H. Haslinger (2009), 158.

[620] 这里边看待在克里斯（Th. Klies）的福利-交汇-模式中的"国家"与"社团"的领域。

[621] 这个领域在克里斯的模式之中就是用关键词"基本的关系网"表达、——妇女主义运动在过去最近这段时间中引入了基本不使用的经济意义"关怀的行动"，作为生活的为此、生活危机的活动在绝大多数家庭领域之中，这就是许多家庭主妇没有得到酬劳。在男人与女人的工作分配上有这样的一种"关怀-经济"模式，在未来一些年岁中重新得到讨论并且应该得到相应的处理，这对我们来说是不可或缺的。（M. Madörin [2006]）

够相互支持、相互补充的话，社会系统就能够正常发挥其功能，。

7．5 好撒玛利亚人与会经营的店主

服务事工行动也是出于基督教动机的帮助行动一直不断看好撒玛利亚人的比喻（路 10:30-36）是有关的，而且将其当做耶稣所设定的人人彼此相顾行动的榜样。[622] 在新的时代里这其中的相关内容还有再进一步得到阐述，也就是在这个比喻之中实际上有两个参与帮助的人，一个是帮助落在强盗手里的人使得他脱离危难：好撒玛利亚人作为主角，而实际上参与救助的还有一个人：店主，他在撒玛利亚人把受伤之人带来之后，他承担了继续照顾的责任，但从中获得酬劳。马库斯·吕克尔特（Markus Rückert）由此认为服务事工是："与客店的店主有关的是经济来定位，而撒玛利亚人是从怜悯作为其特征。因为所有服务事工的企业也付钱给其它的人，这是纳税人和通过强迫缴费啦社会社会服务的经济上能够付费，但这不是自身有的。"[623] 他继续说："服务

---

[622] 参考第 3 章第 2 节第 3 点。
[623] M. Rückert (2005), 301.

事工接着知道店主在家务上会做的比别人更好，在撒玛利亚人支付其费用之前这就应该明确的。"[624]

在社会的经济化时代中，其间帮助的行动越来越转向社会市场，这两个角色：好撒玛利亚人与店主，对我们来说都重要。唯有通过撒玛利亚人（象征着突发的给予邻舍的帮助）与店主（象征着在市场条件下机构化的帮助工作承担者）的合作才能够满足网状帮助的需要，其间特定的情况所要求的。[625] 吕克尔特（Markus Rückert）就此说到服务事工的双重身份，其一是通过与撒玛利亚人得到内在的身份定位，而通过店主获得外在的定位。在此也就决定了，在当代社会境况中的真正条件下能够获得"友好关爱的关顾与经济保障的平衡。"[626]

要点总结

- 服务事工机构现在面临着（**社会-**）**市场，而且**

---

[624] M. Rückert (2005), 315. Ch. Sigrist (2006), 205 f.这就是吕克尔特最后得出一个从怜悯人的撒玛利亚人到企业的（商业的）店主，也即是相对应金钱的的服务事工的模式转换，而且现今社会帮助的现实也是从这个角度上是这样的。

[625] L. Karrer (2006), 36.

[626] M. Rückert (2005), 302.

必须衡量在竞争的情况之中。这不仅仅是声明而已，而是应该作为危机认真看待。

- 服务事工组织的事务是一专业化管理任务，**需要有相称的**经济能力。

- **管理有着命令的角度**（标准：**有效性、效益性**）与战略的角度（标准：**有效性、事务性**）**的同**时，**也有一**规范的角度（标准：**合法性、价值基**础）。

- **服务事工机构也必须引入**经济化，为的是能够持续存在。

- 经济思想导引出一个相应的顾客定位：**社会服务工作**应该首要在于人的需要上，针对人的需要。**借此使得在帮助之中的人主**观性得到强化。

- 企业经济行动是与给定的社会政治环境条件相关联在一起的。这是由政治决定的，**不是经济决定**

的。但是也能够作为社会机构的任务，在社会服务事工的意义中通过投身参与来使得相应的环境条件得到改善。

参考书目与文献资料

Agich, George J. (2003), *Dependence and Autonomy in Old Age. An ethical framework for long-term care*, Cambridge.

Albert, Anika Christina (2010), *Helfen als Gabe und Gegenseitigkeit. Perspektiven einer Theologie des Helfens im interdisziplinären Diskurs* (Veröffentlichungen des Diakoniewissenschaftlichen Instituts, Bd. 42), Heidelberg.

Albert, Jürgen (1990), *Die Bibel diakonisch lesen*, in: G. Röckle (Hg.), Diakonische Kirche. Sendung – Dienst – Leitung. Versuche einer theologischen Orientierung, Neukirchen-Vluyn, 109–111.

Albrecht, Ruth (1999), *Art. Diakon/Diakonisse/Diakonat: II. Kirchengeschichtlich,* in: H. D. Betz et al. (Hg.), Religion in Geschichte und Gegenwart. Handwörterbuch für Theologie und Religionswissenschaft, Bd. 2, Tübingen (4. Aufl.), 784–786.

Anselm, Reiner (2004), *Ethik als theologische Dienstleistung der Diakonie in der Gesellschaft,* in: M. Schibilsky/R. Zitt (Hg.), Theologie und Diakonie (Veröffentlichungen der Wissenschaftlichen Gesellschaft für Theologie, Bd. 25), Gütersloh, 169–176.

Anschütz, Marianne (1994), *Wieviel Diakonie braucht der Mensch? – Schritte auf dem Weg zu einer diakonischen Kompetenz,* in: Begeisternde Diakonie. Zeichen wahrnehmen, Zeichen setzen. Dokumentation der 2. Fachtagung der Kaiserswerther Generalkonferenz vom 12.–15.04.1994 in Speyer/Rhein, Kassel, 12–18

Antonovsky Aaron (1997), *Salutogenese. Zur Entmystifizierung der Gesundheit*, Tübingen.

Arntz, Klaus (2003), S*ind Christen die besseren Menschen? Moral anders verkünden*, Regensburg.

Bach, Ulrich (1986a), *Boden unter den Füßen hat keiner. Plädoyer für eine solidarische Diakonie*, Göttingen (2. Aufl.).

Bach, Ulrich (1986b), *Dem Traum entsagen, mehr als ein Mensch zu sein. Auf dem Wege zu einer diakonischen Kirche*, Neukirchen-Vluyn.

Bach, Ulrich (1994), *«Gesunde» und «Behinderte»: Gegen das Apartheidsdenken in Kirche und Gesellschaft* (Kaiser-Taschenbücher, Bd. 134), Gütersloh.

Bach, Ulrich (1998), *Plädoyer für eine Diakonie ohne religiösen Mehrwert*, in: A. Götzelmann/V. Herrmann/J. Stein (Hg.), Diakonie der Versöhnung. Ethische Reflexion und soziale Arbeit in ökumenischer Verantwortung (FS Theodor Strohm), Stuttgart, 159–165.

Bach, Ulrich (2006), *Ohne die Schwächsten ist die Kirche nicht ganz. Bausteine einer Theologie nach Hadamar,* Neukirchen-Vluyn.

Baltes, Paul B. (1996), *Über die Zukunft des Alterns: Hoffnung mit Trauerflor*, in: M. Baltes/L. Montada (Hg.), Produktives Leben im Alter (ADIA-Schriftenreihe, Bd. 3), Frankfurt 1996, 29–68.

Baltes, Paul B. (2003), *Das hohe Alter mehr Bürde als Würde?* Max Planck Forschung 2, 15–19; Engl.: *Extending Longevity: Dignity Gain – or Dignity Drain?* Max Planck Research 3, 15–19.

Baltes, Paul B. (2006), *Alter(n) als Balanceakt im Schnittpunkt von Fortschritt und Würde,* in: Nationaler Ethikrat, Altersdemenz und Morbus Alzheimer. Medizinische, gesellschaftliche und ethische Herausforderungen. Vorträge der Jahrestagung des Nationalen Ethikrates 2005, Berlin, 83–101.

Baum, Hermann (1996), *Ethik sozialer Berufe* (UTB 1918), Paderborn
Baumgartner Alois (2001), *Solidarität und Liebe,* in: ders. /G. Putz (Hg.), Sozialprinzipien – Leitideen in einer sich wandelnden Welt (Salzburger Theologische Studien, Bd. 18), Innsbruck, 91–106.

Baumann-Hölzle, Ruth (2003), *Autonomie als Verantwortung,* in: M. Mettner/ R. Schmitt-Mannhart (Hg.), Wie ich sterben will. Autonomie, Abhängigkeit und Selbstverantwortung am Lebensende, Zürich, 229–245.

Beauchamp, Tom L./Childress James F. (2001), *Principles of Biomedical Ethics*, Oxford (5. Aufl.).

Becker, Jürgen (1989), *Paulus. Der Apostel der Völker,* Tübingen

Bedford-Strohm Heinrich (1999), *Menschenwürde als ein Leitbegriff für die Diakonie,* in: M. Welker (Hg.), Brennpunkt Diakonie (FS Rudolf Weth), Neukirchen-Vluyn (2. Aufl.), 49–64.

Benedict, Hans-Jürgen (2001), *Die grössere Diakonie. Versuch einer Neubestimmung in Anschluss an J. N. Collins*, Wege zum Menschen 53, 349–358.

Benedict, Hans-Jürgen (2004), *Gott als kooperative Macht der Barmherzigkeit und Gerechtigkeit – Biblische Diakonie, diakonische Gemeinde*, in: M. Schibilsky/ Renate Zitt (Hg.), Theologie und Diakonie (Veröffentlichungen der Wissenschaftlichen Gesellschaft für Theologie, Bd. 25), Gütersloh, 66–78.

Benedict, Hans-Jürgen (2008a), *Barmherzigkeit mit Gerechtigkeit verbinden – ein Weg aus dem Dilemma der Diakonie,* in: ders., Barmherzigkeit und Diakonie. Von der rettenden Liebe zum gelingenden Leben (Diakonie: Bildung – Gestaltung – Organisation, Bd. 7), Stuttgart, 9–28.

Benedict, Hans-Jürgen (2008b), *Beruht der Anspruch der evangelischen Diakonie auf einer Missinterpretation der antiken Quellen? John N. Collins Untersuchung «Diakonia»*, in: V. Herrmann/M. Horstmann (Hg.), Studienbuch Diakonik, Bd. 1: biblische, historische und theologische Zugänge zur Diakonie, Neukirchen-Vluyn (2. Aufl.), 117–133.

Benedict, Hans-Jürgen (2008c), *Barmherzigkeit und Diakonie. Von der rettenden Liebe zum gelingenden Leben* (Diakonie: Bildung – Gestaltung – Organisation, Bd. 7), Stuttgart.

Benedict, Hans-Jürgen (2008d), *Die Liebestätigkeit der Alten Kirche*, in: ders., Barmherzigkeit und Diakonie. Von der rettenden Liebe zum gelingenden Leben (Diakonie: Bildung – Gestaltung – Organisation, Bd. 7), Stuttgart, 50–72.

Benedict, Hans-Jürgen (2011), *Um Christi willen? Liebeskonzepte in Theologie und Diakonie*, in: Chr. Oelschlägel (Hg.), Diakonische Einblicke (DWI-Jahrbuch 41 [2010]), Heidelberg 2011, 12–37.

Berger, Klaus (1990), *‹Diakonie› im Frühjudentum. Die Armenfürsorge in der jüdischen Diasporagemeinde zur Zeit Jesu*, in: G. K. Schäfer/Th. Strohm (Hg.), Diakonie – biblische Grundlagen und Orientierungen. Ein Arbeitsbuch (Veröffentlichungen des Diakoniewissenschaftlichen Instituts an der Universität Heidelberg, Bd. 2), Heidelberg, 94–105.

Berger, Klaus (1999), *Das Verhältnis von Gottes und Nächstenliebe nach dem Neuen Testament,* in: A. Götzelmann (Hg.), Einführung in die Theologie der Diakonie. Heidelberger Ringvorlesung (DWI-Info Forum Materialien Informationen, Sonderausgabe), Heidelberg, 55–74.

Beyer, Hermann Wolfgang (1935), *Art. diakoneo, diakonia, diakonos*, in: G. Kittel (Hg.), Theologisches Wörterbuch zum Neuen Testament,

Bd. 2, Stuttgart, 81–93.

Bierlein, Karl Heinz (2004), *«Ganz werden» – zur anspruchsvollen Aufgabe einer Diakonie der Versöhnung,* in: M. Schibilsky/R. Zitt (Hg.), Theologie und Diakonie (Veröffentlichungen der Wissenschaftlichen Gesellschaft für Theologie, Bd. 25), Gütersloh, 162–166.

Blaffer, Hrdy Sarah (2010), *Mütter und andere. Wie die Evolution uns zu sozialen Wesen gemacht hat,* Berlin.

Bless-Grabher, Magdalen (2002), *Die Beginen in Zürich,* in: B. Helbling/ M. Bless-Grabher/ I. Buhofer (Hg.), Bettelorden, Bruderschaften und Beginen in Zürich. Stadtkultur und Seelenheil im Mittelalter, Zürich, 251–264.

Boeckler, Richard (1986), *Art. «Diakonie»* in: Evangelisches Kirchenlexikon, Bd. 1, Göttingen (3. Aufl.), 850–859.

Bonfranchi, Riccardo (2010), *Beauchamp & Childress: Ein für die Heilpädagogik noch nicht entdeckter ethischer Ansatz,* Schweizerische Zeitschrift für Heilpädagogik 16, 9, 35–39.

Brandhorst, Heinz-Hermann (2008), *Kleine Dogmatik der Diakonie,* in: V. Herrmann/M. Horstmann (Hg.), Studienbuch Diakonik, Bd. 2: diakonisches Handeln, diakonisches Profil, diakonische Kirche, Neukirchen-Vluyn (2. Aufl.), 68–77.

Brandt, Wilhelm (1931), *Dienst und Dienen im Neuen Testament,* Gütersloh Brinkmann Frank Thomas (2004), *Diakonie – eine Prägekraft christlicher Religion,* in: M. Schibilsky/R. Zitt (Hg.), Theologie und Diakonie (Veröffentlichungen der Wissenschaftlichen Gesellschaft für Theologie, Bd. 25), Gütersloh, 451–457.

Brot für alle (2008), *Strategie Brot für alle 2008ff* (http://www.brotfueralle.ch/fileadmin/deutsch/6_Ueber_uns/Strategiedokument_BFA.pdf).

Bruhn, Manfred (Hg.) (1999), *Ökumenische Basler Kirchenstudie*, Basel

Brunner-Traut, Emma (1990), *Wohltätigkeit und Armenfürsorge im Alten Ägypten*, in: G. K. Schäfer/Th. Strohm (Hg.), Diakonie – biblische Grundlagen und Orientierungen. Ein Arbeitsbuch (Veröffentlichungen des Diakoniewissenschaftlichen Instituts an der Universität Heidelberg, Bd. 2), Heidelberg, 23–43.

Burbach, Christiane/Heckmann Friedrich (2008), *Motive des Helfens,* in: R. Hoburg (Hg.), Theologie der helfenden Berufe, Stuttgart, 87–107.

Callahan, Daniel (1998), *Nachdenken über den Tod. Die moderne Medizin und unser Wunsch, friedlich zu sterben*, München.

Calvin, Jean (1997), *Calvin-Studienausgabe, Bd. 2: Gestalt und Ordnung der Kirche,* Neukirchen-Vluyn.

Chalupka, Michael (1998), *Widerstand in der Diakonie. Bibelarbeit über Ex 1,15– 21* (unveröffentlichtes Manuskript).

Collins, John N. (1990), D*iakonia. Re-Interpreting the Ancient Sources*, New York Collste Göran (2002), *Is Human Life Special? Religious and Philosophical Perspectives on the Principle of Human Dignity,* Bern.

Crüsemann, Frank (2003), *Soziales Recht und freiwilliges soziales Engagement im Alten Testament,* in: H. Schmidt/R. Zitt (Hg.), Diakonie in der Stadt. Reflexionen – Modelle – Konkretionen (Diakoniewissenschaft: Grundlagen und Handlungsperspektiven, Bd. 8), Stuttgart, 25–43.

Crüsemann, Frank (2008), *Das Alte Testament als Grundlage der Diakonie,* in: V. Herrmann/M. Horstmann (Hg.), Studienbuch Diakonik, Bd. 1: biblische, historische und theologische Zugänge zur Diakonie, Neukirchen-Vluyn (2. Aufl.), 58–87.

CURAVIVA Schweiz (2010), *Zum würdigen Umgang mit älteren Menschen. Charta der Zivilgesellschaft*, Bern (http://upload.sitesystem.ch/B2DBB48B7E/4BFEA0B204/19C7A2E3F6.pdf).

Daiber, Karl-Franz (2008), *Sozialarbeit – Diakonie. Anmerkungen zu einem nicht immer spannungslosen Beziehungsgeflecht,* in: V. Herrmann/M. Horstmann (Hg.), Studienbuch Diakonik, Bd. 2: diakonisches Handeln, diakonisches Profil, diakonische Kirche, Neukirchen-Vluyn (2. Aufl.), 96–108.

Dalferth, Ingolf U. (2002), *«... der Christ muss alles anders verstehen als der Nicht-Christ ...» Kierkegaards Ethik des Unterscheidens,* in: ders. (Hg.), Ethik der Liebe. Studien zu Kierkegaards «Taten der Liebe» (Religion in Philosophy and Theology, Bd. 4), Tübingen, 19–46.

Degen, Johannes (1985), *Diakonie im Widerspruch. Zur Politik der Barmherzigkeit im Sozialstaat,* München.

Degen, Johannes (2003), *Freiheit und Profil. Wandlungen der Hilfekultur – Plädoyer für eine zukunftsfähige Diakonie* (Leiten – Lenken – Gestalten. Theologie und Ökonomie, Bd. 13), Gütersloh.

Degen, Johannes (2004), *Diakonie im Kontext von Exklusion – Bedeutung und Wandel des Anstaltsparadigmas,* in: M. Schibilsky/R. Zitt (Hg.), Theologie und Diakonie (Veröffentlichungen der Wissenschaftlichen Gesellschaft für Theologie, Bd. 25), Gütersloh, 199–207.

Degen, Johannes (2005), *Diakonie als Unternehmen,* in: G. Ruddat/G. K. Schäfer (Hg.), Diakonisches Kompendium, Göttingen, 228–240.

Degen, Johannes (2008), *Ein anderes Verständnis von Hilfe. Hilfeethos aus einer Religion der Freiheit,* in: V. Herrmann/M. Horstmann (Hg.), Studienbuch Diakonik, Bd. 2: diakonisches Handeln, diakonisches Profil, diakonische Kirche, Neukirchen-Vluyn (2. Aufl.), 13–28.

Diakonissenhaus, Bethanien (1987), *100 Jahre Diakonissenhaus Bethanien, 75 Jahre Bethanien-Spital, 75 Jahre Schule für Allgemeine Krankenpflege*, Zürich.

Dietz, Alexander (2007), *Was ist Lebensqualität?* In: M. Brunner et al. (Hg.), Theologie und Menschenbild. Beiträge zu einem interdisziplinären Gespräch (Marburger Theologische Studien, Bd. 100), Leipzig, 79–109.

Dinkel, Christoph (2004), *Diakonie und Gemeinde*, in: M. Schibilsky/R. Zitt (Hg.), Theologie und Diakonie (Veröffentlichungen der Wissenschaftlichen Gesellschaft für Theologie, Bd. 25), Gütersloh, 401–406.

Dörner, Klaus (Hg.) (1998), *Ende der Veranstaltung. Anfänge der Chronisch-Kranken-Psychiatrie*, Gütersloh.

Dörner, Klaus (1999), *Ökonomisierung des Sozialen – Nachgeben oder Standhalten?* In: Institut für interdisziplinäre und angewandte Diakoniewissenschaft an der Universität Bonn (Hg.), Diakonie quo vadis? Arbeitsplatz Diakonie im Spannungsfeld von Ökonomie, Ethik und Tarifpolitik, Mühlheim a. d. Ruhr, 18–27.

Dörner, Klaus (2007), *Leben und sterben, wo ich hingehöre. Dritter Sozialraum und neues Hilfesystem*, Neumünster (4. Aufl.).

Dürr, Thomas/Kellerhals Doris/Vonaesch Pierre (Hg.) (2003), *Evangelische Ordensgemeinschaften in der Schweiz*, Zürich.

Düwell, Marcus/Hübenthal, Christoph/Werner, Micha H. (Hg.) (2002), *Handbuch Ethik*, Stuttgart.

Ebner, Martin (2005), *«Solidarität» biblisch. Fallbeispiele und erste Systematisierungen*, in: M. Krüggeler/St. Klein/K. Gabriel (Hg.), Solidarität – ein christlicher Grundbegriff? Soziologische und theologische Perspektiven (SPI-Reihe, Bd. 9), Zürich, 77–110.

Erk, Christian (2010), *Health, Rights and Dignity. Philosophical Reflections on an Alleged Human Right*, Heusenstamm bei Frankfurt.

Eurich, Johannes (2010a), *Marketization and Social Work with People with Disabilities. Ethical and Theological Reflections*, Diaconia 1, 32–46.

Eurich, Johannes (2010b), *Überlegungen zu Grundlagen des Diakonie-Managements in theologischer Perspektive*, in: V. Herrmann/H. Schmidt (Hg.), Diakonisch führen im Wettbewerb. Herausforderungen und Aufgaben (Veröffentlichungen des Diakoniewissenschaftlichen Instituts an der Universität Heidelberg, Bd. 41), Heidelberg, 9–21.

Eurich, Johannes (2011), *Gesundheit – höchstes Gut?*, in: Chr. Oelschläger (Hg.), Diakonische Einblicke (DWJ-Jahrbuch 41 [2010], Heidelberg, 140–147.

Evangelischer Verband für Innere Mission (Hg.) (1977), *Diakonie 77*, Zürich.

Fischer, Martin (2010), S*pezifisch christliches Qualitätsprofil? Das christliche Gütesiegel proCum Cert im Spiegel des konfessionellen Selbstverständnisses*, Wege zum Menschen 62, 168–179.

Flessa, Steffen/Städtler-Mach, Barbara (2001), *Konkurs der Nächstenliebe? Diakonie zwischen Auftrag und Wirtschaftlichkeit*, Göttingen.

Fletcher, Joseph (1979), *Humanhood: Essais in Biomedical Ethics*, New York

Frettlöh Magdalene L. (2001), *Der Charme der gerechten Gabe. Motive einer Theologie und Ethik der Gabe am Beispiel der paulinischen Kollekte für Jerusalem*, in: J. Ebach et al. (Hg.), «Leget Anmut in das Geben». Zum Verhältnis von Theologie und Ökonomie, Gütersloh, 105–161.

Frey, Christofer (2003), *Diakonie in der Zivilgesellschaft. Das praktische Zeugnis des Christentums in der urbanen Gesellschaft,* in: H. Schmidt/R. Zitt (Hg.), Diakonie in der Stadt. Reflexionen – Modelle – Konkretionen (Diakoniewissenschaft: Grundlagen und Handlungsperspektiven, Bd. 8), Stuttgart, 126–134.

Gebhard, Dörte (2002), *Menschenfreundliche Diakonie. Exemplarische Auseinandersetzungen um ein theologisches Menschenverständnis und um Leitbilder,* Neukirchen-Vluyn (2. Aufl.).

Gebhard, Dörte (2004), *Menschenwürde in der Diakonie,* in: M. Schibilsky/R. Zitt (Hg.), Theologie und Diakonie (Veröffentlichungen der Wissenschaftlichen Gesellschaft für Theologie, Bd. 25), Gütersloh, 217–225.

Gnilka, Josef (1978), *Das Evangelium nach Markus: Mk 1,1–8,26* (EKK Bd. II/1), Zürich/Neukirchen-Vluyn.

Götzelmann, Arnd/Herrmann, Volker (2004), *Zu den Grundlagen und Entwicklungen der wissenschaftlichen Reflexion diakonischen Handelns,* in: M. Schibilsky/R. Zitt (Hg.), Theologie und Diakonie (Veröffentlichungen der Wissenschaftlichen Gesellschaft für Theologie, Bd. 25), Gütersloh, 483–500.

Götzelmann, Arnd/Herrmann, Volker/Stein, Jürgen (1998), *Diakonie der Versöhnung. Eine Einführung,* in: dies. (Hg.), Diakonie der Versöhnung. Ethische Reflexion und soziale Arbeit in ökumenischer Verantwortung (FS Theodor Strohm), Stuttgart, 15–37.

Goffman, Erving (1973), *Asyle. Über die soziale Situation psychiatrischer Patienten und anderer Insassen,* Frankfurt a. M.

Gohde, Jürgen (2004), *Die Aufgabe der Diakonie im zukünftigen Europa,* in: M. Schibilsky/R. Zitt (Hg.), Theologie und Diakonie (Veröffentlichungen der Wissenschaftlichen Gesellschaft für Theologie, Bd. 25), Gütersloh, 54–65.

Gronemeyer, Reimer (2011), *Brauchen wir eine neue Kultur des Helfens?* Praxis PalliativeCare Nr. 10, 48.

Grosse, Kracht Hermann-J. (2005), *«... weil wir für alle verantwortlich sind» (Johannes Paul II.). Zur Begriffsgeschichte der Solidarität und ihrer Rezeption in der katholischen Sozialverkündigung,* in: M. Krüggeler/St. Klein/K. Gabriel (Hg.), Solidarität – ein christlicher Grundbegriff? Soziologische und theologische Perspektiven (SPI-Reihe, Bd. 9), Zürich, 111–132.

Haas, Hanns-Stephan (2002), *Diakonisches Profil und Profession,* in: Markenzeichen Diakonie. 38. Kaiserswerther Generalkonferenz, Kassel, 133–144.

Haas, Hanns-Stephan (2008), *Diakonische Gemeinde,* in: V. Herrmann/M. Horstmann (Hg.), Studienbuch Diakonik, Bd. 2: diakonisches Handeln, diakonisches Profil, diakonische Kirche, Neukirchen-Vluyn (2. Aufl.), 304–318.

Haas, Hanns-Stephan (2010), *Theologie und Ökonomie: Management-Modelle – theologisch-ökonomische Grundlegung – Diskurspartnerschaft* (Diakonie: Bildung – Gestaltung – Organisation, Bd. 9), Stuttgart.

Hammann, Gottfried (2003), *Die Geschichte der christlichen Diakonie. Praktizierte Nächstenliebe von der Antike bis zur Reformationszeit,* Göttingen.

Härle Wilfried (2010), *Menschenbild und Menschenwürde am Ende des Lebens. Eine Einführung,* in: Th. Fuchs et al. (Hg.), Menschenbild und Menschenwürde am Ende des Lebens, Heidelberg, 11–26.

Härle, Wilfried (2011), *Ethik*, Berlin.

Haslinger, Herbert (2007), *Caritas – Soziale Dienstleistung oder Schule christlicher Humanität?* Wege zum Menschen 59, 164–176.

Haslinger, Herbert (2008), *Die Frage nach dem Proprium kirchlicher Diakonie*, in: V. Herrmann/M. Horstmann (Hg.), Studienbuch Diakonik, Bd. 2: diakonisches Handeln, diakonisches Profil, diakonische Kirche, Neukirchen-Vluyn (2. Aufl.), 160–174.

Haslinger, Herbert (2009), *Diakonie. Grundlagen für die soziale Arbeit der Kirche* (UTB 8397), Paderborn.

Haslinger, Herbert (2010), *Kommunikation und Unterbrechung. Zur Rolle der Diakoniewissenschaft als Ort theologisch-ethischer Orientierung,* in: Th. Krobath/A. Heller (Hg.), Ethik organisieren. Handbuch der Organisationsethik, Freiburg i. Br., 484–510.

Heilsarmee Hauptquartier Bern (2009), *Glauben und Handeln. Die Geschichte der Heilsarmee in der Schweiz,* Bern.

Heinemann, Wolfgang/Maio Giovanni (Hg.) (2010), *Ethik in Strukturen bringen. Denkanstösse zur Ethikberatung im Gesundheitswesen,* Freiburg i. Br. Heller Andreas/Heimerl Katharina/Stein Husebø (Hg.) (2007), *Wenn nichts mehr zu machen ist, ist noch viel zu tun. Wie alte Menschen würdig sterben können* (Palliative Care und Organisationsethik, Bd. 2), Freiburg (3. Aufl.).

Heller, Andreas/Krobath Thomas (2010), *Organisationsethik – eine kleine Epistemologie,* in: Th. Krobath/A. Heller (Hg.), Ethik organisieren. Handbuch der Organisationsethik, Freiburg i. Br., 43–70.

Hentschel, Anni (2007), *Diakonia im Neuen Testament. Studien zur Semantik unter besonderer Berücksichtigung der Rolle von Frauen* (Wissenschaftliche Untersuchungen zum Neuen Testament, 2. Reihe, Bd. 226), Tübingen.

Herrmann, Volker (2007), *Kirche und Diakonie im Spannungsfeld von Mitmenschlichkeit und Markt. Menschengerechte Diakonie als Aufgabe der Diakoniewissenschaft,* in: ders. (Hg.), Diakonische Existenz im Wandel. «Hephata – öffne dich» (DWI-INFO Nr. 39), Heidelberg, 60–75.

Hildemann, Klaus (2002), *Der theologische Mehrwert von Diakonie in der sozialen Marktwirtschaft,* in: epd-Dokumentation Nr. 16, 12–18.

Hoburg, Ralf (2008a), *Theologie in der Sozialarbeit als andere Perspektive auf den Gegenstand des Helfens,* in: ders. (Hg.), Theologie der helfenden Berufe, Stuttgart, 11–26.

Hoburg, Ralf (2008b), *Der religiöse Grund des Helfens. Anthropologische Tiefenstrukturen des sozialen Helfens,* in: ders. (Hg.), Theologie der helfenden Berufe, Stuttgart, 168–182.

Hoburg, Ralf (2008c), *Nachwort,* in: ders. (Hg.), Theologie der helfenden Berufe, Stuttgart, 207–212.

Höffe, Otfried (2002), *Medizin ohne Ethik?* (edition Suhrkamp 2245), Frankfurt a. M.

Hofmann, Beate (2003), *Fundament oder Verzierung? Zur Funktion der Theologie in der Diakonie,* in: V. Herrmann/R. Merz/H. Schmidt (Hg.), Diakonische Konturen. Theologie im Kontext sozialer Arbeit, Heidelberg, 229–239.

Holtz, Traugott (1990), *Christus Diakonos. Zur christologischen Begründung der Diakonie in der nachösterlichen Gemeinde,* in: G. K. Schäfer/Th. Strohm (Hg.), Diakonie – biblische Grundlagen und Orientierungen. Ein Arbeitsbuch zur theologischen Verständigung über den diakonischen Auftrag (Veröffentlichungen des Diakoniewissenschaftlichen Instituts an der Universität Heidelberg, Bd. 2), Heidelberg, 127–143.

Hondrich, Karl Otto/Koch-Arzberger Claudia (1992), *Solidarität in der modernen Gesellschaft* (Fischer Taschenbuch, Bd. 11246), Frankfurt a. M.

Honecker, Martin (1999), *Evangelische Standards für die Diakonie,* in: Institut für interdisziplinäre und angewandte Diakoniewissenschaft an der Universität Bonn (Hg.), Diakonie quo vadis? Arbeitsplatz Diakonie im Spannungsfeld von Ökonomie, Ethik und Tarifpolitik, Mühlheim a. d. Ruhr, 28–37.

Horn, Friedrich Wilhelm (1990), *Diakonische Leitlinien Jesu,* in: G. K. Schäfer/ Th. Strohm (Hg.), Diakonie – biblische Grundlagen und Orientierungen. Ein Arbeitsbuch zur theologischen Verständigung über den diakonischen Auftrag (Veröffentlichungen des Diakoniewissenschaftlichen Instituts an der Universität Heidelberg, Bd. 2), Heidelberg, 109–126.

Horstmann, Martin (2006), *Kompetenzorientierung im Berufsverständnis von Diakoninnen und Diakonen,* in: J. Eurich (Hg.), Diakonisches Handeln im Horizont gegenwärtiger Herausforderungen (DWI-Info Nr. 38), Heidelberg, 225–249.

Horstmann, Martin (2008), *Professionalisierungsstrategien des Diakonieberufs,* in: H. Schmidt/R. Merz/U. Schindler (Hg.), Dienst und Profession. Diakoninnen und Diakone zwischen Anspruch und Wirklichkeit (Veröffentlichungen des Diakoniewissenschaftlichen Instituts an der Universität Heidelberg, Bd. 34), Heidelberg, 140–165.

Horstmann, Martin (2009), *Diakonische Kompetenz,* in: V. Herrmann (Hg.), Soziales Leben gestalten. Beispiele und Herausforderungen (DWI-Jahrbuch 40), Heidelberg, 245–261.

Huber, Wolfgang (1992), *Art. «Menschenwürde, Menschenrechte»,* in: Theologische Realenzyklopädie, Bd. 22, 577–602.

Huber, Wolfgang (1993), *Die tägliche Gewalt. Gegen den Ausverkauf der*

Menschenwürde, Freiburg.

Huber, Wolfgang (1998), *Kirche in der Zeitenwende. Gesellschaftlicher Wandel und Erneuerung der Kirche,* Gütersloh.

Huber Wolfgang (1999), *Den Menschen entdecken. Zukunftsaufgaben der Diakonie,* in: M. Welker (Hg.), Brennpunkt Diakonie (FS Rudolf Weth), Neukirchen-Vluyn (2. Aufl.), 39–47.

Huber, Wolfgang (2005), *Grundlage der Diakonie,* Der weite Raum Nr. 1, 7.

Jäger, Alfred (1992), *Diakonische Unternehmenspolitik. Analysen und Konzepte kirchlicher Wirtschaftsethik,* Gütersloh.

Jäger, Alfred (2006), *Diakonie-Management ist an der Zeit. Bericht aus Deutschland,* in: Ch. Sigrist (Hg.), Diakonie und Ökonomie. Orientierungen im Europa des Wandels (Beiträge zu Theologie, Ethik und Kirche, Bd. 1), Zürich, 169–184.

Jäger, Alfred (2008), *Die theologische Achse diakonischer Unternehmenspolitik,* in: V. Herrmann/M. Horstmann (Hg.), Studienbuch Diakonik, Bd. 2: diakonisches Handeln, diakonisches Profil, diakonische Kirche, Neukirchen-Vluyn (2. Aufl.), 175–184.

Jähnichen, Traugott (2004), *Diakonisches Handeln in der Spannung von Barmherzigkeit und Gerechtigkeit,* in: M. Schibilsky/R. Zitt (Hg.), Theologie und Diakonie (Veröffentlichungen der Wissenschaftlichen Gesellschaft für Theologie, Bd. 25), Gütersloh, 112–120.

Jahn, Ruth (2005), *Survival of the Nicest,* Unimagazin (Zürich) Nr. 4, 26 f.

Jantzen Wolfgang (2003), *... die da dürstet nach Gerechtigkeit. De-Institutionalisierung in einer Grosseinrichtung der Behindertenhilfe,* Berlin.

Jensen, Anne (1997), *Das Amt der Diakonin in der kirchlichen Tradition des ersten Jahrtausends,* in: dies. et al. (Hg.): Diakonat. Ein Amt für

Frauen in der Kirche – Ein frauengerechtes Amt? Ostfildern, 33–52.

Jüngel, Eberhard (1987), *Das Opfer Jesu Christi als Sacramentum et Exemplum*, in: Jahrbuch des Diakonischen Werkes der EKD 86/87, Stuttgart, 6–25.

Kaiser, Jochen-Christoph (1989), *Art. «Innere Mission»*, in: Evangelisches Kirchenlexikon, Bd. 2, Göttingen (3. Aufl.), 682–686.

Kaiserswerther Verband Deutscher Diakonissen-Mutterhäuser (Hg.) (1935), *Diakonissenbuch*, Düsseldorf-Kaiserswerth.

Kants Werke (1968), Bd. 4 (Akademie-Textausgabe), Berlin.

Karle, Isolde (2004), *Exklusionsprobleme der modernen Gesellschaft als Herausforderung für die Diakonie*, in: M. Schibilsky/R. Zitt (Hg.), Theologie und Diakonie (Veröffentlichungen der Wissenschaftlichen Gesellschaft für Theologie, Bd. 25), Gütersloh, 187–198.

Karrer, Leo (2006), *Geld und Geist. Diakonie in der Spannung zwischen Ökonomie und Ökumene*, in: Ch. Sigrist (Hg.), Diakonie und Ökonomie. Orientierungen im Europa des Wandels (Beiträge zu Theologie, Ethik und Kirche, Bd. 1), Zürich, 31–53.

Kellerhals, Doris (2006), *Diakonie gerichtet gegen den Geist der Zeit. Der Beitrag der Kommunitäten*, in: Ch. Sigrist (Hg.), Diakonie und Ökonomie. Orientierungen im Europa des Wandels (Beiträge zu Theologie, Ethik und Kirche, Bd. 1), Zürich, 155–167.

Kersting, Wolfgang (1998), *Internationale Solidarität*, in: K. Bayertz (Hg.), Solidarität. Begriff und Problem (Suhrkamp Taschenbuch Wissenschaft, Bd. 1364), Frankfurt a. M., 411–429.

Kessler, Rainer (2011), *«Es sollte überhaupt kein Armer unter euch sein» (Dtn 15,4). Alttestamentliche Grundlagen zum Umgang mit Armut und Armen*, in: J. Eurich et al. (Hg.), Kirchen aktiv gegen Armut und Ausgrenzung. Theologische Grundlagen und praktische Ansätze für Diakonie und Gemeinde, Stuttgart, 19–35.

Kirchenamt der EKD (Hg.) (1998), *Herz und Mund und Tat und Leben. Grundlagen, Aufgaben und Zukunftsperspektiven der Diakonie. Eine evangelische Denkschrift,* Gütersloh (3. Aufl.).

Klein, Michael (2004a), *Der Beitrag der protestantischen Theologie zur Wohlfahrtstätigkeit im 16. Jahrhundert,* in: Th. Strohm/M. Klein (Hg.), Die Entstehung einer sozialen Ordnung Europas, Bd. 1: Historische Studien und exemplarische Beiträge zur Sozialreform im 16. Jahrhundert (Veröffentlichungen des Diakoniewissenschaftlichen Instituts an der Universität Heidelberg, Bd. 22), Heidelberg, 146–179.

Klein, Michael (2004b), *Almosenordnung der Stadt Zürich 1525*, in: Th. Strohm/ M. Klein (Hg.), Die Entstehung einer sozialen Ordnung Europas, Bd. 2: Europäische Ordnungen zur Reform der Armenpflege im 16. Jahrhundert (Veröffentlichungen des Diakoniewissenschaftlichen Instituts an der Universität Heidelberg, Bd. 23), Heidelberg, 100–102 [Wiedergabe der Almosenordnung der Stadt Zürich vom 15. Januar 1525: ebd., 102–107].

Klessmann, Michael (2008), *Von der Annahme der Schatten. Diakonie zwischen Anspruch und Wirklichkeit,* in: V. Herrmann/M. Horstmann (Hg.), Studienbuch Diakonik, Bd. 2: diakonisches Handeln, diakonisches Profil, diakonische Kirche, Neukirchen-Vluyn (2. Aufl.), 185–198.

Klie, Thomas (2009), *Diakonik: Für(s) Alte(r) sorgen. Zwischen Betreuung und Altersmanagement,* in: Th. Klie/M. Kumlehn/R. Kunz (Hg.), Praktische Theologie des Alterns (Praktische Theologie im Wissenschaftsdiskurs, Bd. 4), Berlin, 575–595.

Knellwolf, Ulrich (2007), *Lebenshäuser. Vom Krankenasyl zum Sozialunter-*

nehmen – 150 Jahre Diakoniewerk Neumünster, Zürich.

Knoepffler, Nikolaus (2004), *Menschenwürde in der Bioethik,* Berlin Kobler-von Komorowski Susanne (2005), *Diakonische Identität in der Praxis stationärer Altenhilfe,* in: J. Eurich (Hg.), Diakonische Orientierungen in Praxis und Bildungsprozessen (DWI-Info Nr. 37), Heidelberg, 117–135.

Körtner, Ulrich H. J. (2003), *Ethik des Helfens – aus theologischer Sicht,* Theologische Beiträge 34, 306–322.

Körtner, Ulrich H. J. (2004), *Grundlagen diakonischer Ethik,* in: M. Schibilsky/ R. Zitt (Hg.), Theologie und Diakonie (Veröffentlichungen der Wissenschaftlichen Gesellschaft für Theologie, Bd. 25), Gütersloh, 242–252.

Körtner, Ulrich H. J. (2007), *Ethik im Krankenhaus. Diakonie – Seelsorge – Medizin,* Göttingen.

Körtner, Ulrich H. J. (2010), *Diakonie im Spannungsfeld zwischen Qualität, christlichem Selbstverständnis und Wirtschaftlichkeit,* Wege zum Menschen 62, 155–167.

Kohl, Klaus (2007), *Christi Wesen am Markt. Eine Studie zur Rede von der Diakonie als Wesens- und Lebensäusserung der Kirche* (Arbeiten zur Pastoraltheologie, Liturgik und Hymnologie, Bd. 54), Göttingen.

Kohler, Georg (2001), *Daedalus oder: Science Fiction und die Erfahrung der Metaphysik,* Magazin UniZürich 3, 18–21.

Kohler, Marc Edouard (1991), *Kirche als Diakonie. Ein Kompendium,* Zürich Konferenz Europäischer Kirchen (1994), *Auf dem Weg zu einer Vision von Diakonie in Europa – eine Einladung zur Teilnahme an dem Prozess des Handelns und Nachdenkens* (Bratislava-Erklärung), Genf.

Konradt, Matthias (2006), *Gott oder Mammon. Besitzethos und Diakonie im frühen Christentum,* in: Ch. Sigrist (Hg.), Diakonie und Ökonomie. Orientierungen im Europa des Wandels (Beiträge zu Theologie, Ethik und Kirche, Bd. 1), Zürich, 107–154.

Kreft, Dieter et al. (Hg.) (1996), *Wörterbuch Soziale Arbeit: Aufgaben, Praxisfelder, Begriffe und Methoden der Sozialarbeit und Sozialpädagogik,* Weinheim (4. Aufl.).

Krobath, Thomas (2010), *Zur Organisation ethischer Reflexion in Organisationen,* in: Th. Krobath/A. Heller (Hg.), Ethik organisieren. Handbuch der Organisationsethik, Freiburg i. Br., 543–583.

Krobath, Thomas/Heller Andreas (2010), *Ethik organisieren. Einleitung zur Praxis und Theorie der Organisationsethik,* in: dies. (Hg.), Ethik organisieren. Handbuch der Organisationsethik, Freiburg i. Br., 13–42.

Krötke, Wolf (1998), *Behinderung aus der Sicht des christlichen Menschenverständnisses,* in: H. Eberwein/A. Sasse (Hg.), Behindert sein oder behindert werden? Interdisziplinäre Analysen zum Behinderungsbegriff, Neuwied, 128–140.

Lambers, Helmut (2010), *Wie aus Helfen Soziale Arbeit wurde. Die Geschichte der Sozialen Arbeit,* Bad Heilbrunn.

Landert, Charles (1995), *Die sozialen und kulturellen Leistungen der Evangelisch-reformierten Landeskirche des Kantons Zürich,* Dübendorf.

Lange, Dietz (2002), *Ethik in evangelischer Perspektive. Grundlagen christlicher Lebensgestaltung* (UTB 2293), Göttingen (2. Aufl.).

Lienemann, Wolfgang (1998), *Dimensionen der Solidarität. Theologisch-ethische Überlegungen* (Ise-Texte 7/98), Bern.

Lienemann, Wolfgang (2006), *Die Zukunft des Sozialstaates aus christlicher Perspektive, oder: Der Beitrag der Kirchen zu einer neuen europäi-*

schen Sozialkultur, in: Ch. Sigrist (Hg.), Diakonie und Ökonomie. Orientierungen im Europa des Wandels (Beiträge zu Theologie, Ethik und Kirche, Bd. 1), Zürich, 55–84.

Lohfink, Gerhard (1985), *Wie hat Jesus Gemeinde gewollt? Zur gesellschaftlichen Dimension des christlichen Glaubens,* Freiburg (6. Aufl.).

Luhmann, Niklas (1973), *Formen des Helfens im Wandel gesellschaftlicher Bedingungen,* in: H.-U. Otto/S. Schneider (Hg.), Gesellschaftliche Perspektiven der Sozialarbeit. Erster Halb Band, Neuwied, 21–43.

Luz, Ulrich (1997): *Das Evangelium nach Matthäus: Mt 18–28* (EKK Bd. I/3), Neukirchen-Vluyn/Düsseldorf.

Luz, Ulrich (2005), *Biblische Grundlagen der Diakonie,* in: G. Ruddat/G. K. Schäfer (Hg.), Diakonisches Kompendium, Göttingen, 17–35.

Lütz, Manfred (2006), *Lebenslust. Über Risiken und Nebenwirkungen des Gesundheitswahns oder Wie man länger Spass am Leben hat,* München.

Madörin, Mascha (2006), *Plädoyer für eine eigenständige Theorie der Care-Ökonomie,* in: T. Niechoj/M. Tullney (Hg.), Geschlechterverhältnisse in der Ökonomie, Marburg, 277–297.

Mathwig, Frank/Stückelberger Christoph (2007), *Grundwerte. Eine theologisch-ethische Orientierung,* Zürich (Beiträge zu Theologie, Ethik und Kirche, Bd. 3).

Mattmüller, Markus (1957), *Leonhard Ragaz und der religiöse Sozialismus, Bd. 1* (Basler Beiträge zur Geschichtswissenschaft, Bd. 67), Zollikon.

Meier-Seethaler, Carola (2005), *Spiritualität als gemeinsame Wurzel von Religion und Ethik,* in: H. Weiss et al. (Hg.), Ethik und Praxis des Helfens in verschiedenen Religionen. Anregungen zum interreligiösen Gespräch in Seelsorge und Beratung, Neukirchen-Vluyn, 77–89.

Merkel, Helmut (1981), *Art. «katallasso versöhnen»*, in: H. Balz/G. Schneider (Hg.), Exegetisches Wörterbuch zum Neuen Testament, Bd. 2, Stuttgart (2. Aufl.), 644–650.

Merz, Rainer (2003), *Auf der Suche nach einer spezifischen Professionalität für Diakoninnen und Diakone in der kirchlich-diakonischen Sozialen Arbeit,* in: V. Herrmann/R-. Merz/H. Schmidt (Hg.), Diakonische Konturen. Theologie im Kontext sozialer Arbeit, Heidelberg, 305–335.

Meyer, Helmut/Schneider Bernhard (2011), *Mission und Diakonie. Die Geschichte der Evangelischen Gesellschaft des Kantons Zürich* (Mitteilungen der antiquarischen Gesellschaft in Zürich, Bd. 78), Zürich.

Moltmann, Jürgen (1984), *Diakonie im Horizont des Reiches Gottes. Schritte zum Diakonentum aller Gläubigen,* Neukirchen-Vluyn.

Moody, Harry R. (1998), *The Cost of Autonomy, the Price of Paternalism,* in: R. Disch et al. (Hg.), Dignity and Old Age, New York, 111–127.

Morgenthaler, Christoph (2005), *Der Blick des Anderen. Die Ethik des Helfens im Christentum,* in: H. Weiss/K. H. Federschmidt/K. Temme (Hg.), Ethik und Praxis des Helfens in verschiedenen Religionen. Anregungen zum interreligiösen Gespräch in Seelsorge und Beratung, Neukirchen-Vluyn, 35–51.

Mühlum, Albert/Walter Joachim (1998), *Diakoniewissenschaft zwischen Theologie und Sozialarbeit. Anstösse zu einer Neuorientierung,* in: A. Götzelmann/V. Herrmann/J. Stein (Hg.), Diakonie der Versöhnung. Ethische Reflexion und soziale Arbeit in ökumenischer Verantwortung (FS Theodor Strohm), Stuttgart, 277–289.

Müller, Klaus (1998), *Am Sabbat partizipieren. Diakonie als gemeinsame Dimension von Judentum und Christentum,* in: A. Götzelmann/V.

Herrmann/J. Stein (Hg.), Diakonie der Versöhnung. Ethische Reflexion und soziale Arbeit in ökumenischer Verantwortung (FS Theodor Strohm), Stuttgart, 41–59.

Müller, Klaus (1999), *Diakonie als gemeinsame Dimension von Judentum und Christentum – biblische und rabbinische Sozialtraditionen,* in: A. Götzelmann (Hg.), Einführung in die Theologie der Diakonie. Heidelberger Ringvorlesung (DWI-Info Sonderausgabe), Heidelberg, 11–33.

Müller, Klaus (2008), *Grundfragen der Diakonie in der Perspektive gesamtbiblischer Theologie,* in: V. Herrmann/M. Horstmann (Hg.), Studienbuch Diakonik, Bd. 1: biblische, historische und theologische Zugänge, Neukirchen-Vluyn (2. Aufl.), 26–41.

Nida-Rümelin, Julian (1996), *Angewandte Ethik. Die Bereichsethiken und ihre theoretische Fundierung. Ein Handbuch,* Stuttgart.

Noller, Annette (2003), *Diakonische Profile in der Sozialen Arbeit. Zur Qualität diakonischen Handelns,* in: V. Herrmann/R. Merz/H. Schmidt (Hg.), Diakonische Konturen. Theologie im Kontext sozialer Arbeit, Heidelberg, 214–228.

Noske, Gerhard (1971), *Die beiden Wurzeln der Diakonie. Eine Besinnung auf ihre Grundlagen,* Stuttgart.

Oeming, Manfred (2006), *Das Alte Testament als Grundlage des diakonischen Handelns,* in: H.-D. Neef (Hg.), Theologie und Gemeinde. Beiträge zu Bibel, Gottesdienst, Predigt und Seelsorge, Stuttgart 95–114.

Otto, Gert (1998), *Diakonie und Gottesdienst?* In: A. Götzelmann/V. Herrmann/ J. Stein (Hg.), Diakonie der Versöhnung. Ethische Reflexion und soziale Arbeit in ökumenischer Verantwortung (FS Theodor Strohm), Stuttgart, 166–172.

Pfister, Rudolf (1984), *Kirchengeschichte der Schweiz. Dritter Band: von 1720 bis 1950,* Zürich.

Pichler, Barbara (2007), *Autonomes Alter(n) – Zwischen widerständigem Potential, neoliberaler Verführung und illusionärer Notwendigkeit,* in: K. Aner et al. (Hg.), Die neuen Alten – Retter des Sozialen? Wiesbaden, 67–81.

Picker, Eduard (2002), *Menschenwürde und Menschenleben. Das Auseinanderdriften zweier fundamentaler Werte als Ausdruck der wachsenden Relativierung des Menschen,* Stuttgart.

Pieper, Annemarie/Thurnherr, Urs (Hg.) (1998), *Angewandte Ethik. Eine Einführung* (Beck'sche Reihe, Bd. 1261), München.

Pompey, Heinrich/Ross Paul-Stefan (1998), *Kirche für andere. Handbuch für eine diakonische Praxis,* Mainz.

Praetorius, Ina (1995), *Skizzen zur Feministischen Ethik,* Mainz.

Praetorius, Ina (2005), *Handeln aus der Fülle. Postpatriarchale Ethik in biblischer Tradition,* Gütersloh.

Prüller-Jagenteufel, Gunter M. (2005), *Solidarität als Einsatz für (soziale) Gerechtigkeit. Die Perspektive christlicher Sozialethik,* in: M. Krüggeler/St. Klein/ K. Gabriel (Hg.), Solidarität – ein christlicher Grundbegriff? Soziologische und theologische Perspektiven (SPI-Reihe, Bd. 9), Zürich, 193–208.

Rahner, Karl (1965), *Die anonymen Christen,* in: ders., Schriften zur Theologie, Bd. 6, Einsiedeln, 545–554.

Rakhmat, Jalalludin (2005), *Die Ethik des Helfens im Islam,* in: H. Weiss/K. H. Federschmidt/K. Temme (Hg.), Ethik und Praxis des Helfens in verschiedenen Religionen. Anregungen zum interreligiösen Gespräch in Seelsorge und Beratung, Neukirchen-Vluyn, 125–

140.

Rebell, Walter (1990), *Zum neuen Leben berufen. Kommunikative Gemeindepraxis im frühen Christentum* (Kaiser-Taschenbücher, Nr. 88), München.

Reifler, Willy (2008), *Ich wag's, Gott vermags. 75 Jahre «Sonneblick» Walzenhausen*, Herisau.

Ringeling, Hermann (2008), *Der diakonische Auftrag der Kirche – Versuch eines Konzeptes,* in: V. Herrmann/M. Horstmann (Hg.), Studienbuch Diakonik, Bd. 2: diakonisches Handeln, diakonisches Profil, diakonische Kirche, Neukirchen-Vluyn (2. Aufl.), 109–116.

Ritter, Werner H./Wolf Bernhard (Hg.) (2005), *Heilung – Energie – Geist. Heilung zwischen Wissenschaft, Religion und Geschäft,* Göttingen.

Robra, Martin (2005), *Diakonie im ökumenischen Dialog,* in: G. Ruddat/G. K. Schäfer (Hg.), Diakonisches Kompendium, Göttingen, 141–157.

Rolf, Sibylle (2007), *Menschenwürde – Grund oder Spitze der Menschenrechte?* In: F. M. Brunn et al. (Hg.), Theologie und Menschenbild. Beiträge zum interdisziplinären Gespräch (Marburger Theologische Studien, Bd. 100), Leipzig.

Roloff, Jürgen (1981), *Die Apostelgeschichte* (NTD, Bd. 5), Göttingen.

Roser, Traugott (2004), *Menschenwürde in der Diakonie,* in: M. Schibilsky/R. Zitt (Hg.), Theologie und Diakonie (Veröffentlichungen der Wissenschaftlichen Gesellschaft für Theologie, Bd. 25), Gütersloh, 226–241.

Ruddat, Günter/Schäfer Gerhard K. (2005), *Diakonie in der Gemeinde,* in: dies. (Hg.), Diakonisches Kompendium, Göttingen, 203–227.

Rückert, Markus (2005), *Finanzen und Finanzierung,* in: G. Ruddat/G. K.

Schäfer (Hg.), Diakonisches Kompendium, Göttingen, 300–316.

Rüegg-Stürm, Johannes (2009), *Führungsverantwortung – Integrative Management Ethik in Krankenhäusern,* in: R. Baumann-Hölzle/Ch. Arn (Hg.), Ethiktransfer in Organisationen (Handbuch Ethik im Gesundheitswesen, Bd. 3), Basel, 75–100.

Rüegger, Heinz (2004), *Sterben in Würde? Nachdenken über ein differenziertes Würdeverständnis,* Zürich (2. Aufl.).

Rüegger, Heinz (2006), *Das eigene Sterben. Auf der Suche nach einer neuen Lebenskunst,* Göttingen.

Rüegger, Heinz (2008), *Geistheilung als theologische Perspektive,* in: M. Meier/ G. Schmid (Hg.), Neumond Vollmond. Grenzerfahrungen in kirchlicher und parapsychologischer Sicht, Zürich, 62–70.

Rüegger, Heinz (2009), *Alter(n) als Herausforderung. Gerontologisch-ethische Perspektiven,* Zürich.

Rüegger, Heinz (2010), *Zum Stellenwert von Selbstbestimmung am Lebensende. Autonomie im Blick auf pflegebedürftige Hochbetagte und Sterbende,* in: Chr. Burbach (Hg.), bis an die Grenze. Hospizarbeit und Palliative Care, Göttingen, 59–92.

Rüegger, Heinz (2011), *Pro Aging – Auf dem Weg zu einer Lebenskunst des Alter(n)s,* Zeitschrift für Gerontologie und Ethik, Nr. 1, 62–76.

Ruschke, Werner M. (2007), *Profil und Profit,* in: ders., Spannungsfelder heutiger Diakonie (Diakonie: Bildung – Gestaltung – Organisation, Bd. 4), Stuttgart, 141–144.

Sauer, Martin (1991), *Ein kleines Stück der Vision Jesu. Diakonie und ihre Mitarbeiterinnen und Mitarbeiter,* in: M. Schibilsky (Hg.), Kursbuch Diakonie (FS Ulrich Bach), Neukirchen-Vluyn, 309–322.

Schäfer, Gerhard K. (2001), *Diakonische Profile in der Sozialen Arbeit,*

Diakonie Dokumentation 1, 18–26.

Schäfer, Gerhard K. (2004), *Diakonie und Gemeinde,* in: M. Schibilsky/R. Zitt (Hg.), Theologie und Diakonie (Veröffentlichungen der Wissenschaftlichen Gesellschaft für Theologie, Bd. 25), Gütersloh, 407–418.

Schäfer, Gerhard K./Herrmann, Volker (2008), *Geschichtliche Entwicklungen der Diakonie von der Alten Kirche bis zur Gegenwart im Überblick,* in: V. Herrmann/M. Horstmann (Hg.), Studienbuch Diakonik, Bd. 1: biblische, historische und theologische Zugänge zur Diakonie, Neukirchen-Vluyn (2. Aufl.), 137–165.

Schibilsky, Michael (1991), *Ethik der Menschenwürde. Das Menschenbild in der Diakonie – Gegenwärtige Herausforderungen,* in: ders. (Hg.), Kursbuch Diakonie, Neukirchen-Vluyn, 209–227.

Schmidbauer, Wolfgang (1986), D*ie hilflosen Helfer. Über die seelische Problematik der helfenden Berufe* (rororo sachbuch 9196), Reinbek bei Hamburg

Schmidbauer Wolfgang (1996), *Helfen als Beruf. Die Ware Nächstenliebe* (rororo sachbuch 9157), Reinbek bei Hamburg.

Schmidt, Heinz (1999), *Ethik und Didaktik der Diakonie – Perspektiven für diakonisch-soziales Lernen,* in: A. Götzelmann (Hg.), Einführung in die Theologie der Diakonie. Heidelberger Ringvorlesung (DWI-Info Sonderausgabe), Heidelberg 1999, 135–154.

Schmidt, Heinz (2008), *Gerechtigkeit und Liebe im Dienst der Versöhnung. Zum Ethos diakonischen Handelns,* in: V. Herrmann/M. Horstmann (Hg.), Studienbuch Diakonik, Bd. 2: diakonisches Handeln, diakonisches Profil, diakonische Kirche, Neukirchen-Vluyn (2. Aufl.), 57–67.

Schmidt, Heinz/Zitt Renate (2003), *Einführung: Diakonie in der Stadt,* in:

dies. (Hg.), Diakonie in der Stadt. Reflexionen – Modelle – Konkretionen (Diakoniewissenschaft: Grundlagen und Handlungsperspektiven, Bd. 8), Stuttgart, 9–14.

Schnabl, Christa (2005), *Solidarität. Ein sozialethischer Grundbegriff – genderethisch betrachtet,* in: M. Krüggeler/St. Klein/K. Gabriel (Hg.), Solidarität – ein christlicher Grundbegriff? Soziologische und theologische Perspektiven (SPI-Reihe, Bd. 9), Zürich, 135–161.

Schnabl, Christa (2010), *Care/Fürsorge: Eine ethisch relevante Kategorie für moderne Gesellschaften?* In: Th. Krobath/A. Heller (Hg.), Ethik organisieren. Handbuch der Organisationsethik, Freiburg i. Br., 107–128.

Schneider-Flume, Gunda (2004), *Leben ist kostbar. Wider die Tyrannei des gelingenden Lebens* (Transparent, Bd. 66), Göttingen (2. Aufl.).

Schottroff, Luise (1990), *DienerInnen der Heiligen*, in: G. K. Schäfer/Th. Strohm (Hg.), Diakonie – biblische Grundlagen und Orientierungen. Ein Arbeitsbuch zur theologischen Verständigung über den diakonischen Auftrag (Veröffentlichungen des Diakoniewissen-schaftlichen Instituts an der Universität Heidelberg, Bd. 2), Heidelberg, 222–242.

Schroer, Silvia (1996), *«Die Weisheit hat ihr Haus gebaut.» Studien zur Gestalt der Sophia in den biblischen Schriften,* Mainz.

Schroer, Silvia (1999), *«Wer den Geringsten bedrückt, schmäht dessen Schöpfer» (Spr 14,31). Ansätze zu Menschenrechtsideen in der biblischen Tradition,* in: Fachstelle OeME Bern (Hg.), Frei und gleich geboren, Bern, 23–30.

Schüssler, Fiorenza Elisabeth (1988), *«Der Dienst an den Tischen». Eine kritische feministisch-theologische Überlegung zum Thema Diakonie,* Concilium, 24, 4, 306–313.

Schwartz, Werner (2010), *Diakonie und Führung. Herausforderungen des Marktes – Wege in die Zukunft,* in: V. Herrmann/H. Schmidt (Hg.), Diakonisch führen im Wettbewerb. Herausforderungen und Aufgaben (Veröffentlichungen des Diakoniewissenschaftlichen Instituts an der Universität Heidelberg, Bd. 41), Heidelberg, 22–36.

Schweizer, Eduard (1990), *Die diakonische Struktur der neutestamentlichen Ge- meinde,* in: G. K. Schäfer/Th. Strohm (Hg.), Diakonie – biblische Grundlagen und Orientierungen. Ein Arbeitsbuch (Veröffentlichungen des Diakoniewissenschaftlichen Instituts an der Universität Heidelberg, Bd. 2), Heidelberg, 159–185.

Schweizerische Akademie der Medizinischen Wissenschaften (2004), *Medizinisch-ethische Richtlinien zur Behandlung und Betreuung von älteren, pflegebedürftigen Menschen,* Basel.

Schweizerischer Evangelischer Kirchenbund SEK (Hg.) (2007), *Den Menschen ins Recht setzen. Menschenrechte und Menschenwürde aus theologisch-ethischer Perspektive* (SEK Position 6), Bern.

Schweizerischer Evangelischer Kirchenbund/Schweizer Bischofskonferenz (2001), *Miteinander in die Zukunft. Wort der Kirchen,* Bern/ Freiburg.

Seibert, Horst (2008), *Gedanken zur theologischen Begründung gegenwärtiger Diakonie durch den Bezug auf die Diakonie Jesu,* in: V. Herrmann/M. Horstmann (Hg.), Studienbuch Diakonik, Bd. 2: diakonisches Handeln, diakonisches Profil, diakonische Kirche, Neukirchen-Vluyn (2. Aufl.), 144–159.

Sigrist, Christoph (1995), *Die geladenen Gäste. Diakonie und Ethik im Gespräch. Zur Vision einer diakonischen Kirche,* Bern.

Sigrist, Christoph (2006), *Plädoyer für eine Diakonie des Geldes. Anstelle eines Nachwortes,* in: ders. (Hg.), Diakonie und Ökonomie. Orientierungen im Europa des Wandels (Beiträge zu Theologie, Ethik und

Kirche, Bd. 1), Zürich, 203–208.

Sigrist, Christoph (2009), *Der Diakoniebereich – Was tut not?* In: H. Schmid (Hg.), Angebot der Volkskirchen und Nachfrage des Kirchenvolks (Leiten, Lenken, Gestalten. Theologie und Ökonomie, Bd. 29), Zürich/Berlin, 179–190.

Sigrist, Christoph (2011), *Diakonie oder Liturgie: doch in Konkurrenz?,* in: Ralph Kunz, Andreas Marti, David Plüss (Hg.), Reformierte Liturgik – kontrovers (Praktische Theologie in reformiertem Kontext, Bd. 1), Zürich, 139–145.

Singer, Peter (2008), *Praktische Ethik. Neuausgabe* (Reclams Universal-Bibliothek, 8033) (2. Aufl.), Stuttgart.

Söding, Thomas (2011), *«dass wir der Armen gedächten» (Gal 2,10). Der Sozialdienst der Kirche nach dem Neuen Testament,* in: J. Eurich et al. (Hg.), Kirchen aktiv gegen Armut und Ausgrenzung. Theologische Grundlagen und praktische Ansätze für Diakonie und Gemeinde, Stuttgart, 36–57.

Spieler, Willy (2006), *Zur Geschichte der religiös sozialen Bewegung in der Schweiz,* Neue Wege, Zeitschrift des Religiösen Sozialismus, 100, 6, 199–210.

Städtler-Mach, Barbara (2004), *Die seelsorgerliche Dimension der Diakonie,* in: M. Schibilsky/R. Zitt (Hg.), Theologie und Diakonie (Veröffentlichungen der Wissenschaftlichen Gesellschaft für Theologie, Bd. 25), Gütersloh, 430–436.

Starnitzke, Dierk (1996), *Diakonie als soziales System. Eine theologische Grundlegung diakonischer Praxis in Auseinandersetzung mit Niklas Luhmann,* Stuttgart

Starnitzke Dierk (2007), *Die Bedeutung von* diakonos *im frühen Christen-*

tum, in: V. Herrmann/H. Schmidt (Hg.), Diakonische Konturen im Neuen Testament (DWI-Info, Sonderausgabe 9), Heidelberg, 184–212.

Starnitzke, Dierk (2008a), *Bezeichnungen diakonisch betreuter Menschen und das Liebesgebot,* in: V. Herrmann/M. Horstmann (Hg.), Studienbuch Diakonik, Bd. 2: diakonisches Handeln, diakonisches Profil, diakonische Kirche, Neukirchen-Vluyn (2. Aufl.), 39–56.

Starnitzke, Dierk (2008b), *Diakonie im Interaktions-, Organisations- und Gesellschaftsbezug,* in: V. Herrmann/M. Horstmann (Hg.), Studienbuch Diakonik, Bd. 2: diakonisches Handeln, diakonisches Profil, diakonische Kirche, Neukirchen-Vluyn (2. Aufl.), 117–143.

Starnitzke, Dierk (2008c), *Einkehr in den biblischen Horizont. Die Bedeutung von Bibeltexten in der diakonischen Alltagsroutine*, in: R. Hoburg (Hg.), Theologie der helfenden Berufe, Stuttgart, 123–138.

Staub-Bernasconi, Silvia (2007), *Soziale Arbeit als Handlungswissenschaft. Systemtheoretische Grundlagen und professionelle Praxis – Ein Lehrbuch* (UTB 2786), Stuttgart.

Steffensky, Fulbert (2005), *Der Mut zum Guten*, in: ders., Schwarzbrot-Spiritualität, Stuttgart, 111–120.

Steinkamp, Hermann (2007), *Compassion als diakonische Basiskompetenz,* in: V. Herrmann (Hg.), Diakonische Existenz im Wandel. «Hephata – öffne dich» (DWI-INFO Nr. 39), Heidelberg, 99–110.

Stiewe, Martin (1998), *Das evangelische Profil der Diakonie,* in: U. Krolzik (Hg.), Zukunft der Diakonie. Zwischen Kontinuität und Neubeginn, Bielefeld, 37–49

Stollberg Dietrich (1991), *«Kirche für andere» – Leidet die Diakonie an einem depressiven Syndrom? Thesen zu Theissen,* in: M. Schibilsky (Hg.), Kursbuch Diakonie (FS Ulrich Bach), Neukirchen-Vluyn,

237–243.

Strohm, Theodor (1989), *«Theologie der Diakonie» in der Perspektive der Reformation – Zur Wirkungsgeschichte des Diakonieverständnisses Martin Luthers,* in: P. Philippi/Th. Strohm (Hg.), Theologie der Diakonie. Lernprozesse im Spannungsfeld von lutherischer Überlieferung und gesellschaftlich-politischen Umbrüchen. Ein europäischer Forschungsaustausch (Veröffentlichungen des Diakoniewissenschaftlichen Instituts an der Universität Heidelberg, Bd. 1), Heidelberg, 175–208.

Strohm, Theodor (1993a), *Theologie der Diakonie – Diakonie an der Theologie. Forschungsaufgaben in der Diakoniewissenschaft,* in: ders., Diakonie und Sozialethik. Beiträge zur sozialen Verantwortung der Kirche (Veröffentlichungen des Diakoniewissenschaftlichen Instituts an der Universität Heidelberg, Bd. 6), Heidelberg, 125–187.

Strohm, Theodor (1993b), *Diakonie im Sozialstaat. Überlegungen und Perspektiven,* in: ders., Diakonie und Sozialethik. Beiträge zur sozialen Verantwortung der Kirche (Veröffentlichungen des Diakoniewissenschaftlichen Instituts an der Universität Heidelberg, Bd. 6), Heidelberg, 207–213.

Strohm, Theodor (2003a), *Diakonie: Zukunftsperspektiven und Lernaufgaben,* in: ders., Diakonie in der Perspektive der verantwortlichen Gesellschaft. Beiträge zur sozialen Verantwortung der Kirche II (Veröffentlichungen des Diakoniewissenschaftlichen Instituts an der Universität Heidelberg, Bd. 16), Heidelberg, 147–156.

Strohm, Theodor (2003b), *Professionalisierung von Nächstenliebe – eine Anfrage an christliche Hilfsmotivation,* in: ders., Diakonie in der Perspektive der verantwortlichen Gesellschaft. Beiträge zur sozialen

Verantwortung der Kirche II (Veröffentlichungen des Diakoniewissenschaftlichen Instituts an der Universität Heidelberg, Bd. 16), Heidelberg, 157–167.

Strohm, Theodor (2003c), *Diakonie zwischen Gemeindepraxis und sozialstaatlicher Wirklichkeit. Zeitgeschichtliche Herleitungen – Theologische Perspektiven,* in: ders., Diakonie in der Perspektive der verantwortlichen Gesellschaft. Beiträge zur sozialen Verantwortung der Kirche II (Veröffentlichungen des Dia-koniewissenschaftlichen Instituts an der Universität Heidelberg, Bd. 16), Heidelberg, 120–146.

Strohm, Theodor (2004), *Diakonie der Versöhnung und ihre aktuellen Konsequenzen,* in: M. Schibilsky/R. Zitt (Hg.), Theologie und Diakonie (Veröffentlichungen der Wissenschaftlichen Gesellschaft für Theologie, Bd. 25), Gütersloh, 150–161.

Strohm, Theodor (2008), *Erneuerung des Diakonats als ökumenische Aufgabe,* in: V. Herrmann/M. Horstmann (Hg.), Studienbuch Diakonik, Bd. 2: diakonisches Handeln, diakonisches Profil, diakonische Kirche, Neukirchen-Vluyn (2. Aufl.), 319–345.

Stückelberger, Christoph (2006), *Ethische, ekklesiologische und ökonomische Herausforderungen der diakonischen Arbeit in der Schweiz,* in: Ch. Sigrist (Hg.), Diakonie und Ökonomie. Orientierungen im Europa des Wandels (Beiträge zur Theologie, Ethik und Kirche, Bd. 1), Zürich, 185–202.

Theissen, Gerd (1994), *«Geben ist seliger als nehmen» (Apg 20,35). Zur Demokratisierung antiker Wohltätermentalität im Urchristentum,* in: A. Boluminski (Hg.), Kirche, Recht und Wissenschaft (FS Albert Stein), Neuwied, 197–215.

Theissen, Gerd (1998), *Die Rede vom grossen Weltgericht (Mt 25,31–46). Universales Hilfsethos gegenüber allen Menschen? In:* A. Götzelmann/V. Herrmann/J. Stein (Hg.), Diakonie der Versöhnung. Ethische Reflexion und soziale Arbeit in ökumenischer Verantwortung (FS Theodor Strohm), Stuttgart, 60–70.

Theissen, Gerd (1999), *Universales Hilfsethos gegenüber allen Menschen? – Neutestamentliche Wurzeln der Diakonie,* in: A. Götzelmann (Hg.), Einführung in die Theologie der Diakonie. Heidelberger Ringvorlesung (DWI-Info – Forum Materialien Informationen, Sonderausgabe), Heidelberg, 34–54.

Theissen, Gerd (2008a), *Die Bibel diakonisch lesen: Die Legitimitätskrise des Helfens und der barmherzige Samariter,* in: V. Herrmann/M. Horstmann (Hg.), Studienbuch Diakonik, Bd. 1: biblische, historische und theologische Zugänge zur Diakonie, Neukirchen-Vluyn (2. Aufl.), 88–116.

Theissen, Gerd (2008b), *Symbolisches Heilen in der Nachfolge Jesu. Neutestamentliche Überlegungen zum diakonischen Heilungsauftrag,* in: J. Eurich/Ch. Oelschlägel (Hg.), Diakonie und Bildung (FS Heinz Schmidt), Stuttgart, 43–67.

Thiel, Winfried (2007), *Arm und reich in der Bibel,* in: V. Herrmann (Hg.), Diakonische Existenz im Wandel (DWI-Info Nr. 39), Heidelberg, 12–25.

Thraede, Klaus (1990), *Soziales Verhalten und Wohlfahrtspflege in der griechisch-römischen Antike (späte Republik und frühe Kaiserzeit),* in: G. K. Schäfer/ Th. Strohm (Hg.), Diakonie – biblische Grundlagen und Orientierungen. Ein Arbeitsbuch (Veröffentlichungen des Diakoniewissenschaftlichen Instituts an der Universität Heidelberg, Bd. 2), Heidelberg, 44–63.

Tietze, Erika (2003), *Diakonie auf dem Markt: Marktorientierung und/oder diakonisches Profil?* In: H. Schmidt/R. Zitt (Hg.), Diakonie in der Stadt. Reflexionen – Modelle – Konkretionen (Diakoniewissenschaft: Grundlagen und Handlungsperspektiven, Bd. 8), Stuttgart, 149–150.

Turre, Reinhard (1991), *Diakonik. Grundlegung und Gestaltung der Diakonie,* Neukirchen-Vluyn.

Turre, Reinhard (2004), *Diakonie – eine Ausprägung christlicher Religion,* in: M. Schibilsky/R. Zitt (Hg.), Theologie und Diakonie (Veröffentlichung der Wissenschaftlichen Gesellschaft für Theologie, Bd. 25), Gütersloh, 458–464.

Uhlhorn, Gerhard (1896), *Die Christliche Liebesthätigkeit,* Stuttgart (2. Aufl.).

Vischer, Lukas/Schenker Lukas/Dellsperger Rudolf (Hg.) (1994), *Ökumenische Kirchengeschichte der Schweiz,* Freiburg/Basel.

von Engelhardt, Dietrich (2010), *Illusion Gesundheit – ein Plädoyer für das fragmentarische Leben aus medizinhistorisch-ethischer Sicht,* in: M. Höfner/ St. Schaede/G. Thomas (Hg.), Endliches Leben. Interdisziplinäre Zugänge zum Phänomen der Krankheit (Religion und Aufklärung, Bd. 18), Tübingen, 3–24.

von Hauff, Adelheid M. (Hg.) (2006), *Frauen gestalten Diakonie, Bd. 2: Vom 18. bis zum 20. Jahrhundert,* Stuttgart.

Wallmann, Johannes (1990), *Der Pietismus (*Die Kirche in ihrer Geschichte. Ein Handbuch, Bd. 4, Lieferung O1), Göttingen.

Weber, Joachim (2001), *Diakonie in Freiheit? Eine Kritik diakonischen Selbstverständnisses,* Bochum.

Weiss, Helmut (2005), *Viele Stimmen mit drei Grundtönen. Einführung zu Teil 1,* in: H. Weiss/K. H. Federschmidt/K. Temme (Hg.), Ethik und Praxis des Helfens in verschiedenen Religionen. Anregungen zum interreligiösen Gespräch in Seelsorge und Beratung, Neukirchen-Vluyn, 19–23.

Wendland, Heinz-Dietrich (2008), *Christos Diakonos, Christos Doulos. Zur theologischen Begründung der Diakonie,* in: V. Herrmann/M. Horstmann (Hg.), Studienbuch Diakonik, Bd. 1: biblische, historische und theologische Zugänge, Neukirchen-Vluyn (2. Aufl.), 272–284.

Weth, Rudolf (2001), *Menschenbild und Menschenwürde in der Kontroverse mit der Bioethik aus diakonisch-theologischer Sicht,* in: I. Baldermann et al. (Hg.), Menschenwürde (Jahrbuch für Biblische Theologie, Bd. 15), Neukirchen-Vluyn, 293–310.

Wetz, Franz Josef (1998), *Die Würde des Menschen ist antastbar. Eine Provokation,* Stuttgart.

Widmer, Werner (2007), *Entwicklungslinien,* in: U. Knellwolf, Lebenshäuser. Vom Krankenasyl zum Sozialunternehmen – 150 Jahre Diakoniewerk Neumünster, Zürich, 212–215.

Widmer, Werner et al. (2007), *Eigenverantwortung, Wettbewerb und Solidarität. Analyse und Reform der finanziellen Anreize im Gesundheitswesen* (Schriftenreihe der Schweizerischen Gesellschaft für Gesundheitspolitik, Nr. 91), Zürich

Winkler Tilman (1998), *Diakonie und Wettbewerb. Das Eindringen von Sozial-marktprinzipien in die Diakonie,* in: A. Götzelmann/V. Herrmann/J. Stein (Hg.), Diakonie der Versöhnung. Ethische Reflexion und soziale Arbeit in ökumenischer Verantwortung (FS Theodor Strohm), Stuttgart, 246–251.

Wirth, Jan Volker (2005), *Helfen in der Moderne und Postmoderne. Fragmente einer Topographie des Helfens,* Heidelberg.

Wissmann, Peter/Gronemeyer Reimer (2008), *Demenz und Zivilgesellschaft – eine Streitschrift,* Frankfurt a. M.

Zerfass, Rolf (1991), *Das Evangelium gehört den Armen. Ökumenische Ressourcen diakonischer Arbeit,* in: M. Schilbilsky (Hg.), Kursbuch Diakonie (FS Ulrich Bach), Neukirchen-Vluyn, 299–308.

Zimmermann-Acklin, Markus (2003), *Selbstbestimmung in Grenzsituationen? Vom Protest gegen den ärztlichen Paternalismus zur Wiederentdeckung von Beziehungsgeschichten,* in: M. Mettner/R. Schmitt-Mannhart (Hg.), Wie ich sterben will. Autonomie, Abhängigkeit und Selbstverantwortung am Lebensende, Zürich, 63–76.

Zulehner, Paul M. (2003), *Dienende Männer – Anstifter zur Solidarität. Diakone in Westeuropa*, Ostfildern.

431pp. Available only in Chinese, ISBN 978-2-88931-051-7

Yuan Wang and Yating Luo, *China Business Perception Index: Survey on Chinese Companies' Perception of Doing Business in Kenya*, 99pp. 2015, Available in English, ISBN 978-2-88931-062-3.

王淑芹 (Wang Shuqin) (编辑) (Ed.), *Research on Chinese Business Ethics* [Volume 1], 2016, 413pp. ISBN: 978-2-88931-104-0

王淑芹 (Wang Shuqin) (编辑) (Ed.), *Research on Chinese Business Ethics* [Volume 2], 2016, 400pp. ISBN: 978-2-88931-108-8

Baocheng Liu, *Chinese Civil Society*, 2016, 177pp. ISBN 978-2-88931-168-2

Liu Baocheng / Zhang Mengsha, *Philanthropy in China: Report of Concepts, History, Drivers, Institutions*, 2017, 256pp. ISBN: 978-2-88931-178-1

Liu Baocheng / Zhang Mengsha, *CSR Report on Chinese Business Overseas Operations*, 2018, 286pp. ISBN 978-2-88931-250-4

全球伦理网论文系列（已出版的集中于南半球伦理的博士论文）
丛书编辑： 克里斯托弗 司徒博，博士，教授，全球伦理网创始人兼主席，瑞士巴塞尔大学伦理学教授。有关原稿和建议事宜   ，
请联系： stueckelberger@globethics.net ， 编辑管理： publications@globethics.net.

这只是我们最新的出版物的选择，查看我们的完整集合，请访问：This is only selection of our latest publications, to view our full collection please visit:

www.globethics.net/zh/publications